OEUVRES
COMPLÈTES
DE
J. J. ROUSSEAU
AVEC LES NOTES DE TOUS LES COMMENTATEURS.

NOUVELLE ÉDITION
ORNÉE DE QUARANTE-DEUX VIGNETTES,
GRAVÉES PAR NOS PLUS HABILES ARTISTES,

D'APRÈS LES DESSINS DE DEVÉRIA.

CORRESPONDANCE.
TOME I.

A PARIS,
CHEZ DALIBON, LIBRAIRE
DE S. A. R. MONSEIGNEUR LE DUC DE NEMOURS,
RUE HAUTEFEUILLE, N°. 10.

M DCCC XXVI.

ŒUVRES
COMPLÈTES
DE
J. J. ROUSSEAU.

TOME XX.

PARIS. — IMPRIMERIE DE G. DOYEN,
RUE SAINT-JACQUES, N. 38.

AVANT-PROPOS.

Plus on lit Jean-Jacques Rousseau, et moins on conçoit cette alliance d'idées dissemblables dans la même tête; et par une autre singularité non moins remarquable, il reste, dans les genres d'écrire où il n'est pas sublime, au-dessous du dernier degré de la médiocrité : cet écrivain si chaud, si poétique, quand il développe ses pensées et ses sentiments en prose, n'est plus qu'un mauvais écolier dès qu'il veut les enchaîner dans des rimes. Si, après avoir jeté les yeux sur l'écrivain, nous les fixons sur l'homme, son caractère original et bizarre nous offre un autre problème. Celui qui, se sentant né pour la gloire, avoit le courage et la sagesse d'arrêter l'explosion de son génie jusqu'à sa quarantième année, dans un siècle où les esprits encore adolescents se hâtoient de produire des fruits sans substance et sans couleur, ne devoit point ressembler aux autres hommes. C'est lorsque le monde littéraire ne soupçonnoit pas même son existence qu'il montre tout à coup le grand écrivain, dans son premier discours couronné. A cette époque brillante il monte sur le trône de l'éloquence, et en moins de dix ans il n'a plus d'égal dans l'art d'écrire. Cette rapide invasion du génie étoit faite pour atterrer jusqu'à ses admirateurs, parce que dans l'admiration des hommes il naît toujours, même à notre insu, un germe d'envie que nous ne nous avouons jamais. De là cette foule d'écrits éphémères sur ses ouvrages, ces portraits aventurés de sa personne, ce bruit tumultueux qui précédoit sa réputation, et qui ressembloit aux injurieuses acclamations de la populace romaine lorsqu'elle accompagnoit le triomphateur montant au Capitole.

Il faut remarquer comme un trait qui n'appartient qu'à Jean-Jacques Rousseau que c'est au milieu de l'éclat éblouissant qui l'entouroit qu'il regrettoit avec tant de bonne foi les jours paisibles de sa douce obscurité, parce que la gloire, à laquelle on sacrifie tout, n'étoit pas l'espèce de bonheur qu'il falloit à son ame. Observons que chaque ouvrage de Jean-Jacques faisoit naître une foule d'écrits bizarrement diversifiés, comme on voit à chaque renouvellement de la nature des essaims d'insectes éclore, et s'attacher aux fruits qui parent nos jardins. Parmi ces nombreux écrits, qui n'ont eu qu'une existence éphémère, souvent l'on remarque, avec une surprise qui n'est pas sans plaisir, que l'adversaire de Rousseau finit, même sans s'en apercevoir, par être de son avis; et dès-lors cet avis est marqué du sceau de la vérité. C'est dans ces divers écrits, où étoient déposées les idées reçues depuis long-temps, qu'on remarque l'étonnement où étoit le public de les voir renverser d'une manière si brusque et si victorieuse; c'est là que Rousseau s'élance comme un phénomène dont la subite apparition remue tous les esprits, et fixe l'époque d'une révolution dans l'empire des lettres et de la philosophie. Le destin de l'auteur enfin étoit d'enflammer ceux mêmes qui ne pensoient pas ou qui feignoient de ne pas penser comme lui : il tourmentoit la pensée d'autrui en exposant la sienne ; il électrisoit toutes les têtes ; les opinions se divisoient ; on crioit au paradoxe ; mais l'attrait piquant qu'il avoit su lui donner forçoit à examiner l'erreur prétendue, et c'est en lui répondant qu'on désespéroit de pouvoir lui répondre : on voyoit de plus près son accablante supériorité.

Nous pourrions rappeler ici les sarcasmes des critiques, parce qu'on aime quelquefois à se rappeler le bon mot d'un soldat contre son général, qui en sourit le premier ; mais dont cependant Rousseau ne sourioit jamais. L'immobilité silencieuse du géant de l'éloquence au centre de l'arène où ses ennemis l'assailloient porte le caractère d'une fierté majestueuse et d'une ame maîtresse d'elle-même, tandis que le poète illustre dont le nom luttoit avec le sien s'offensoit comme un enfant de la plus légère égratignure, et se rabaissoit en écrasant avec colère des insectes. Jean-Jacques savoit garder une contenance philosophique ; il avoit lu presque tous les écrits publiés contre lui, et il en avoit profité avec la candeur d'un homme bien au-dessus de ses fautes. C'étoit dans ses ouvrages subséquents qu'il répondoit avec franchise et noblesse aux objections dont il avoit senti la force.

Il avoit long-temps attendu sans se décourager ; pendant vingt années il avoit aiguisé ses armes sans se rebuter de leur peu d'éclat : il sembloit pressentir qu'il forceroit un jour tous les obstacles. Le sentiment inné de ses forces l'avoit soutenu, et il avoit supporté de bonne grâce l'obscurité, comme s'il eût entrevu les rayons de la gloire qui ne devoit le couronner que dans son automne. Jamais homme n'a mieux connu le rare secret d'attendre la renommée sans la violenter par des moyens prématurés et insuffisants.

Rousseau n'est pas moins singulier par son caractère que par ses ouvrages ; ce caractère mixte, et jusqu'alors inconnu, échappe au pinceau le plus exercé et le plus fin. C'est l'assemblage étrange de toutes les passions portées à l'extrême, quoique balancées les unes par les autres ; c'est tout à la fois l'orgueil et la simplicité, l'amour du bruit et de la retraite, l'ambition et le dédain de la renommée : il aimoit beaucoup les jouissances, et il voulut être pauvre ; l'enthousiasme de la liberté le passionnoit, et il finit par demander comme une grâce la permission de passer ses derniers jours dans une prison. Idolâtre des femmes, il en fut le censeur le plus amer ; il puisoit beaucoup d'idées dans la conversation, et il fuyoit le commerce des hommes : indulgent pour les foiblesses humaines, et chérissant l'humanité d'un amour tendre et actif, il étoit ombrageux et méfiant pour chaque individu ; il étoit obligeant, généreux même, et le bien qu'on lui faisoit devenoit à ses yeux un outrage : quoique le meilleur des hommes, il étoit offensé de l'amitié ou de l'affection qu'on lui témoignoit ; enfin, vertueux, il avoit peine à croire à la vertu. Il étoit devenu plus que misanthrope, car il avoit le malheur de soupçonner des intentions malfaisantes dans le cœur de ceux qui l'approchoient; et plus il étoit irréprochable, plus son effervescente imagination se créoit de fantômes qui le tourmentoient. Peut-être ne peut-on expliquer Rousseau tout entier qu'en le supposant attaqué, surtout dans les dernières années de sa vie, d'une maladie de cerveau qui lui représentoit tous les objets comme créés et disposés pour lui nuire et pour le rabaisser; la crainte perpétuelle de l'humiliation le tyrannisoit : tel étoit le foible de son orgueil délicat et profond, qu'une moquerie suffisoit pour troubler sa tête. Son regard soupçonneux épioit sans cesse dans les yeux ce qu'on pensoit de lui, et le moindre geste ou le moindre sourire qui ne s'accordoit point avec sa pensée actuelle le perçoit jusqu'au fond de l'ame : il éprouvoit des douleurs morales inconnues aux autres hommes. On le voyoit passer tout à coup d'un mouvement de joie à la plus sombre tristesse, être heureux et malheureux dans l'espace de trois minutes, sans que rien eût paru changer autour de lui : son imagination effarouchée avoit tout fait.

Il avoit fait dans sa jeunesse une lecture attentive des Essais de Montaigne, et il l'a souvent mis à profit sans trop le citer; mais dans un autre âge, ayant essayé plusieurs fois de l'ouvrir, il avoit été forcé d'y renoncer, parce qu'en le relisant il sentoit, disoit-il, renaître des douleurs qu'il avoit éprouvées jadis à l'époque de sa première lecture. C'est ainsi qu'il étoit encore l'esclave de son imagination dans l'étude de la botanique; il l'aimoit moins comme science que comme amusement, et comme un moyen de reproduire en lui certains sentiments agréables qu'il avoit éprouvés dans sa jeunesse ou dans l'âge qui la suit. La vue de telle ou telle plante le reportoit à l'état ou à la sensation de plaisir où il s'étoit trouvé la première fois qu'il avoit aperçu et remarqué cette plante; mais celles qui pouvoient lui rappeler des moments de peine, des époques fâcheuses, étoient marquées en noir dans son souvenir, et il trembloit de les rencontrer. La pervenche avoit été témoin d'un de ses instants de bonheur; c'étoit sa plante chérie, et il la revoyoit toujours avec transport. Ainsi son existence étoit attachée et comme dispersée parmi les plantes et les objets de la nature. Le passé continuoit de modifier pour lui le présent; et cet homme, tout imagination et tout sentiment, avoit un champ de jouissances et de souffrances plus étendu que chez les autres hommes.

Un tel caractère est inconcevable sans doute; mais il a existé, et la solution de ce problème sera long-temps le désespoir des observateurs du cœur humain. On ne peut croire cependant que toutes ces terreurs dont l'imagination de Jean-Jacques s'étoit remplie fussent l'unique objet d'un affoiblissement ou d'un dérangement dans les organes, et qu'il ait toujours crié à la persécution sans avoir eu d'ennemis. Tous les spectres qui l'alarmoient n'étoient sans doute pas des fantômes; sans doute l'envie offensée de sa gloire, et surtout de ce sentiment de vénération qu'on avoit pour ses vertus, cabaloit sourdement, tramoit en secret contre sa réputation et sa personne, et s'efforçoit de le faire passer pour un insensé, un charlatan, pour un scélérat [1]. Rousseau eut le malheur de trop généraliser des faits particuliers, d'attribuer à tous les hommes la bassesse et la méchanceté de quelques individus. Dans les transes qu'il éprouvoit continuellement, il s'étoit imaginé que le gouvernement lui avoit défendu d'écrire : il n'en étoit rien. Une lettre de M. de Choiseul prouve expressément le contraire. Rousseau n'étoit pas de la classe de ces écrivains turbulents et séditieux qui alarment l'état et provoquent la proscription ; il respectoit les personnes et les évènements récents, sur lesquels il est toujours si dangereux et si difficile d'écrire, surtout quand on veut

[1] C'est peut-être ici le lieu de faire remarquer que l'ouvrage composé par l'abbé Dulaurens sous le titre de *Compère Mathieu* est le plus virulent de tous les libelles contre Jean-Jacques. Beaucoup de gens se sont mépris sur le but que l'auteur s'étoit proposé en écrivant ce livre, le regardant comme un roman philosophique composé en haine de toutes les institutions sociales et religieuses. Il est évident que tous les sarcasmes que l'auteur se permet contre la religion, ses dogmes, ses mystères, et ses ministres, ne sont là que pour donner le change aux lecteurs, et les disposer, à leur insu, à rire aux dépens des philosophes qu'il met en scène avec les moines, et qu'il livre impitoyablement au même ridicule. C'est principalement une satire en action de Rousseau et de ses principes ; il partage avec Socrate l'honneur d'être parodié par le cynisme le plus effronté : Diderot, qu'on y voit aussi figurer, développe son plan d'encyclopédie d'une façon assez plaisante ; les francs-maçons y sont présentés comme des chevaliers d'industrie, vivant de la crédulité des sots : ce qui pourroit bien être vrai. Avec plus de talent et surtout plus d'originalité que Palissot dans sa comédie des Philosophes, l'abbé Dulaurens se permet les mêmes excès : Buffon, le grave Buffon, est lui-même présenté comme un charlatan. Quand cet ouvrage parut, on l'attribua à Voltaire, qui ne se hâta pas de le démentir.

conserver son repos, que Newton appeloit la substance du philosophe. Pressé un jour d'une manière énergique sur ce qu'il laissoit sa plume oisive dans une crise violente du gouvernement, il répondit avec une naïve simplicité : J'ai dit tout ce que je savois. Il se jugeoit rigoureusement lui-même, et avec la bonne foi qui ne l'abandonna jamais ; il ne se dissimuloit point que ses derniers écrits n'avoient plus la même force ni la même chaleur. La couleur rembrunie de son âge, de ses souffrances, de ses malheurs, tant réels qu'imaginaires, domine souvent dans les productions de sa vieillesse. Il y discute avec aigreur de petites choses qui lui sont personnelles ; il s'y égare dans le labyrinthe d'une dialectique dont il est continuellement le centre et l'objet : c'est l'homme malade qui écrit, ce n'est plus le philosophe éloquent et profond. Ainsi, au milieu des variétés qui séparent les individus, l'homme dans les différents moments de son existence est encore différent de lui-même, jusqu'à devenir quelquefois méconnoissable !

Comme La Fontaine et Corneille, Jean-Jacques brilloit peu dans la conversation, et les personnes qui l'ont souvent entendu prétendent que son entretien ne laissoit pas même soupçonner ce style énergique, impétueux ou touchant, qui caractérise ses écrits. Mais au défaut de la parole, son regard étoit toujours éloquent ; et pour peu qu'on l'étudiât, on sentoit bien que ce regard n'étoit point celui d'un homme ordinaire. Aucun de ses portraits n'a su rendre son œil perçant et plein des étincelles qui partoient du foyer brûlant de son ame; expression qu'il faut prendre au physique comme au moral, car une chaleur plus qu'ordinaire circuloit dans ses veines. En hiver comme en été il ne pouvoit supporter pendant la nuit que le simple drap sur lui. Il fut souffrant plus de la moitié de sa vie, ce qui dut altérer son caractère. On auroit la philosophie de Socrate, que les organes du corps faisant mal leurs fonctions entraîneroient l'affaissement de l'ame.

Jean-Jacques fut l'émule de Rameau dans la théorie de cet art charmant qui soumet toute la sensibilité et toute la profondeur de notre ame à des sons, à des accords, à une harmonie qui touche évidemment à cette fibre intellectuelle et cachée que Platon a reconnue. Il donna son *Dictionnaire de musique*, et composa le *Devin du village*. Est-ce là encore le même homme qui, vers la fin de sa vie, s'appliqua infatigablement à l'étude des plantes, et donna quelques leçons aux botanistes les plus expérimentés? Comment des travaux aussi disparates trouvèrent-ils leur source dans la même tête?

L'écriture de cet orateur si véhément et si passionné étoit propre, nette et légère; l'impétuosité de sa tête ne troubloit point le calme de sa main; et le métier patient de copiste ne pesoit point à cette ame de feu, qui, à cet égard au moins, savoit se dompter. Ayant d'abord écrit ses Mémoires ou Confessions avec une encre fort blanche qui papillottoit à la vue, il repassa laborieusement la plume sur son ouvrage depuis le premier mot jusqu'au dernier. On sait que pendant plusieurs années il soumit la main qui avoit écrit sous la dictée de son génie *Émile* et le *Contrat social,* à copier servilement une musique que son goût condamnoit souvent; et il disoit quelquefois : Je suis un peu cher, mais personne ne copie comme moi. A peu près comme Fontenelle, à qui on reprochoit de conter trop longuement, répondoit : Cela est vrai ; mais je conte si bien ! On a remarqué que l'écriture des têtes foibles ou mauvaises a quelque chose de chargé, de bizarre et de confus : il semble que l'extravagance de leur cerveau se communique jusqu'au bout de leurs doigts. Diderot avoit aussi une écriture fine, légère, et de plus très-exacte : cet homme, qui joignoit à la plus rapide volubilité d'expressions une foule d'idées qui se pressoient tumultueusement, dessinoit, pour ainsi dire, son écriture, et mettoit dans son style cette précision qui manquoit à la chaleur de ses discours. La musique copiée par Rousseau est très-volumineuse ; beaucoup de curieux conservent précieusement dans leurs cabinets des partitions entières écrites de sa main. Ainsi cet homme, que dévoroit le feu sacré, fut volontairement scribe pendant quinze années de sa vie.

Rousseau avoit un penchant léger pour le bon vin ; il ne s'en cachoit ni dans ses écrits ni dans la conversation de la table, persuadé qu'on ne craint point l'indiscrétion du cœur quand le cœur ne recèle point de secret qu'il faille cacher. C'est avec chaleur qu'il écrivit à l'abbé Raynal sur les mixtions perfides et les meurtrières friponneries des marchands de vin de Paris ; et c'étoit, selon lui, la réforme la plus urgente qu'on dût faire. Il exprimoit la plus violente indignation contre ces empoisonneurs qui font du vin sans raisin : sa lettre fut insérée dans le *Mercure;* mais toutes les ordonnances de police sont restées à ce sujet sans exécution.

Jean-Jacques aimoit de passion la société des femmes; et lorsque le cercle étoit peu nombreux, et qu'on l'avoit mis à son aise, il étoit facile alors de reconnoître l'auteur aimable et passionné de la *Nouvelle Héloïse;* il chantoit volontiers, et faisoit régner dans l'expression pure de son chant des accords graves, tendres et mélancoliques, qui par degrés amenoient le sourire sur les lèvres et les larmes dans les yeux. Il n'avoit point dans la conversation le charme de la saillie ; il sembloit s'arrêter pour comprendre : ses réponses, quoique naturelles, portoient l'empreinte d'une sorte de méditation ; on eût dit, si on ne l'eût pas connu, que sa conception étoit lente et difficile. Véritablement civil et chaste dans ses paroles, il ne confondoit point les nuances dans la société : il se coiffa de bonne heure avec une petite perruque ronde, ce qui lui ôta le trait de sa physionomie, et cacha la forme antique de son front ; dès lors il se revêtit d'habits simples, unis, bruns, et cessa de porter l'épée que tout le monde portoit à cette époque : plus tard il adopta le costume arménien. Enfin, comme si ce grand homme devoit avoir en tout une destinée qui le séparât des autres hommes, sa mort fut prompte et douce ; il ne connut ni les angoisses du dernier moment ni les douleurs de la maladie, qui forment le cortège de la mort, et sont souvent plus cruelles.

Rousseau expira en regardant le ciel avec le ravissement d'une ame religieuse, pénétrée de la grandeur et de la bonté de l'Être suprême; et après avoir exhalé ce souffle qui fut certainement chez lui une émanation de la Divinité, il fut le premier des hommes en France qu'on ait enterré à la manière des Grecs et des Romains. Son tombeau, visité par ceux qui, dans toutes les nations, avoient lu ses ouvrages, fut un monument sacré auquel on rendit un hommage que peu de rois obtiennent, celui d'être couvert des larmes que répandent l'admiration et la reconnoissance publique [1] : tant il est vrai que l'homme de génie vertueux jouit aussi, même lorsqu'il n'est plus, d'une souveraineté qu'il ne doit qu'à lui-même [2]. La cendre de Voltaire n'a pas reçu les mêmes honneurs; on épuisa les louanges sur le théâtre de Paris, où il fut justement couronné, et son triomphe finit par la représentation de sa pièce. Mais pourquoi ne s'arrête-t-on pas devant son tombeau avec ce recueillement profond, avec ce respect religieux et tendre

---

[1] Nous ne connoissons que le général Bonaparte qui ait été visiter Ermenonville sans vouloir se rendre dans l'île où reposèrent les cendres de Jean-Jacques jusqu'au moment où la France, consacrant à la mémoire des grands hommes un temple qui leur fut réservé, les déposa au Panthéon : il affecta de tout visiter dans le plus grand détail sans proférer une seule fois le nom de Rousseau; et quand on lui proposa de se rendre dans l'île des Peupliers, il répondit froidement qu'il n'avoit rien à y voir.

[2] Quelques personnes ont avancé que la mort de Jean-Jacques ne fut pas naturelle; qu'il abrégea lui-même ses jours, par le poison selon les uns, en se tirant un coup de pistolet selon d'autres, et même en employant successivement les deux moyens. Il est certain

AVANT-PROPOS.

qui saisissent l'ame quand on aborde l'île des Peupliers? Voltaire cependant fut le bienfaiteur de la raison humaine, l'ennemi triomphant du fanatisme, le restaurateur de l'innocence opprimée, ou le protecteur ardent d'une foule de malheureux ! Un petit résumé des injures prodiguées à cet illustre écrivain consoleroit sans doute de l'ingratitude des hommes ceux qui se dévouent à les éclairer, et l'on remarqueroit d'un côté le noble silence de Rousseau, qui ne se permit jamais qu'un ou deux traits des plus modérés contre un rival, couvert de gloire, devenu son ennemi, et de l'autre l'amour-propre en délire qui a déshonoré l'art des vers par une production monstrueuse, ouvrage tombé dans un oubli profond, malgré son mérite poétique, et dont le public a fait justice, même du vivant de son illustre auteur.

Voltaire, né avec un génie vif, brillant et fécond, après avoir annoncé dès son enfance ce qu'il seroit un jour, avoit surpassé l'attente de ses concitoyens; nul écrivain n'avoit rassemblé plus de talents. Rous-

---

qu'à l'époque de sa mort le bruit courut qu'il s'étoit détruit ; les mémoires du temps en font mention ; mais M. Stanislas de Girardin, fils du marquis de Girardin chez qui Jean-Jacques est mort à Ermenonville, a récemment publié une lettre dans laquelle il donne sur la mort de Rousseau des détails pleins d'intérêt, et cherche à prouver que cette mort fut toute naturelle. Dans une réponse qu'on a faite à cette lettre, on a tiré des circonstances de la mort de Jean-Jacques la preuve qu'il avoit mis fin lui-même à sa vie : il est difficile aujourd'hui de prononcer sur un fait qui n'a eu pour témoin qu'une personne morte depuis vingt-trois ans ; mais il faut convenir que si Rousseau n'a pas tranché lui-même le fil de ses jours, cette mort présente des circonstances bien extraordinaires.

seau, né avec un génie méditatif, plein de connoissances plus utiles que vastes, avoit attendu pour écrire que le temps et les réflexions eussent donné à ses idées une assiette inébranlable; il avoit débuté par heurter le préjugé de la nation chez laquelle il écrivoit, et bientôt plus hardi, à mesure qu'il avançoit, il avoit attaqué ceux des peuples instruits : en vain on lui reprochoit le paradoxe et la singularité, on l'avoit rarement bien combattu.

Le poète avoit un esprit moins profond, moins fier, moins original, mais plus ingénieux, plus habile à se prêter à tous les tons, et à se plier à tous les genres ; il les avoit traités d'une façon à faire douter de celui pour lequel il étoit né. Le philosophe, pensant d'après soi, avoit fait son unique étude de l'homme et des moyens de le rappeler au véritable bonheur, aux mœurs, à la vertu ; et ses intentions avoient toujours été droites et pures.

L'un rempli de grâce, de force, de finesse, et surtout d'esprit, mais plus jaloux d'écrire que de ranger ses idées dans un ordre exact, avoit indifféremment, ou selon les temps, suivi tous les contraires ; ses principes se détruisoient mutuellement, et pour le combattre il ne falloit que l'opposer à lui-même. L'autre, doué d'une chaleur permanente, d'une éloquence rapide, sans être absolument méthodique, avoit dès les premiers pas posé ses principes, et ses autres écrits n'en étoient que le développement. Leur genre de vie offroit aussi un frappant contraste. Celui-là, accoutumé à vivre avec les grands, à les flatter, avoit les mœurs de son siècle ; ami du luxe, ne mettant aucun frein à son imagination, la suivant avec trop de complaisance, il n'avoit pas assez veillé sur les écarts de sa plume. Celui-ci, élevé dans des mœurs sévères, se vit pauvre sans en rougir; il voyagea avec fruit, parce qu'il fut malheureux : formé par l'infortune, et rendu plus fier, plus indépendant par elle, il avoit pris ce caractère plutôt ferme que bizarre qui ne sait point plier, et ignore l'art de se soumettre; aussi le sentiment qui émanoit de son ame avoit-il quelque chose de tendre et de majestueux. Comme il plaidoit la cause de l'humanité! avec quels traits il peignoit la vertu! Quand le zèle pour la vérité l'emportoit trop loin on admiroit encore sa généreuse franchise.

Le poète, il est vrai, qui avoit acquis une sorte d'érudition, enfantoit beaucoup de pensées hardies et plaisantes, sur lesquelles il ambitionnoit le titre de philosophe; mais l'autre, par une vie conforme à ses principes, et par son entier dévouement à la vertu, en méritoit seul le nom. Le poète, jaloux de toute espèce de rival, à force d'art s'étoit rendu monarque dans la république des lettres; il attiroit la vapeur des hommages, et, comme le soleil, il coloroit ses nuages de ses rayons : sensible jusque dans ses moindres ouvrages, la critique même la plus aveugle irritoit ses esprits; et, tandis qu'il s'emportoit contre la satire, il cherchoit à dénigrer des hommes chers à la patrie. Le philosophe, exempt de cette vanité misérable, avoit un orgueil franc et sincère : sentant sa supériorité, il rioit des traits impuissants de ses adversaires, et s'applaudissoit du nombre. Enfin, l'un, après s'être vu long-temps disputer l'honneur d'être compté parmi les grands hommes, avoit réuni ou plutôt emporté tous les suffrages, et sur un trône lumineux jouissoit avec pompe de la renommée la plus étendue; l'autre, bien moins souple, bien moins adroit, bien moins fin, avoit plu par son caractère singulier, ses vertus, son courage, et même son humeur; banni, mais adoré du public, exilé indignement de son pays natal qu'il avoit honoré, mais cher à toutes les nations, il avoit avec peine trouvé un asile où il pût reposer sa tête! toutefois les acclamations de l'Europe et le témoignage de son cœur auroient pu le consoler.

La Harpe, dans l'examen qu'il fait des Confessions, à l'occasion des lettres de Ginguené sur le même ouvrage, ne craint pas d'avancer que le sentiment de la jalousie étoit entré dans le cœur de Jean-Jacques avant que Voltaire, de son côté, en eût éprouvé les atteintes; ce ne fut, suivant lui, qu'en 1762, après le succès de la Nouvelle Héloïse, qu'il commença à craindre de trouver dans Rousseau un homme que l'opinion publique pourroit lui associer à l'empire des lettres; de cette époque seulement date la haine que Voltaire n'a cessé depuis de porter à Jean-Jacques; avant ce temps La Harpe ne voit rien qui la pût justifier : la supériorité de Voltaire éclipsoit tout. La distance qu'il y avoit entre ces deux hommes quand Voltaire vint demeurer en Suisse, et quand Rousseau fit un voyage à Genève, étoit encore immense; mais Jean-Jacques la remplissoit déjà tout entière de son amour-propre : la susceptibilité et la

défiance, qui grandissoient en lui avec sa gloire et
son génie, étoient ses deux plus implacables enne-
mies, avant même que son mérite leur eût donné des
auxiliaires. Les écarts des hommes de génie viennent
surtout de l'imagination, c'est-à-dire de cette faculté
qui nous représente les objets ; et dans ces hommes-
là cette faculté est puissante, mais d'une manière
différente et analogue à leur caractère : celle de
Rousseau étoit singulièrement exaltée, mais toute en
sentiment et en morale. Voyez son portrait si bien
tracé par son éloquente plume dans ses lettres à
M. de Malesherbes : il rêve sans cesse la perfection,
il lui faut en tout genre mieux que ce qui est ; et cette
disposition romanesque avoit été fortifiée par l'habitude de vivre dans la retraite, c'est-à-dire d'être
beaucoup avec lui-même. Sans cesse devant le mo-
dèle idéal qu'il s'étoit fait, il devint naturellement
très-sensible à toutes les convenances morales ; nul
ne les a jamais plus respectées que lui dans ses écrits.
Il sentoit donc non seulement le ridicule, ce qui ne
tient qu'à l'esprit, mais la bassesse, ce qui ne tient
qu'à l'âme, de se rendre le détracteur d'un mérite
aussi éminent que celui de Voltaire. Il le haïssoit ce
mérite fait pour obscurcir tous les autres ; il avouoit
cette haine en la tournant sur la personne dont il
vouloit avoir à toute force à se plaindre, pour se justifier à ses propres yeux ; mais il étoit incapable de
souiller sa plume en niant ou en injuriant devant le
public ce mérite qu'il reconnoissoit : il s'abstint
constamment de toute représaille, malgré les continuelles attaques de Voltaire, et ce silence lui fit in-

finiment d'honneur, quoique peut-être il ne dût pas lui coûter beaucoup, car d'abord il n'étoit nullement haineux ni vindicatif, et toutes les erreurs de son imagination étoient de nature à ne faire de mal qu'à lui ; et, de plus, il n'étoit pas possible qu'il ne sentît parfaitement que les invectives de Voltaire ne pouvoient nuire qu'à l'homme capable de s'abaisser à les écrire. L'imagination de Voltaire étoit toute poétique, c'est-à-dire excessivement vive et mobile, inflammable et irascible, dirigée spécialement vers les idées de prééminence et de domination : c'est l'imagination des poètes, des femmes, et des enfants, trois espèce d'êtres qui, grâce à l'extrême irritabilité de leurs fibres, ont entre elles de singuliers rapports. Voltaire avoit été dès sa première jeunesse formé dans l'arène littéraire ; sans cesse occupé de combats et de victoires, son amour-propre étoit toujours en état de guerre. Aucune des passions douces et aimantes, et des spéculations décevantes qui tenoient tant de place dans la vie de Jean-Jacques, ne tempéroit dans Voltaire cette unique et impérieuse passion de la gloire qui le remplissoit tout entier, le dévoroit, le consumoit ; car l'amour de l'argent, quoi qu'on en ait dit, n'étoit chez lui qu'un soin et un calcul, et nullement une passion. Parvenu à ce premier rang long-temps disputé, il régnoit dans l'empire des lettres, et regardoit comme un rebelle quiconque osoit l'attaquer. Rousseau, qui croit avoir à se plaindre de lui, l'attaque ; le voilà furieux, comme il l'étoit toujours en pareil cas. Il dissimule pourtant, parce que l'injure étoit secrète, et que Jean-Jacques lui parois-

soit encore trop loin de lui. Mais bientôt l'Héloïse
paroît, et l'Europe en retentit, et il apprend en
même temps que le parti démocratique de Genève,
qui venoit de le forcer de quitter sa maison des
Délices, est animé par les lettres et les écrits de
Rousseau, qui affecte de le traiter en ennemi; alors
il ne voit plus dans Rousseau qu'un concurrent qui
veut lutter à la fois contre lui de réputation dans
l'Europe, et de crédit dans Genève; il ne respire
plus que la vengeance, et, voulant la rendre terrible,
il ne réussit qu'à la rendre impuissante et honteuse,
parce qu'il est trop emporté pour mesurer ses coups :
aveuglé par la fureur, il persiste à ne voir dans l'auteur de l'Héloïse et de l'Émile que la vie obscure et
les aventures ignobles de ses premieres années; il
prend le ton du mépris avec un écrivain admiré, et
se rend ridicule; il noircit et diffame un homme de
génie, pauvre, proscrit, persécuté, et se rend
odieux; il vomit les injures les plus grossières et les
plus brutales dans des vers dignes du dernier des
versificateurs, et déshonore ainsi sa plume de toutes
les manières, comme si, par une malédiction légitime, il eût été condamné à oublier jusqu'à son goût
naturel en oubliant tous les devoirs.

Mais s'il résulte de ce court parallèle que Jean-
Jacques ait un avantage moral sur l'auteur de la
Henriade, il faut convenir qu'il y a dans la collection
de leurs œuvres des genres que tous les deux ont
cultivés avec un succès bien différent; et sans parler
de l'art dramatique, où Rousseau s'est placé au-dessous de nos auteurs les plus médiocres, nous dirons

qu'on chercheroit vainement dans sa Correspondance la grâce, l'aimable facilité, et les convenances du style qui se reproduisent sous mille formes plus élégantes les unes que les autres dans les moindres billets de Voltaire : pour une lettre bien faite qu'on trouve de loin à loin dans la Correspondance de Jean-Jacques, il en est beaucoup qui sont écrites d'un style pénible et embarrassé ; on sent que Rousseau est à la gêne : le genre épistolaire est celui qui lui a toujours le plus coûté. Jean-Jacques est le premier qui se soit dispensé parmi nous de finir ses lettres suivant l'usage, parce qu'il n'étoit, disoit-il, le serviteur de personne. Ses lettres écrites en 1738 à madame de Warens, sa bienfaitrice et son amie, inspirent l'intérêt le plus touchant, même après qu'on a lu ses chefs-d'œuvre ; on aime à y voir son ame fière, sensible et neuve, se développer par degrés : il sembloit dès-lors appelé à la profession de musicien, et rien n'annonçoit le penseur, le philosophe, l'écrivain supérieur.

Les lettres de Jean-Jacques, prises dans leur ensemble, peuvent être considérées comme les pièces justificatives de ses Confessions ; il est toujours curieux d'entendre Rousseau parler de lui-même, surtout pour les personnes, et le nombre en est grand, qui cherchent à pénétrer le mystère de son caractère : tel fait qui n'est qu'énoncé dans les Confessions se trouve détaillé dans la Correspondance, avec toutes ses circonstances. Qui n'aime à se perdre dans le labyrinthe inextricable des pensées de cet homme extraordinaire, affecté de tant de manières différentes par les mêmes objets, et dont l'imagination ombrageuse s'effarouche au moindre mot, à la moindre idée? A la piste du moindre soupçon, il le saisit, s'en empare, le réchauffe dans son sein, se plaît aux tourments qu'il en reçoit; c'est Prométhée en proie au vautour de la méfiance : le lecteur souffre des douleurs que Jean-Jacques endure, et pourtant il sent qu'il en est d'imaginaires, et ce ne sont pas les moins cruelles. On voit Rousseau dominé par une pensée unique, la pensée du malheur; il ressemble à ces réprouvés dont parle le Dante dans son Enfer, qui se traînent avec peine sous le manteau de plomb qui charge leurs épaules. C'est vainement qu'il épanche ses chagrins dans le sein de l'amitié, son cœur oppressé gémit toujours sous le même poids : ses douleurs épanchées n'ont rien perdu de leur intensité, il en est toujours la victime; c'est un fardeau qui l'oppresse, et qui le tient isolé de toute autre idée. La grande pensée du malheur l'envahit tout entier, il refuse d'en admettre aucune autre. Son esprit est dominé par son cœur, son cœur par son imagination. Berckeley croyoit habiter un monde de verre; tout lui sembloit transparent et fragile; il craignoit que le moindre mouvement, le moindre geste, ne brisât et ne mît en pièces sa terrestre demeure. Là où Berckeley ne voyoit que du verre, Jean-Jacques n'apercevoit que la haine et la vengeance méditant sa honte et son infortune. C'étoit Pascal ayant toujours ouvert devant lui l'abîme qui l'alloit engloutir. Il a revêtu l'habillement d'un Arménien, et son esprit est encore plus bizarre que son costume : il veut qu'un hôpital reçoive ses derniers jours ; et celui que la demeure des grands hommes s'applaudira dans peu d'années d'avoir pour habitant veut que la retraite du pauvre soit son dernier asile. Jean-Jacques Rousseau a survécu à l'auteur d'*Émile* et du *Contrat social*, il ne vit plus que pour la méfiance et la douleur, il ne voit que des piéges, n'entend que des accusations ; l'air qu'il respire est empoisonné par le souffle impur de ses ennemis ; le spectre de la terreur est sans cesse debout à ses côtés, et les soupçons errent autour de lui comme autant d'ombres funèbres. On s'imagine aisément que dans une pareille situation d'esprit Jean-Jacques doit reporter dans sa correspondance les idées sombres et défiantes dont il est obsédé : aussi n'y cherche-t-on point cette variété toujours nouvelle qui fait le charme des lettres de Voltaire ; mais on aime à étudier, dans les lettres de Rousseau, les mystères de ce caractère si ingénieux à se tourmenter. C'est une étude morale qui a un attrait particulier pour le lecteur. On se plaît encore à suivre dans sa marche, d'abord lente et obscure, le progrès d'un écrivain qui marquera tout-à-coup sa place au premier rang ; on cherche le germe caché de ce haut et puissant génie ; on croit le voir qui s'élabore lentement dans le silence de la méditation : il se dégage insensiblement des entraves qui enchaînoient son essor ; son style s'épure et s'anime ; sa pensée marche plus forte et plus grande : on sent qu'il ne lui manque qu'une occasion pour dire des choses que lui seul aura le droit de faire entendre ; il s'élance de la lecture de Montaigne, tout armé de son génie, et Rousseau s'est révélé à l'Europe étonnée. A sa voix tout se tait un instant pour l'écouter ; au nom de la vérité qu'il invoque, c'est une accusation qu'il intente devant le genre humain, contre les lettres, les arts, les sciences, contre la société même, à qui il impute les vices, les crimes, les ignominies, et les malheurs des nations écrasées sous le double joug de leurs dieux et de leurs rois. Loin de donner ou de permettre quelque espérance pour l'avenir, les deux premiers discours de Jean-Jacques Rousseau ne font attendre des progrès les plus étendus de nos connoissances que des progrès plus grands encore des erreurs, des opprobres et des calamités. Combien de genres de sensibilité, d'opinions révérées, de cultes religieux, l'éloquence de Jean-Jacques sut émouvoir et soulever en faveur de ses doctrines désolantes ! quelle ame touchée des mœurs antiques et républicaines, en lisant cette prosopopée de Fabricius écrite par Rousseau fondant en larmes au pied d'un chêne du bois de Vincennes, ne fut pas tentée de la prendre pour une des sublimes pages perdues des Tusculanes, ne se crut pas transportée dans Rome libre et vertueuse encore, mais près de perdre à jamais sous le charme funeste des arts sa liberté et ses vertus ? quel cœur accoutumé dans la lecture des Évangiles à se consoler de la vie et de la mort ne fut pas plus pénétré encore de la grâce céleste de ces livres sacrés, n'y puisa pas plus de force et de courage après que Rousseau en eut parlé ? quel homme, non dépravé encore tout-à-fait par les passions orgueilleuses et ambitieuses ne l'a pas béni cent fois d'avoir tant honoré la simplicité des mœurs d'une vie laborieuse et indigente, de l'avoir tant préférée à ce vain éclat du luxe qui éblouit un instant pour fatiguer et corrompre toujours? quel ami des lettres nourri dans les sources si pleines, si pures, si profondes, et si vastes de la Grèce et de Rome, ne vit pas notre langue élevée, dans la prose de Rousseau, aux expressions et aux formes les plus majestueuses, aux mouvements et aux accents les plus passionnés de la langue de Cicéron et de celle de Démosthènes? quel esprit, parmi ceux même qui mettoient à si haut prix les sciences de l'Europe, si violemment défigurées par leur détracteur, ne sentit pas et ne démêla pas, jusque dans les déclamations, toute la fermeté et toute la hauteur de ce génie philosophique avec lequel le, la science est si vite acquise, et auprès duquel elle est si peu de chose? Attaqué de toutes parts par des rois, par des savants, par des beaux esprits, et par des philosophes, quelle vigueur et quelle souplesse d'esprit, quelle puissance de logique il déployoit contre tous dans une cause qu'il paroissoit si impossible de défendre! Les mêmes accusations contre les sociétés humaines, reproduites si souvent dans ce que Rousseau a depuis imprimé, n'ont pas été du tout contredites par ses grands ouvrages sur l'éducation, sur la morale, et sur les lois, qui semblent supposer les améliorations possibles : il ne les écrivoit point pour les nations de l'Europe, dont il a toujours désespéré; mais pour quelques ames privilégiées, pour des familles qui pourroient échapper aux vices dont est inondée la terre sur des hauteurs solitaires où ne monteroit point le déluge.

Quoique déjà brouillé avec les philosophes pour beaucoup de causes, pour sa philosophie, qui n'étoit pas jusqu'au bout la leur, pour son éloquence, qui n'étoit pas leur style, pour ses procédés, qui étoient loin d'être ceux du monde, Jean-Jacques, aux jours de la persécution de l'Émile, ne fut pas abandonné par les philosophes : tout ce que l'ouvrage avoit de supérieur ils le sentirent, et ils sentirent peut-être plus vivement encore tout ce qu'avoient d'injuste et de violent les mandements des évêques et les arrêts des cours de justice : ne pouvant le défendre contre la persécution de ces deux puissances, qui ne cédoient pas toujours, même au trône, ils trouvèrent le moyen de l'y dérober ; et prêt à partir pour l'Angleterre, Hume transporte Jean-Jacques comme dans ses bras à cette île dont la liberté est si grande, quoiqu'elle ne soit pas celle du Contrat social, et où tant de paysages ressemblent à ceux de l'Héloïse, quoiqu'ils n'aient pas le soleil de Vevay.

CORRESPONDANCE.

CORRESPONDANCE.

PREMIÈRE PARTIE.

DEPUIS LE 1ᵉʳ JANVIER 1732 JUSQU'AU 1ᵉʳ JANVIER 1758.

LETTRE I.

A SON PÈRE.

...1732.

Mon cher père,

Malgré les tristes assurances que vous m'avez données que vous ne me regardiez plus pour votre fils, j'ose encore recourir à vous comme au meilleur de tous les pères; et quels que soient les justes sujets de haine que vous devez avoir contre moi, le titre de fils malheureux et repentant les efface dans votre cœur, et la douleur vive et sincère que je ressens d'avoir si mal usé de votre tendresse paternelle me remet dans les droits que le sang me donne auprès de vous : vous êtes toujours mon cher père, et, quand je ne ressentirois que le seul poids de mes fautes, je suis assez puni dès que je suis criminel. Mais, hélas! il est bien encore d'autres motifs qui feroient changer votre colère en une compassion légitime, si vous en étiez pleinement instruit. Les infortunes qui m'accablent depuis long-temps n'expient que trop les fautes dont je me sens coupable; et, s'il est vrai qu'elles sont énormes, la pénitence les surpasse encore. Triste sort que celui d'avoir le cœur plein d'amertume, et de n'oser même exhaler sa douleur par quelques soupirs! triste sort d'être abandonné d'un père dont on auroit pu faire les délices et la consolation! mais plus triste sort de se voir forcé d'être à jamais ingrat et malheureux en même temps, et d'être obligé de traîner par toute la terre sa misère et ses remords! Vos yeux se chargeroient de larmes si vous connoissiez à fond ma véritable situation; l'indignation feroit bientôt place à la pitié, et vous ne pourriez vous empêcher de ressentir quelque peine des malheurs dont je me vois accablé. Je n'aurois osé me donner la liberté de vous écrire, si je n'y avois été forcé par une nécessité indispensable. J'ai long-temps balancé, dans la crainte de vous offenser encore davantage; mais enfin j'ai cru que, dans la triste situation où je me trouve, j'aurois été doublement coupable si je n'avois fait tous mes efforts pour obtenir de vous des secours qui me sont absolument nécessaires. Quoique j'aie à craindre un refus, je ne m'en flatte pas moins de quelque espérance; je n'ai point oublié que vous êtes bon père, et je sais que vous êtes assez généreux pour faire du bien aux malheureux indépendamment des lois du sang et de la nature, qui ne s'effacent jamais dans les grandes ames. Enfin, mon cher père, il faut vous l'avouer, je suis à Neuchâtel, dans une misère à laquelle mon imprudence a donné lieu [1]. Comme je n'avois d'autre talent que la musique qui pût me tirer d'affaire, je crus que je ferois bien de le mettre en usage si je le pouvois; et voyant bien que je n'en savois pas encore assez pour l'exercer dans des pays catholiques, je m'arrêtai à Lausanne, où j'ai enseigné pendant quelques mois; d'où étant venu à Neuchâtel, je me vis dans peu de temps, par des gains assez considérables joints à une conduite fort réglée, en état d'acquitter quelques dettes que j'avois à Lausanne; mais, étant sorti d'ici inconsidérément, après une longue suite d'aventures que je me réserve, l'honneur de vous détailler de bouche [2], si vous voulez bien le permettre, je suis revenu; mais le chagrin que je puis dire sans vanité que mes écolières conçurent de mon départ a bien été payé à mon retour par les témoignages que j'en reçois qu'elles ne veulent plus recommencer; de façon que, privé des secours nécessaires, j'ai contracté ici quelques dettes qui m'empêchent d'en sortir avec

[1] * Rousseau passa l'hiver de 1732 à Neuchâtel.
[2] Il raconte une partie de ces aventures dans le quatrième livre des *Confessions*.

honneur et qui m'obligent de recourir à vous.

Que ferois-je, si vous me refusiez? de quelle confusion ne serois-je pas couvert? Faudra-t-il, après avoir si long-temps vécu sans reproche malgré les vicissitudes d'une fortune inconstante, que je déshonore aujourd'hui mon nom par une indignité? Non, mon cher père, j'en suis sûr, vous ne le permettrez pas. Ne craignez pas que je vous fasse jamais une semblable prière; je puis enfin, par le moyen d'une science que je cultive incessamment, vivre sans le secours d'autrui; je sens combien il pèse d'avoir obligation aux étrangers, et je me vois enfin en état, après des soucis continuels, de subsister par moi-même : je ne ramperai plus; ce métier est indigne de moi : si j'ai refusé plusieurs fois une fortune éclatante, c'est que j'estime mieux une obscure liberté qu'un esclavage brillant : mes souhaits vont être accomplis, et j'espère que je vais bientôt jouir d'un sort doux et tranquille, sans dépendre que de moi-même, et d'un père dont je veux toujours respecter et suivre les ordres.

Pour me voir en cet état, il ne me manque que d'être hors d'ici, où je me suis témérairement engagé; j'attends ce dernier bienfait de votre main avec une entière confiance.

Honorez-moi, mon cher père, d'une réponse de votre main; ce sera la première lettre que j'aurai reçue de vous depuis ma sortie de Genève : accordez-moi le plaisir de baiser au moins ces chers caractères; faites-moi la grâce de vous hâter, car je suis dans une crise très-pressante. Mon adresse est ici jointe : vous devinerez aisément les raisons qui m'ont fait prendre un nom supposé [1]; votre prudente discrétion ne vous permettra pas de rendre publique cette lettre, ni de la montrer à personne qu'à ma chère mère, que j'assure de mes très-humbles respects, et que je supplie, les larmes aux yeux, de vouloir bien me pardonner mes fautes et me rendre sa chère tendresse. Pour vous, mon cher père, je n'aurai jamais de repos que je n'aie mérité le retour de la vôtre, et je me flatte que ce jour viendra encore où vous vous ferez un vrai plaisir de m'avouer pour,

Mon cher père,

Votre très-humble et très-obéissant
serviteur et fils.

[1] * On voit dans les *Confessions* (liv. IV) que ce nom étoit *Vaussore*, anagramme de celui de Rousseau.

LETTRE II.

A MADEMOISELLE DE GRAFFENRIED.

...1732.

Je suis très-sensible à la bonté que veut bien avoir madame de Warens de se ressouvenir encore de moi. Cette nouvelle m'a donné une consolation que je ne saurois vous exprimer; et je vous proteste que jamais rien ne m'a plus violemment affligé que d'avoir encouru sa disgrâce. J'ai eu déjà l'honneur de vous dire, mademoiselle, que j'ignorois les fautes qui avoient pu me rendre coupable à ses yeux; mais jusqu'ici la crainte de lui déplaire m'a empêché de prendre la liberté de lui écrire pour me justifier, ou du moins pour obtenir, par mes soumissions, un pardon qui seroit dû à ma profonde douleur, quand même j'aurois commis les plus grands crimes. Aujourd'hui, mademoiselle, si vous voulez bien vous employer pour moi, l'occasion est favorable, et, à votre sollicitation, elle m'accordera sans doute la permission de lui écrire; car c'est une hardiesse que je n'oserois prendre de moi-même. C'étoit me faire injure que demander si je voulois qu'elle sût mon adresse; puis-je avoir rien de caché pour la personne à qui je dois tout? Je ne mange pas un morceau de pain que je ne reçoive d'elle; sans les soins de cette charitable dame, je serois peut-être déjà mort de faim; et si j'ai vécu jusqu'à présent, c'est aux dépens d'une science qu'elle m'a procurée. Hâtez-vous donc, mademoiselle, je vous en supplie; intercédez pour moi, et tâchez de m'obtenir la permission de me justifier.

J'ai bien reçu votre lettre datée du 21 novembre, adressée à Lausanne. J'avois donné de bons ordres, et elle me fut envoyée sur-le-champ. L'aimable demoiselle de Galley est toujours dans mon cœur, et je brûle d'impatience de recevoir de ses nouvelles; faites-moi le plaisir de lui demander, au cas qu'elle soit encore à Annecy, si elle agréeroit une lettre de ma main. Comme j'ai ordre de m'informer de M. Venture, je serois fort aise d'apprendre où il est actuellement; il a eu grand tort de ne point écrire à monsieur son père, qui est fort en peine de lui; j'ai promis de donner de ses nouvelles dès que j'en saurois moi-même. Si cela ne vous fait pas de peine, accordez-moi la grâce de me dire s'il est toujours à Annecy, et son adresse à peu près. Comme j'ai beaucoup travaillé depuis mon départ d'auprès de vous, si vous agréez pour vous désennuyer que je vous envoie quelques-unes de mes pièces, je le ferai avec joie, toutefois sous le sceau du secret, car je n'ai pas encore assez de vanité pour vouloir porter le nom d'auteur; il faut auparavant que je sois parvenu à un degré qui puisse me faire soutenir ce titre avec honneur. Ce que je vous offre, c'est pour vous dédommager en quelque sorte de la compote, qui n'est pas encore mangeable. Passons à votre dernier article, qui est le plus important. Je commencerai par vous dire qu'il n'étoit point nécessaire de préambule pour me faire agréer vos sages avis; je les recevrai toujours de bonne part et avec beaucoup de respect, et je tâcherai d'en profiter. Quant à celui-ci que vous me donnez, soyez persuadée, mademoiselle, que ma religion est profondément gravée dans mon ame, et que rien n'est capable de l'en effacer. Je ne veux pas ici me donner beaucoup de gloire de la constance avec laquelle j'ai refusé de retourner chez moi. Je n'aime pas prôner des dehors de piété, qui souvent trompent les yeux, et ont de tout autres motifs que ceux qui se montrent en apparence. Enfin, mademoiselle, ce n'est pas par divertissement que j'ai changé de nom et de patrie, et que je risque à chaque instant d'être regardé comme un fourbe et peut-être un espion. Finissons une trop longue lettre; c'est assez vous ennuyer : je vous prie de vouloir bien m'honorer d'une prompte réponse, parce que je ne ferai peut-être pas long séjour ici. Mes affaires y sont dans une fort mauvaise crise. Je suis déjà fort endetté, et je n'ai qu'une seule écolière. Tout est en campagne, je ne sais comment sortir; je ne sais comment rester, parce que je ne sais point faire de bassesses. Gardez-vous de rien dire de ceci à madame de Warens. J'aimerois mieux la mort qu'elle crût que je suis dans la moindre indigence ; et vous-même tâchez de l'oublier, car je me repens de vous l'avoir dit. Adieu, mademoiselle ; je suis toujours avec autant d'estime que de reconnoissance.

LETTRE III.

A MADAME LA BARONNE DE WARENS.

A Cluses, le 31 août 1733.

Madame,

L'on dit bien vrai que brebis galeuse, le loup la mange. J'étois à Genève, gai comme un pinson, pensant terminer quelque chose avec mon père, et, d'ici, avoir maintes occasions de vous assurer de mes profonds respects ; mais, madame, l'imagination court bien vite, tandis que la réalité ne la suit pas toujours. Mon père n'est point venu, et m'a écrit, comme dit le révérend père, une lettre de vrai Gascon ; et qui pis est, c'est que c'est bien moi qu'il gasconne ; vous en verrez l'original dans peu : ainsi rien de fait ni à faire pour le présent, suivant toutes les apparences. L'autre cas est que je n'ai pu avoir l'honneur de vous écrire aussitôt que je l'aurois voulu, manque d'occasions, qui sont bien claires dans ce pays-ci, et seulement une fois la semaine.

Si je voulois, madame, vous marquer en détail toutes les honnêtetés que j'ai reçues du révérend père, et que j'en reçois actuellement tous les jours, j'aurois pour long-temps à dire; ce qui, rangé sur le papier par une main aussi mauvaise que la mienne, ennuie quelquefois le bénévole lecteur. Mais, madame, j'espère me bien dédommager de ce silence gênant la première fois que j'aurai l'honneur de vous faire la révérence.

Tout cela est parfaitement bien jusques ici; mais sa révérence, ne vous en déplaise, me retient ici un peu plus long-temps qu'il ne faudroit, par une espèce de force, un peu de sa part, un peu de la mienne : de sa part, par les manières obligeantes et les caresses avec lesquelles il a la bonté de m'arrêter; et de la mienne, parce que j'ai de la peine à me détacher d'une personne qui me témoigne tant de bontés. Enfin, madame, je suis ici le mieux du monde; et le révérend père m'a dit résolument qu'il ne prétend que je m'en aille que quand il lui plaira, et que je serai bien et duement lactifié.

Je fais, madame, bien des vœux pour la conservation de votre santé. Dieu veuille vous la rendre aussi bonne que je le souhaite et que je l'en prie! J'ai l'honneur d'être avec un profond respect, etc.

Le frère Montant (qui n'a pas le temps de vous écrire, parce que le courrier est pressé de partir) dit comme ça qu'il vous prie de croire qu'il est toujours votre très-humble serviteur.

LETTRE IV.

A SON PÈRE.

...1733.

Monsieur et très-cher père,

Souffrez que je vous demande pardon de la longueur de mon silence. Je sens bien que rien ne peut raisonnablement le justifier, et je n'ai recours qu'à votre bonté pour me relever de ma faute. On les pardonne, ces sortes de fautes, quand elles ne viennent ni d'oubli ni de manque de respect, et je crois que vous me rendez bien assez de justice pour être persuadé que la mienne est de ce nombre. Voyez à votre tour, mon cher père, si vous n'avez point de reproche à vous faire, je ne dis pas par rapport à moi, mais à l'égard de madame de Warens, qui a pris la peine de vous écrire d'une manière à vous ôter toute matière d'excuse, pour avoir manqué à lui répondre. Faisons abstraction, mon très-cher père, de tout ce qu'il y a de dur et d'offensant pour moi dans le silence que vous avez gardé dans cette conjoncture; mais considérez comment madame de Warens doit juger de votre procédé. N'est-il pas bien surprenant, bien bizarre? pardonnez-moi ce terme. Depuis six mois, que vous ai-je demandé autre chose que de marquer un peu de sensibilité à madame de Warens pour tant de grâces, de bienfaits, dont sa bonté m'accable continuellement? Qu'avez-vous fait? au lieu de cela, vous avez négligé auprès d'elle jusqu'aux premiers devoirs de politesse et de bienséance. Le faisiez-vous donc uniquement pour m'affliger? Vous vous êtes en cela fait un tort infini : vous aviez affaire à une dame aimable par mille endroits, et respectable par mille vertus : joint à ce qu'elle n'est ni d'un rang ni d'une passe à mépriser, et j'ai toujours vu que toutes les fois qu'elle a eu l'honneur d'écrire aux plus grands seigneurs de la cour, et même au roi, ses lettres ont été répondues avec la dernière exactitude. De quelles raisons pouvez-vous donc autoriser votre silence? Rien n'est plus éloigné de votre goût que la prude bigoterie; vous méprisez souverainement, et avec grande raison, ce tas de fanatiques et de pédants chez qui un faux zèle de religion étouffe tous sentiments d'honneur et d'équité, et qui placent honnêtement avec les cartouchiens tous ceux qui ont le malheur de n'être pas de leur sentiment dans la manière de servir Dieu.

Pardon, mon cher père, si ma vivacité m'emporte un peu trop ; c'est mon devoir, d'un côté, qui me fait excéder d'autre part les bornes de mon devoir ; mon zèle ne se démentira jamais pour toutes les personnes à qui je dois de l'attachement et du respect, et vous devez tirer de là une conclusion bien naturelle sur mes sentiments à votre égard.

Je suis très-impatient, mon cher père, d'apprendre l'état de votre santé et de celle de ma chère mère. Pour la mienne, je ne sais s'il vaut la peine de vous dire que je suis tombé, depuis le commencement de l'année, dans une langueur extraordinaire ; ma poitrine est affectée, et il y a apparence que cela dégénérera bientôt en phthisie [1] : ce sont les soins et les bontés de madame de Warens qui me soutiennent, et qui peuvent prolonger mes jours : j'ai tout à espérer de sa charité et de sa compassion, et bien m'en prend.

[1] * Il donne sur sa santé des détails semblables dans le livre V des *Confessions*.

LETTRE V.

AU MÊME.

Du 26 juin 1735.

Mon cher père,

Plus les fautes sont courtes, et plus elles sont pardonnables. Si cet axiome a lieu, jamais homme ne fut plus digne de pardon que moi; il est vrai que je suis entièrement redevable aux bontés de madame de Warens de mon retour au bon sens et à la raison; c'est encore sa sagesse et sa générosité qui m'ont ramené de cet égarement-ci : j'espère que, par ce nouveau bienfait, l'augmentation de ma reconnoissance, et mon attachement respectueux pour cette dame, lui seront de forts garants de la sagesse de ma conduite à l'avenir; je vous prie, mon cher père, de vouloir bien y compter aussi; et, quoique je comprenne bien que vous n'avez pas lieu de faire grand fond sur la solidité de mes réflexions après ma nouvelle démarche, il est juste pourtant que vous sachiez que je n'avois point pris mon parti si étourdiment que je n'eusse eu soin d'observer quelques-unes des bienséances nécessaires en pareilles occasions. J'écrivis à madame de Warens dès le jour de mon départ, pour prévenir toute inquiétude de sa part; je réitérai peu de jours après; j'étois aussi dans les dispositions de vous écrire; mais mon voyage a été de courte durée, et j'aime mieux pour mon honneur et pour mon avantage que ma lettre soit datée d'ici que de nulle part ailleurs.

Je vous fais mes sincères remerciements, mon cher père, de l'intérêt que vous paroissez prendre encore à moi; j'ai été infiniment sensible à la manière tendre dont vous vous êtes exprimé sur mon compte dans la lettre que vous avez écrite à madame de Warens : il est certain que si tous les sentiments les plus vifs d'attachement et de respect d'un fils peuvent mériter quelque retour de la part d'un père, vous m'avez toujours été redevable à cet égard.

Madame de Warens vous fait bien des compliments, et vous remercie de la peine que vous avez prise de lui répondre : il est vrai, mon cher père, que cela ne vous est pas ordinaire. Je ne devrois pas être obligé de vous supplier de ne donner plus lieu à cette dame de vous faire de pareils remerciements dans le sens de celui-ci : j'ai vu que toutes les fois qu'elle a eu l'honneur d'écrire au roi et aux plus grands seigneurs de la cour, ses lettres ont été répondues avec la dernière exactitude. S'il est vrai que vous m'aimiez, et que vous ayez toujours pour le vrai mérite l'estime et l'attention qui lui sont dues, il est de votre devoir, si j'ose parler ainsi, de ne vous pas laisser prévenir.

Je suis inquiet sur l'état de ma chère mère; j'ai lieu de juger, par votre lettre, que sa santé se trouve altérée; je vous prie de lui en témoigner ma sensibilité. Dieu veuille prendre soin de la vôtre, et la conserver pour ma satisfaction long-temps au-delà de ma propre vie !

J'ai l'honneur d'être, etc.

LETTRE VI.

A SA TANTE [1].

...1735.

J'ai reçu avant-hier la visite de mademoiselle F..... F....., dont le triste sort me surprit d'autant plus que je n'avois rien su jusqu'ici de tout ce qui la regardoit. Quoique je n'aie appris son histoire que de sa bouche, je ne doute pas, ma chère tante, que sa mauvaise conduite ne l'ait plongée dans l'état déplorable où elle se trouve. Cependant il convient d'empêcher, si l'on le peut, qu'elle n'achève de déshonorer sa famille et son nom; et c'est un soin qui vous regarde aussi en qualité de belle-mère. J'ai écrit à M. Jean F..... son frère, pour

[1] Madame Gonceru, née Rousseau.

l'engager à venir ici, et tâcher de la retirer des horreurs où la misère ne manquera pas de la jeter. Je crois, ma chère tante, que vous ferez bien, et conformément aux sentiments que la charité, l'honneur et la religion doivent vous inspirer, de joindre vos sollicitations aux miennes; et même, sans vouloir m'aviser de vous donner des leçons, je vous prie de le faire pour l'amour de moi; je crois que Dieu ne peut manquer de jeter un œil de faveur et de bonté sur de pareilles actions. Pour moi, dans l'état où je suis moi-même, je n'ai pu rien faire que la soutenir par les consolations et les conseils d'un honnête homme, et je l'ai présentée à madame de Warens, qui s'est intéressée pour elle à ma considération, et qui a approuvé que je vous en écrivisse.

J'ai appris avec un vrai regret la mort de mon oncle Bernard [1]. Dieu veuille lui donner dans l'autre monde les biens qu'il n'a pu trouver en celui-ci, et lui pardonner le peu de soin qu'il a eu de ses pupilles. Je vous prie d'en faire mes condoléances à ma tante Bernard, à qui j'en écrirois volontiers; mais en vérité je suis pardonnable, dans l'abattement et la langueur où je suis, de ne pas remplir tous mes devoirs. S'il lui reste quelques manuscrits de feu mon oncle Bernard qu'elle ne se soucie pas de conserver, elle peut me les envoyer

---

[1] * A la Caroline, où il étoit allé, comme ingénieur-architecte, pour construire la ville de Charles-Town.

ou me les garder; je tâcherai de trouver de quoi les payer ce qu'ils vaudront. Donnez-moi, s'il vous plaît, des nouvelles de mon pauvre père; j'en suis dans une véritable peine : il y a long-temps qu'il ne m'a écrit; je vous prie de l'assurer, dans l'occasion, que le plus grand de mes regrets est de n'avoir pu jouir d'une santé qui m'eût permis de mettre à profit le peu de talents que je puis avoir; assurément il auroit connu que je suis un bon et tendre fils. Dieu m'est témoin que je le dis du fond du cœur. Je suis redevable à madame de Warens d'avoir toujours cultivé en moi avec soin les sentiments d'attachement et de respect qu'elle m'a toujours trouvés pour mon père, et pour toute ma vie. Je serois bien aise que vous eussiez pour cette dame les sentiments dus à ses hautes vertus et à son caractère excellent, et que vous lui sussiez quelque gré d'avoir été dans tous les temps ma bienfaitrice et ma mère.

Je vous prie aussi, ma chère tante, de vouloir assurer de mes respects et de mon sincère attachement ma tante Gonceru, quand vous serez à portée de la voir; mes salutations aussi à mon oncle David. Ayez la bonté de me donner de vos nouvelles, et de m'instruire de l'état de votre santé et du succès de vos démarches auprès de M. F.....

LETTRE VII.

A MADAME LA BARONNE DE WARENS.

A Besançon, le 29 juin 1735 [1].

Madame,

J'ai l'honneur de vous écrire dès le lendemain de mon arrivée à Besançon : j'y ai trouvé bien des nouvelles auxquelles je ne m'étois pas attendu, et qui m'ont fait plaisir en quelque façon. Je suis allé ce matin faire ma révérence à M. l'abbé Blanchard, qui nous a donné à dîner, à M. le comte de Saint-Rieux et à moi. Il m'a dit qu'il partiroit dans un mois pour Paris, où il va remplir le quartier de M. Campra, qui est malade ; et comme il est fort âgé, M. Blanchard se flatte de lui succéder en la charge d'intendant, premier maître de quartier de la musique de la chambre du roi, et conseiller de sa majesté en ses conseils. Il m'a donné sa parole d'honneur qu'au cas que ce projet lui réussisse, il me procurera un appointement dans la chapelle, ou dans la chambre du roi, au bout du terme de deux ans le plus tard. Ce sont là des postes brillants et lucratifs, qu'on ne peut assez ménager :

---

[1]* Cette lettre doit être de 1735, puisqu'il y est question de son entrevue avec l'abbé Blanchard, qui n'eut lieu qu'en 1735.

aussi l'ai-je très-fort remercié, avec assurance que je n'épargnerai rien pour m'avancer de plus en plus dans la composition, pour laquelle il m'a trouvé un talent merveilleux. Je lui rends à souper ce soir, avec deux ou trois officiers du régiment du Roi, avec qui j'ai fait connoissance au concert. M. l'abbé Blanchard m'a prié d'y chanter un récit de basse-taille, que ces messieurs ont eu la complaisance d'applaudir, aussi bien qu'un duo de *Pyrame et Thisbé*, que j'ai chanté avec M. Duroncel, fameux haute-contre de l'ancien opéra de Lyon : c'est beaucoup faire pour un lendemain d'arrivée.

J'ai donc résolu de retourner dans quelques jours à Chambéry, où je m'amuserai à enseigner pendant le terme de deux années ; ce qui m'aidera toujours à me fortifier, ne voulant pas m'arrêter ici, ni passer pour un simple musicien, ce qui me feroit quelque jour un tort considérable. Ayez la bonté de m'écrire, madame, si j'y serai reçu avec plaisir, et si l'on m'y donnera des écoliers ; je me suis fourni de quantité de papiers et de pièces nouvelles d'un goût charmant, et qui sûrement ne sont pas connues à Chambéri ; mais je vous avoue que je ne me soucie guère de partir que je ne sache au vrai si l'on se réjouira de m'avoir : j'ai trop de délicatesse pour y aller autrement. Ce seroit un trésor, et en même temps un miracle, de voir un musicien en Savoie : je n'ose ni ne puis me flatter d'être de ce nombre; mais en ce cas, je me vante toujours de produire en autrui ce que je ne suis pas moi-même. D'ailleurs, tous ceux qui se serviront de mes principes auront lieu de s'en louer, et vous en particulier, madame, si vous voulez bien encore prendre la peine de les pratiquer quelquefois. Faites-moi l'honneur de me répondre par le premier ordinaire; et au cas que vous voyiez qu'il n'y ait pas de *débouché* pour moi à Chambéri, vous aurez, s'il vous plaît, la bonté de me le marquer; et comme il me reste encore deux partis à choisir, je prendrai la liberté de consulter le secours de vos sages avis sur l'option d'aller à Paris en droiture avec M. l'abbé Blanchard, ou à Soleure auprès de M. l'ambassadeur[1]. Cependant, comme ce sont là de ces coups de partie qu'il n'est pas bon de précipiter, je serai bien aise de ne rien presser encore.

Tout bien examiné, je ne me repens point d'avoir fait ce petit voyage, qui pourra dans la suite m'être d'une grande utilité. J'attends, madame, avec soumission, l'honneur de vos ordres, et suis avec une respectueuse considération.

[1] * Le marquis de Bonac, qui s'étoit intéressé précédemment à Rousseau. Voyez *Confessions*, livre IV.

LETTRE VIII.

A SON PÈRE.

?. 1736.

Monsieur et très-cher père,

Dans la dernière lettre que vous avez eu la bonté de m'écrire le 5 du courant, vous m'exhortez à vous communiquer mes vues au sujet d'un établissement. Je vous prie de m'excuser si j'ai tardé de vous répondre : la matière est importante ; il m'a fallu quelques jours pour faire mes réflexions, et pour les rédiger clairement, afin de vous en faire part.

Je conviens avec vous, mon très-cher père, de la nécessité de faire de bonne heure le choix d'un établissement, et de s'occuper à suivre utilement ce choix ; j'avois déjà compris cela, mais je me suis toujours vu jusqu'ici hors de la supposition absolument nécessaire en pareil cas, et sans laquelle l'homme ne peut agir, qui est la possibilité.

Supposons, par exemple, que mon génie eût tourné naturellement du côté de l'étude, soit pour l'église, soit pour le barreau ; il est clair qu'il m'eût fallu des secours d'argent, soit pour ma nourriture, soit pour mon habillement, soit encore pour fournir aux frais de l'étude. Mettons le cas aussi que le commerce eût été mon but; outre mon entretien, il eût fallu payer un apprentissage, et enfin trouver un fonds convenable pour m'établir honnêtement; les frais n'eussent pas été beaucoup moindres pour le choix d'un métier : il est vrai que je savois déjà quelque chose de celui de graveur; mais, outre qu'il n'a jamais été de mon goût, il est certain que je n'en savois pas à beaucoup près assez pour pouvoir me soutenir, et qu'aucun maître ne m'eût reçu sans payer les frais d'un assujettissement.

Voilà, suivant mon sentiment, les cas de tous les différents établissements dont je pouvois raisonnablement faire choix : je vous laisse juger à vous-même, mon cher père, s'il a dépendu de moi d'en remplir les conditions.

Ce que je viens de dire ne peut regarder que le passé. A l'âge où je suis, il est trop tard pour penser à tout cela; et telle est ma misérable condition, que, quand j'aurois pu prendre un parti solide, tous les secours nécessaires m'ont manqué; et, quand j'ai lieu d'espérer de me voir quelque avance, le temps de l'enfance, ce temps précieux d'apprendre, se trouve écoulé sans retour.

Voyons donc à présent ce qu'il conviendroit de faire dans la situation où je me trouve : en premier lieu je puis pratiquer la musique, que je sais assez passablement pour cela; secondement,

4.

un peu de talent que j'ai pour l'écriture (je parle du style) pourroit m'aider à trouver un emploi de secrétaire chez quelque grand seigneur; enfin je pourrois, dans quelques années, et avec un peu plus d'expérience, servir de gouverneur à des jeunes gens de qualité.

Quant au premier article, je me suis toujours assez applaudi du bonheur que j'ai eu de faire quelques progrès dans la musique, pour laquelle on me flatte d'un goût assez délicat, et voici, mon cher père, comme j'ai raisonné.

La musique est un art de peu de difficulté dans la pratique, c'est-à-dire par tout pays on trouve facilement à l'exercer; les hommes sont faits de manière qu'ils préfèrent assez souvent l'agréable à l'utile; il faut les prendre par leur foible, et en profiter quand on peut le faire sans injustice : or qu'y a-t-il de plus juste que de tirer une rétribution honnête de son travail? La musique est donc, de tous les talents que je puis avoir, non pas peut-être à la vérité celui qui me fait le plus d'honneur, mais au moins le plus sûr quant à la facilité, car vous conviendrez qu'on ne s'ouvre pas toujours aisément l'entrée des maisons considérables; pendant qu'on cherche et qu'on se donne des mouvements, il faut vivre, et la musique peut toujours servir d'expectative.

Voilà la manière dont j'ai considéré que la musique pourroit m'être utile : voici pour le second article, qui regarde le poste de secrétaire.

Comme je me suis déjà trouvé dans le cas, je connois à peu près les divers talents qui sont nécessaires dans cet emploi; un style clair et bien intelligible, beaucoup d'exactitude et de fidélité, de la prudence à manier les affaires qui peuvent être de notre ressort; et, par-dessus tout, un secret inviolable : avec ces qualités on peut faire un bon secrétaire. Je puis me flatter d'en posséder quelques-unes; je travaille chaque jour à l'acquisition des autres, et je n'épargnerai rien pour y réussir.

Enfin, quant au poste de gouverneur d'un jeune seigneur, je vous avoue naturellement que c'est l'état pour lequel je me sens un peu de prédilection : vous allez d'abord être surpris; différez, s'il vous plaît, un instant de décider.

Il ne faut pas que vous pensiez, mon cher père, que je me sois adonné si parfaitement à la musique que j'aie négligé toute autre espèce de travail; la bonté qu'a eue madame de Warens de m'accorder chez elle un asile m'a procuré l'avantage de pouvoir employer mon temps utilement, et c'est ce que j'ai fait avec assez de soin jusqu'ici.

D'abord, je me suis fait un système d'étude que j'ai divisé en deux chefs principaux : le premier comprend tout ce qui sert à éclairer l'esprit, et l'orner de connoissances utiles et agréables; l'autre renferme les moyens de former le cœur à la sagesse et à la vertu. Madame de Warens a la bonté de me fournir des livres, et j'ai tâché de faire le plus de progrès qu'il étoit possible, et de diviser mon temps de manière que rien n'en restât inutile.

De plus, tout le monde peut me rendre justice sur ma conduite; je chéris les bonnes mœurs, et je ne crois pas que personne ait rien à me reprocher de considérable contre leur pureté; j'ai de la religion, et je crains Dieu : d'ailleurs, sujet à d'extrêmes foiblesses, et rempli de défauts plus qu'aucun autre homme du monde, je sens combien il y a de vices à corriger chez moi. Mais enfin les jeunes gens seroient heureux s'ils tomboient toujours entre les mains de personnes qui eussent autant que moi de haine pour le vice et d'amour pour la vertu.

Ainsi, pour ce qui regarde les sciences et les belles-lettres, je crois en savoir autant qu'il en faut pour l'instruction d'un gentilhomme, outre que ce n'est point précisément l'office d'un gouverneur de donner des leçons, mais seulement d'avoir attention qu'elles se prennent avec fruit; et effectivement il est nécessaire qu'il sache sur toutes les matières plus que son élève ne doit apprendre.

Je n'ai rien à répondre à l'objection qu'on me peut faire sur l'irrégularité de ma conduite passée; comme elle n'est pas excusable, je ne prétends pas l'excuser : aussi, mon cher père, je vous ai dit d'abord que ce ne seroit que dans quelques années et avec plus d'expérience que j'oserois entreprendre de me charger de la conduite de quelqu'un. C'est que j'ai dessein de me corriger entièrement, et que j'espère d'y réussir.

Sur tout ce que je viens de dire, vous pourrez encore m'opposer que ce ne sont point des établissements solides, principalement quant aux premier et troisième articles; là-dessus je vous prie de considérer que je ne vous les propose point comme tels, mais seulement comme les uniques ressources où je puisse recourir dans la situation où je me trouve, en cas que les secours présents vinssent à me manquer; mais il est temps de vous développer mes véritables idées et d'en venir à la conclusion.

Vous n'ignorez pas, mon cher père, les obligations infinies que j'ai à madame de Warens; c'est sa charité qui m'a tiré plusieurs fois de la misère, et qui s'est constamment attachée depuis huit ans à pourvoir à tous mes moyens, et même bien au-delà du nécessaire. La bonté qu'elle a eue de me retirer dans sa maison, de me fournir des livres, de me payer des maîtres, et pardessus tout, ses excellentes instructions et son exemple édifiant, m'ont procuré les moyens d'une heureuse éducation, et de tourner au bien mes mœurs alors encore indécises. Il n'est pas besoin que je relève ici la grandeur de tous ses bienfaits; la simple exposition que j'en fais à vos yeux suffit pour vous en faire sentir tout le prix au premier coup d'œil. Jugez, mon cher père, de tout ce qui doit se passer dans un cœur bien fait, en reconnoissance de tout cela; la mienne est sans bornes; voyez jusqu'où s'étend mon bonheur, je n'ai de moyen pour la manifester que le seul qui peut me rendre parfaitement heureux.

J'ai donc dessein de supplier madame de Warens de vouloir bien agréer que je passe le reste de mes jours auprès d'elle, et que je lui rende jusqu'à la fin de ma vie tous les services qui seront en mon pouvoir; je veux lui faire goûter autant qu'il dépendra de moi, par mon attachement à elle et par la sagesse et la régularité de ma conduite, les fruits des soins et des peines qu'elle s'est donnés pour moi : ce n'est point une manière frivole de lui témoigner ma reconnoissance; cette sage et aimable dame a des sentiments assez beaux pour trouver de quoi se payer de ses bienfaits par ses bienfaits mêmes, et par l'hommage continuel d'un cœur plein de zèle, d'estime, d'attachement et de respect pour elle.

J'ai lieu d'espérer, mon cher père, que vous approuverez ma résolution, et que vous la seconderez de tout votre pouvoir. Par là, toutes difficultés sont levées; l'établissement est tout fait, et assurément le plus solide et le plus heureux qui puisse être au monde, puisque, outre les avantages qui en résultent en ma faveur, il est fondé de part et d'autre sur la bonté du cœur et sur la vertu.

Au reste, je ne prétends pas trouver par là un prétexte honnête de vivre dans la fainéantise et dans l'oisiveté : il est vrai que le vide de mes occupations journalières est grand ; mais je l'ai entièrement consacré à l'étude, et madame de Warens pourra me rendre la justice que j'ai suivi assez régulièrement ce plan : jusqu'à présent elle ne s'est plainte que de l'excès. Il n'est pas à craindre que mon goût change ; l'étude a un charme qui fait que, quand on l'a une fois goûtée, on ne peut plus s'en détacher ; et d'autre part l'objet en est si beau, qu'il n'y a personne qui puisse blâmer ceux qui sont assez heureux pour y trouver du goût et pour s'en occuper.

Voilà, mon cher père, l'exposition de mes vues : je vous supplie très-humblement d'y donner votre approbation, d'écrire à madame de Warens, et de vous employer auprès d'elle pour les faire réussir ; j'ai lieu d'espérer que vos démarches ne seront pas infructueuses, et qu'elles tourneront à notre commune satisfaction.

Je suis, etc.

LETTRE IX.

A MADEMOISELLE SERRE.

Lyon, 1736.

Je me suis exposé au danger de vous revoir, et votre vue a trop justifié mes craintes, en rouvrant toutes les plaies de mon cœur. J'ai achevé de perdre auprès de vous le peu de raison qui me restoit, et je sens que, dans l'état où vous m'avez réduit, je ne suis plus bon à rien qu'à vous adorer. Mon mal est d'autant plus triste que je n'ai ni l'espérance ni la volonté d'en guérir, et qu'au risque de tout ce qu'il en peut arriver, il faut vous aimer éternellement. Je comprends, mademoiselle, qu'il n'y a de votre part à espérer aucun retour; je suis un jeune homme sans fortune; je n'ai qu'un cœur à vous offrir, et ce cœur, tout plein de feu, de sentiments et de délicatesse qu'il puisse être, n'est pas sans doute un présent digne d'être reçu de vous. Je sens cependant, dans un fonds inépuisable de tendresse, dans un caractère toujours vif et toujours constant, des ressources pour le bonheur, qui devroient, auprès d'une maîtresse un peu sensible, être comptées pour quelque chose en dédommagement des biens et de la figure qui me manquent. Mais quoi! vous m'avez traité avec une dureté incroyable, et s'il vous est arrivé d'avoir pour moi quelque espèce de complaisance, vous me l'avez ensuite fait acheter si cher, que je jurerois bien que vous n'avez eu d'autres vues que de me tourmenter. Tout cela me désespère sans m'étonner, et je trouve assez dans tous mes défauts de quoi justifier votre insensibilité pour moi : mais ne croyez pas que je vous taxe d'être insensible en effet. Non, votre cœur n'est pas moins fait pour l'amour que votre visage. Mon désespoir est que ce n'est pas moi qui devois le toucher. Je sais de science certaine que vous avez eu des liaisons, je sais même le nom de cet heureux mortel qui trouva l'art de se faire écouter; et, pour vous donner une idée de ma façon de penser, c'est que, l'ayant appris par hasard, sans le chercher, mon respect pour vous ne me permettra jamais de vouloir savoir autre chose de votre conduite que ce qu'il vous plaira de m'en apprendre vous-même. En un mot, si je vous ai dit que vous ne seriez jamais religieuse, c'est que je connoissois que vous n'étiez en aucun sens faite pour l'être; et si, comme amant passionné, je regarde avec horreur cette pernicieuse résolution, comme ami sincère et comme honnête homme, je ne vous conseillerai jamais de prêter votre consentement aux vues qu'on a sur vous à cet égard, parce que, ayant certainement une vocation tout opposée, vous ne feriez que vous préparer des regrets superflus et de longs repentirs. Je vous le dis comme je le pense au fond de mon ame, et sans écouter mes propres intérêts. Si je pensois autrement, je vous le dirois de même; et, voyant que je ne puis être heureux personnellement, je trouverois du moins mon bonheur dans le vôtre. J'ose vous assurer que vous me trouverez en tout la même droiture et la même délicatesse; et, quelque tendre et quelque passionné que je sois, j'ose vous assurer que je fais profession d'être encore plus honnête homme. Hélas! si vous vouliez m'écouter, j'ose dire que je vous ferois connoître la véritable félicité; personne ne sauroit mieux la sentir que moi, et j'ose croire que personne ne la sauroit mieux faire éprouver. Dieu! si j'avois pu parvenir à cette charmante possession, j'en serois mort assurément; et comment trouver assez de ressources dans l'ame pour résister à ce torrent de plaisirs? Mais si l'amour avoit fait un miracle et qu'il m'eût conservé la vie, quelque ardeur qui soit dans mon cœur, je sens qu'il l'auroit encore redoublée, et, pour m'empêcher d'expirer au milieu de mon bonheur, il auroit à chaque instant porté de nouveaux feux dans mon sang : cette seule pensée le fait bouillonner; je ne puis résister aux piéges d'une chimère séduisante; votre charmante image me suit partout, je ne puis m'en défaire même en m'y livrant; elle me poursuit jusque pendant mon sommeil ; elle agite mon cœur et mes esprits ; elle consume mon tempérament ; et je sens, en un mot, que vous me tuez malgré vous-même, et que, quelque cruauté que vous ayez pour moi, mon sort est de mourir d'amour pour vous. Soit cruauté réelle, soit bonté imaginaire, le sort de mon amour est toujours de me faire mourir. Mais, hélas ! en me plaignant de mes tourments je m'en prépare de nouveaux ; je ne puis penser à mon amour sans que mon cœur et mon imagination s'échauffent ; et quelque résolution que je fasse de vous obéir en commençant mes lettres, je me sens ensuite emporté au-delà de ce que vous exigez de moi. Auriez-vous la dureté de m'en punir ? Le ciel pardonne les fautes involontaires : ne soyez pas plus sévère que lui, et comptez pour quelque chose l'excès d'un penchant invincible, qui me conduit malgré moi bien plus loin que je ne veux ; si loin même, que s'il étoit en mon pouvoir de posséder une minute mon adorable reine sous la condition d'être pendu un quart d'heure après, j'accepterois cette offre avec plus de joie que celle du trône de l'univers. Après cela je n'ai plus rien à vous dire ; il faudroit que vous fussiez un monstre de barbarie pour me refuser au moins un peu de pitié.

L'ambition ni la fumée ne touchent point un cœur comme le mien ; j'avois résolu de passer le reste de mes jours en philosophe, dans une retraite qui s'offroit à moi; vous avez détruit tous ces beaux projets; j'ai senti qu'il m'étoit impossible de vivre éloigné de vous, et, pour me procurer les moyens de m'en rapprocher, je tente un voyage et des projets que mon malheur ordinaire empêchera sans doute de réussir. Mais puisque je suis destiné à me bercer de chimères, il faut du moins me livrer aux plus agréables, c'est-à-dire à celles qui vous ont pour objet : daignez, mademoiselle, donner quelque marque de bonté à un amant passionné, qui n'a commis d'autre crime envers vous que de vous trouver trop aimable; donnez-moi une adresse, et permettez que je vous en donne une pour les lettres que j'aurai l'honneur de vous écrire et pour les réponses que vous voudrez bien me faire; en un mot, laissez-moi par pitié quelque rayon d'espérance, quand ce ne seroit que pour calmer les folies dont je suis capable.

Ne me condamnez plus pendant mon séjour ici à vous voir si rarement; je n'y saurois tenir; accordez-moi du moins, dans les intervalles, la consolation de vous écrire et de recevoir de vos nouvelles; autrement, je viendrai plus souvent au risque de tout ce qui en pourra arriver. Je suis logé chez la veuve Petit, en rue Genti, à l'Épée royale.

ANNÉE 1737.

LETTRE X.

A M......

....1737.

Monsieur,

Daignerez-vous bien encore me recevoir en grâce, après une aussi indigne négligence que la mienne? J'en sens toute la turpitude, et je vous en demande pardon de tout mon cœur. A le bien prendre, cependant, quand je vous offense par mes retards déplacés, je vous trouve encore le plus heureux des deux. Vous exercez à mon égard la plus douce de toutes les vertus de l'amitié, l'indulgence; et vous goûtez le plaisir de remplir les devoirs d'un parfait ami, tandis que je n'ai que de la honte et des reproches à me faire sur l'irrégularité de mes procédés envers vous. Vous devez du moins comprendre par là que je ne cherche point de détours pour me disculper. J'aime mieux devoir uniquement mon pardon à votre bonté que de chercher à m'excuser par de mauvais subterfuges. Ordonnez ce que le cœur vous dictera du coupable et du châtiment, vous serez obéi. Je n'excepte qu'un seul genre de peine, qu'il me seroit impossible de supporter; c'est le refroidissement de votre amitié. Conservez-la-moi tout entière, je vous en prie, et souvenez-vous que je serai toujours votre tendre ami, quand même je me rendrois indigne que vous fussiez le mien.

Vous trouverez ici incluse la lettre de remerciement que vous fait la très-chère maman. Si elle a tardé trop à vous répondre, comptez qu'elle ne vous en dit pas la véritable raison. Je sais qu'elle avoit des vues dont sa situation présente la contraint de renvoyer l'effet à un meilleur temps, ce que je ne vous dirois pas si je n'avois lieu de craindre que vous n'attribuassiez à l'impolitesse un retardement qui, de sa part, avoit assurément bien une autre source.

Il faut maintenant vous parler de votre charmante pièce. Si vous faites de pareils essais, que devons-nous attendre de vos ouvrages? Continuez, mon cher ami, la carrière brillante que vous venez d'ouvrir; cultivez toujours l'élégance de votre goût par la connoissance des bonnes règles : vous ne sauriez manquer d'aller loin avec de pareilles dispositions. Vous voulez, moi, que je vous corrige! Croyez-moi, il me conviendroit mieux de faire encore sous vous quelques thèmes, que de vous donner des leçons. Non que je veuille vous assurer que votre cantate soit entièrement sans défauts; mon amitié abhorre une basse flatterie, jusqu'à tel point que j'aime mieux donner dans l'excès opposé que d'affoiblir le moins du monde la rigueur de la sincérité, quoique peut-être j'aie aussi de ma part quelque chose à vous pardonner à cet égard. Nous avons le regret de ne pouvoir mettre cette cantate en exécution faute de violoncelle, et maman a même eu celui de ne pouvoir chanter autant qu'elle l'auroit souhaité, à cause de ses incommodités continuelles : actuellement elle a une fièvre habituelle, des vomissements fréquents, et une enflure dans les jambes qui s'opiniâtre à ne nous rien présager de bon.

Maman m'a engagé de copier la mienne pour vous l'envoyer, puisque vous avez paru en avoir quelque envie; mais ayant égaré l'adresse que vous m'aviez donnée pour les paquets à envoyer, je suis contraint d'attendre que vous me l'ayez indiquée une seconde fois; ce que je vous prie de faire au plus tôt. La cantate étant prête à partir, j'y joindrai volontiers deux ou trois exemplaires du Verger, qui me restent encore, si vous êtes à portée d'en faire cadeau à quelque ami.

Je vous prie de vouloir faire mes compliments à M. l'abbé Borlin. Vous pourrez aussi le faire ressouvenir, si vous le jugez bon, qu'il a une cantate et un autre chiffon de musique à moi. L'aventure de la Châronne me fait craindre que le bon monsieur ne soit sujet à égarer ce qu'on lui remet. S'il vous les rend, je vous prie de ne me les renvoyer qu'après en avoir fait usage aussi long-temps qu'il vous plaira.

Vous savez sans doute que les affaires vont très-mal en Hongrie, mais vous ignorez peut-être que M. Bouvier le fils y a été tué; nous ne le savons que d'hier.

LETTRE XI.

A MADAME LA BARONNE DE WARENS.

... 1737.

Madame,

J'eus l'honneur de vous écrire jeudi passé, et M. Genevois se chargea de ma lettre; depuis ce temps je n'ai point vu M. Barillot, et j'ai resté enfermé dans mon auberge comme un vrai prisonnier. Hier, impatienté de savoir l'état de mes affaires, j'écrivis à M. Barillot et lui témoignai mon inquiétude en termes assez forts. Il me répondit ceci :

« Tranquillisez-vous, mon cher monsieur, tout « va bien. Je crois que lundi ou mardi tout finira. « Je ne suis point en état de sortir. Je vous irai « voir le plus tôt que je pourrai. »

Voilà donc, madame, à quoi j'en suis, aussi peu instruit de mes affaires que si j'étois à cent lieues d'ici, car il m'est défendu de paroître en ville. Avec cela, toujours seul, et grande dépense; puis les frais qui se font d'un autre côté pour tirer ce misérable argent, et puis ceux qu'il a fallu faire pour consulter ce médecin, et lui payer quelques remèdes qu'il m'a remis. Vous pouvez bien juger qu'il y a long-temps que ma bourse est à sec, quoique je sois déjà assez joliment endetté dans ce cabaret : ainsi je ne mène point la vie la plus agréable du monde; et pour surcroît de malheur, je n'ai, madame, point de nouvelles de votre part. Cependant je fais bon courage autant que je le puis; et j'espère qu'avant que vous receviez ma lettre je saurai la définition de toutes choses; car en vérité, si cela duroit plus long-temps, je croirois que l'on se moque de moi, et que l'on ne me réserve que la coquille de l'huître.

Vous voyez, madame, que le voyage que j'avois entrepris comme une espèce de partie de plaisir a pris une tournure bien opposée : aussi le charme d'être tout le jour seul dans une chambre, à promener ma mélancolie, dans des transes continuelles, ne contribue pas, comme vous pouvez bien croire, à l'amélioration de ma santé. Je soupire après l'instant de mon retour, et je prierai bien Dieu désormais qu'il me préserve d'un voyage aussi déplaisant.

J'en étois là de ma lettre quand M. Barillot m'est venu voir. Il m'a fort assuré que mon affaire ne souffroit plus de difficultés. M. le résident est intervenu, et a la bonté de prendre cette affaire-là à cœur. Comme il y a un intervalle de deux jours entre le commencement de ma lettre et la fin, j'ai pendant ce temps-là été rendre mes devoirs à M. le résident, qui m'a reçu le plus gracieusement, et j'ose dire, le plus familièrement du monde. Je suis sûr à présent que mon affaire finira totalement dans moins de trois jours d'ici, et que ma portion me sera comptée sans difficulté, sauf les frais, qui, à la vérité, seront un peu forts, de même que la partie de M. Barillot, laquelle monte bien plus haut que je n'aurois cru.

Je n'ai, madame, reçu aucune nouvelle de votre part ces deux ordinaires-ci; j'en suis mortellement inquiet. Si je n'en reçois pas l'ordinaire prochain, je ne sais ce que je deviendrai. J'ai reçu une lettre de l'oncle avec une autre pour le curé son ami. Je ferai le voyage jusque-là; mais je sais qu'il n'y a rien à faire, et que ce pré est perdu pour moi.

Je n'ai point encore écrit à mon père, ni vu aucun de mes parents, et j'ai ordre d'observer le même incognito jusqu'au déboursement. J'ai une furieuse démangeaison de tourner la feuille, car j'ai encore bien des choses à dire. Je n'en ferai rien cependant, et je me réserve à l'ordinaire prochain pour vous donner de bonnes nouvelles. J'ai l'honneur d'être avec un profond respect, etc.

LETTRE XII.

A LA MÊME.

Grenoble, 13 septembre 1737.

Madame,

Je suis ici depuis deux jours : on ne peut être plus satisfait d'une ville que je le suis de celle-ci. On m'y a marqué tant d'amitiés et d'empressements que je croyois, en sortant de Chambéri, me trouver dans un nouveau monde. Hier, M. Micoud me donna à dîner avec plusieurs de ses amis ; et le soir, après la comédie, j'allai souper avec le bon homme Lagère.

Je n'ai vu ni madame la présidente, ni madame d'Eybens, ni M. le président de Tencin : ce seigneur est en campagne. Je n'ai pas laissé de remettre la lettre à ses gens. Pour madame de Bardonanche, je me suis présenté plusieurs fois sans pouvoir lui faire la révérence ; j'ai fait remettre la lettre ; et j'y dois dîner ce matin, où j'apprendrai des nouvelles de madame d'Eybens.

Il faut parler de M. de l'Orme. J'ai eu l'honneur, madame, de lui remettre votre lettre en main propre. Ce monsieur, s'excusant sur l'absence de M. l'Évêque, m'offrit un écu de six francs : je l'acceptai par timidité, mais je crus devoir en faire présent au portier. Je ne sais si j'ai bien fait; mais il faudra que mon ame change de moule avant que de me résoudre à faire autrement. J'ose croire que la vôtre ne m'en démentira pas.

J'ai eu le bonheur de trouver pour Montpellier, en droiture, une chaise de retour : j'en profiterai[1]. Le marché s'est fait par l'entremise d'un ami, et il ne m'en coûte pour la voiture qu'un louis de 24 francs : je partirai demain matin. Je suis mortifié, madame, que ce soit sans recevoir ici de vos nouvelles; mais ce n'est pas une occasion à négliger.

Si vous avez, madame, des lettres à m'envoyer, je crois qu'on pourroit les faire tenir ici à M. Micoud, qui les feroit partir ensuite pour Montpellier, à l'adresse de M. Lazerme. Vous pouvez aussi les envoyer de Chambéri en droiture : ayez la bonté de voir ce qui convient le mieux; pour moi, je n'en sais rien du tout.

Il me fâche extrêmement d'avoir été contraint de partir sans faire la révérence à M. le marquis d'Antremont, et lui présenter mes très-humbles actions de grâces : oserois-je, madame, vous prier de vouloir suppléer à cela?

Comme je compte de pouvoir être à Montpellier mercredi au soir, le 18 courant, je pourrois donc, madame, recevoir de vos précieuses nouvelles dans

[1] Voyez dans les *Confessions*, livre VI, le récit de ce voyage.

le cours de la semaine prochaine, si vous preniez la peine d'écrire dimanche ou lundi matin. Vous m'accorderez, s'il vous plaît, la faveur de croire que mon empressement jusqu'à ce temps-là ira jusqu'à l'inquiétude.

Permettez encore, madame, que je prenne la liberté de vous recommander le soin de votre santé. N'êtes-vous pas ma chère maman? n'ai-je pas droit d'y prendre le plus vif intérêt? et n'avez-vous pas besoin qu'on vous excite à tout moment à y donner plus d'attention?

La mienne fut fort dérangée hier au spectacle. On représenta *Alzire*, mal à la vérité; mais je ne laissai pas d'y être ému jusqu'à perdre la respiration; mes palpitations augmentèrent étonnamment, et je crains de m'en sentir quelque temps.

Pourquoi, madame, y a-t-il des cœurs si sensibles au grand, au sublime, au pathétique, pendant que d'autres ne semblent faits que pour ramper dans la bassesse de leurs sentiments? La fortune semble faire à tout cela une espèce de compensation; à force d'élever ceux-ci, elle cherche à les mettre de niveau avec la grandeur des autres: y réussit-elle ou non? Le public et vous, madame, ne serez pas de même avis. Cet accident m'a forcé de renoncer désormais au tragique jusqu'au rétablissement de ma santé. Me voilà privé d'un plaisir qui m'a bien coûté des larmes en ma vie. J'ai l'honneur d'être avec un profond respect, etc.

LETTRE XIII.

A LA MÊME.

Montpellier, 23 octobre 1737.

Madame,

Je ne me sers point de la voie indiquée de M. Barillot, parce que c'est faire le tour de l'école. Vos lettres et les miennes passant toutes par Lyon, il faudroit avoir une adresse à Lyon.

Voici un mois passé de mon arrivée à Montpellier sans avoir pu recevoir aucune nouvelle de votre part, quoique j'aie écrit plusieurs fois et par différentes voies. Vous pouvez croire que je ne suis pas fort tranquille, et que ma situation n'est pas des plus gracieuses; je vous proteste cependant, madame, avec la plus parfaite sincérité, que ma plus grande inquiétude vient de la crainte qu'il ne vous soit arrivé quelque accident. Je vous écris cet ordinaire-ci par trois différentes voies, savoir, par MM. Vêpres, M. Micoud, et en droiture; il est impossible qu'une de ces trois lettres ne vous parvienne : ainsi j'en attends la réponse dans trois semaines au plus tard; passé ce temps-là, si je n'ai point de nouvelles, je serai contraint de partir dans le dernier désordre, et de me rendre à Chambéri comme je pourrai. Ce soir la poste doit arriver, et il se peut qu'il y aura quelque lettre pour moi; peut-être n'avez-vous pas fait mettre les vôtres à la poste les jours qu'il falloit; car j'aurois réponse depuis quinze jours, si les lettres avoient fait chemin dans leur temps. Vos lettres doivent passer par Lyon pour venir ici; ainsi c'est les mercredi et samedi de bon matin qu'elles doivent être mises à la poste; je vous avois donné précédemment l'adresse de ma pension: il vaudroit peut-être mieux les adresser en droiture où je suis logé, parce que je suis sûr de les y recevoir exactement. C'est chez M. Barcellon, huissier de la Bourse, en rue Basse, proche du Palais.

J'ai l'honneur d'être avec un profond respect, etc.

P. S. Si vous avez quelque chose à m'envoyer par la voie des marchands de Lyon, et que vous écriviez, par exemple, à MM. Vêpres par le même ordinaire qu'à moi, je dois, s'ils sont exacts, recevoir leur lettre en même temps que la vôtre.

J'allois fermer ma lettre quand j'ai reçu la vôtre, madame, du 12 du courant. Je crois n'avoir pas mérité les reproches que vous m'y faites sur mon peu d'exactitude. Depuis mon départ de Chambéri je n'ai point passé de semaine sans vous écrire. Du reste, je me rends justice; et quoique peut-être il dût me paroître un peu dur que la première lettre que j'ai l'honneur de recevoir de vous ne soit pleine que de reproches, je conviens que je les mérite tous. Que voulez-vous, madame, que je vous dise? Quand j'agis, je crois faire les plus belles choses du monde, et puis il se trouve au bout que ce ne sont que sottises : je le reconnois parfaitement bien moi-même. Il faudra tâcher de se roidir contre sa bêtise à l'avenir, et faire plus d'attention sur sa conduite : c'est ce que je vous promets avec une forte envie de l'exécuter. Après cela, si quelque retour d'amour-propre vouloit encore m'engager à tenter quelque voie de justification, je réserve à traiter cela de bouche avec vous, madame, non pas, s'il vous plaît, à la Saint-Jean, mais à la fin du mois de janvier ou au commencement du suivant.

Quant à la lettre de M. Arnaud, vous savez, madame, mieux que moi-même, ce qui me convient en fait de recommandation. Je vois bien que vous vous imaginez que, parce que je suis à Montpellier, je puis voir les choses de plus près et juger de ce qu'il y a à faire; mais, madame, je vous prie d'être persuadée que, hors ma pension et l'hôte de ma chambre, il m'est impossible de faire aucune liaison, ni de connoître le terrain le moins du monde à Montpellier, jusqu'à ce qu'on m'ait procuré quelque arme pour forcer les barricades que l'humeur inaccessible des particuliers et de toute la nation en général met à l'entrée de leurs maisons. Oh! qu'on a une idée bien fausse du caractère languedocien, et surtout des habitants de Montpellier à l'égard de l'étranger ! Mais pour revenir, les recommandations dont j'aurois besoin sont de toutes les espèces. Premièrement, pour la noblesse et les gens en place : il me seroit très-avantageux d'être présenté à quelqu'un de cette classe, pour tâcher à me faire connoître et à faire quelque usage du peu de talents que j'ai, ou du moins à me donner quelque ouverture qui pût m'être utile dans la suite, en temps et lieu. En second lieu, pour les commerçants, afin de trouver quelque voie de communication plus courte et plus facile, et pour mille autres avantages que vous savez que l'on tire de ces connoissances-là. Troisièmement, parmi les gens de lettres, savants, professeurs, par les lumières qu'on peut acquérir avec eux et les progrès qu'on y pourroit faire; enfin, généralement pour toutes les personnes de mérite avec lesquelles on peut du moins lier une honnête société, apprendre quelque chose, et couler quelques heures prises sur la plus rude et la plus ennuyeuse solitude du monde. J'ai l'honneur de vous écrire cela, madame, et non à M. l'abbé Arnauld, parce que ayant la lettre vous verrez mieux ce qu'il y aura à répondre, et que si vous voulez bien vous donner cette peine vous-même, cela fera encore un meilleur effet en ma faveur.

Vous faites, madame, un détail si riant de ma

situation à Montpellier, qu'en vérité je ne saurois mieux rectifier ce qui peut n'être pas conforme au vrai qu'en vous priant de prendre tout le contre-pied. Je m'étendrai plus au long, dans ma prochaine, sur l'espèce de vie que je mène ici. Quant à vous, madame, plût à Dieu que le récit de votre situation fût moins véridique : hélas ! je ne puis, pour le présent, faire que des vœux ardents pour l'adoucissement de votre sort : il seroit trop envié s'il étoit conforme à celui que vous méritez. Je n'ose espérer le rétablissement de ma santé, car elle est encore plus en désordre que quand je suis parti de Chambéri; mais, madame, si Dieu daignoit me la rendre, il est sûr que je n'en ferois d'autre usage qu'à tâcher de vous soulager de vos soins, et à vous seconder en bon et tendre fils, et en élève reconnoissant. Vous m'exhortez, madame, à rester ici jusqu'à la Saint-Jean : je ne le ferois pas quand on m'y couvriroit d'or. Je ne sache pas d'avoir vu, de ma vie, un pays plus antipathique à mon goût que celui-ci, ni de séjour plus ennuyeux, plus maussade que celui de Montpellier. Je sais bien que vous ne me croirez point; vous êtes encore remplie des belles idées que ceux qui y ont été attrapés en ont répandues au dehors pour attraper les autres. Cependant, madame, je vous réserve une relation de Montpellier qui vous fera toucher les choses au doigt et à l'œil ; je vous attends là pour vous étonner. Pour ma santé, il n'est pas étonnant qu'elle ne s'y remette pas. Premièrement, les alimens n'y valent rien, mais rien; je dis rien, et je ne badine point. Le vin y est trop violent, et incommode toujours; le pain y est passable, à la vérité; mais il n'y a ni bœuf, ni vache, ni beurre; on n'y mange que de mauvais mouton, et du poisson de mer en abondance, le tout toujours apprêté à l'huile puante. Il vous seroit impossible de goûter de la soupe ou des ragoûts qu'on nous sert à ma pension, sans vomir. Je ne veux pas m'arrêter davantage là-dessus, car, si je vous disois les choses précisément comme elles sont, vous seriez en peine de moi bien plus que je ne le mérite. En second lieu, l'air ne me convient pas; autre paradoxe, encore plus incroyable que les précédents: c'est pourtant la vérité. On ne sauroit disconvenir que l'air de Montpellier ne soit fort pur, et en hiver assez doux. Cependant le voisinage de la mer le rend à craindre pour tous ceux qui sont attaqués de la poitrine : aussi y voit-on beaucoup de phthisiques. Un certain vent, qu'on appelle ici le marin, amène de temps en temps des brouillards épais et froids, chargés de particules salines et âcres, qui sont fort dangereuses : aussi, j'ai ici des rhumes, des maux de gorge et des esquinancies, plus souvent qu'à Chambéri. Ne parlons plus de cela quant à présent; car si j'en disois davantage vous n'en croiriez pas un mot. Je puis pourtant protester que je n'ai dit que la vérité. Enfin, un troisième article, c'est la cherté : pour celui-là je ne m'y arrêterai pas, parce que je vous en ai parlé précédemment, et que je me prépare à parler de tout cela plus au long en traitant de Montpellier. Il suffit de vous dire qu'avec l'argent comptant que j'ai apporté, et les deux cents livres que vous avez eu la bonté de me promettre, il s'en faudroit beaucoup qu'ils m'en restât actuellement autant devant moi, pour prendre l'avance, comme vous dites, qu'il en faudroit laisser en arrière pour boucher les trous. Je n'ai encore pu donner un sou à la maîtresse de la pension, ni pour le louage de ma chambre; jugez, madame, comment me voilà joli garçon; et, pour achever de me peindre, si je suis contraint de mettre quelque chose à la presse, ces honnêtes gens-ci ont la charité de ne prendre que douze sous par écu de six francs, tous les mois. A la vérité, j'aimerois mieux tout vendre que d'avoir recours à un tel moyen. Cependant, madame, je suis si heureux, que personne ne s'est encore avisé de me demander de l'argent, sauf celui qu'il faut donner tous les jours pour les eaux, bouillons de poulet, purgatifs, bains ; encore ai-je trouvé le secret d'en emprunter pour cela, sans gage et sans usure, et cela du premier cancre de la terre. Cela ne pourra pas durer pourtant, d'autant plus que le deuxième mois est commencé depuis hier ; mais je suis tranquille depuis que j'ai reçu de vos nouvelles, et je suis assuré d'être secouru à temps. Pour les commodités, elles sont en abondance. Il n'y a point un bon marchand à Lyon qui ne tire une lettre de change sur Montpellier. Si vous en parlez à M. C., il lui sera de la dernière facilité de faire cela: en tout cas, voici l'adresse d'un qui paie un de nos messieurs de Belley, et de la voie duquel on peut se servir, *M. Parent, marchand drapier, à Lyon, au Change*. Quant à mes lettres, il vaut mieux les adresser chez M. Barcellon, ou plutôt Marcellon, comme l'adresse est à la première page; on sera plus exact à me les rendre. Il est deux heures après minuit, la plume me tombe des mains. Cependant je n'ai pas écrit la moitié de ce que j'avois à écrire. La suite de la relation et le reste, etc., sera renvoyé pour lundi prochain. C'est que je ne puis faire mieux; sans quoi, madame, je ne vous imiterois certainement pas à cet égard. En attendant, je m'en rapporte aux précédentes, et présente mes respectueuses salutations aux révérends pères jésuites, le révérend père Hemet, et le révérend père Coppier. Je vous prie bien humblement de leur présenter une tasse de chocolat, que vous boirez ensemble, s'il vous plaît, à ma santé. Pour moi, je me contente du fumet, car il ne m'en reste pas un misérable morceau.

J'ai oublié de finir, en parlant de Montpellier, et de vous dire que j'ai résolu d'en partir vers la fin de décembre, et d'aller prendre le lait d'ânesse en Provence, dans un petit endroit fort joli, à deux lieues du Saint-Esprit¹. C'est un air excellent; il y aura bonne compagnie, avec laquelle j'ai déjà fait connoissance en chemin, et j'espère de n'y être pas tout-à-fait si chèrement qu'à Montpellier. Je demande votre avis là-dessus. Il faut encore ajouter que c'est faire d'une pierre deux coups, car je me rapproche de deux ournées.

Je vois, madame, qu'on épargneroit bien des embarras et des frais si l'on faisoit écrire par un marchand de Lyon à son correspondant d'ici de me compter de l'argent, quand j'en aurois besoin, jusqu'à la concurrence de la somme destinée; car ces retards me mettent dans de fâcheux embarras, et ne vous sont d'aucun avantage.

¹ * Au bourg de Saint-Andiol, chez madame de Larnage.

LETTRE XIV.
A M. MICOUD.

Montpellier, 23 octobre 1737.

Monsieur,

J'eus l'honneur de vous écrire il y a environ trois semaines; je vous priois, par ma lettre, de vouloir bien donner cours à celle que j'y avois incluse pour M. Charbonnel; j'avois écrit, l'ordinaire précédent, en droiture à madame de Warens, et huit jours après je pris la liberté de vous adresser encore une lettre pour elle : cependant je n'ai reçu réponse de nulle part. Je ne puis croire, monsieur, de vous avoir déplu en usant un peu trop familièrement de la liberté que vous m'aviez accordée; tout ce que je crains, c'est que quelque contre-temps fâcheux n'ait retardé mes lettres ou les réponses : quoi qu'il en soit, il m'est si essentiel d'être bientôt tiré de peine, que je n'ai point balancé, monsieur, de vous adresser encore l'incluse, et de vous prier de vouloir bien donner vos soins pour qu'elle parvienne à son adresse; j'ose même vous inviter à me donner des nouvelles de madame de Warens, je tremble qu'elle ne soit malade. J'espère, monsieur, que vous ne dédaignerez pas de m'honorer d'un mot de réponse par le premier ordinaire ; et, afin que la lettre me parvienne plus directement, vous aurez, s'il vous plaît, la bonté de me l'adresser chez M. Barcellon, huissier de la bourse, en rue Basse, proche du Palais; c'est là que je suis logé. Vous ferez une œuvre de charité de m'accorder cette grâce; et si vous pouvez me donner des nouvelles de M. Charbonnel, je vous en aurai d'autant plus d'obligation. Je suis avec une respectueuse considération, etc.

LETTRE XV.

A M......

Montpellier, 4 novembre 1737.

Monsieur,

Lequel des deux doit demander pardon à l'autre, ou le pauvre voyageur qui n'a jamais passé de semaine, depuis son départ, sans écrire à un ami de cœur, ou cet ingrat ami, qui pousse la négligence jusqu'à passer deux grands mois et davantage sans donner au pauvre pélerin le moindre signe de vie? oui, monsieur, deux grands mois. Je sais bien que j'ai reçu de vous une lettre datée du 6 octobre, mais je sais bien aussi que je ne l'ai reçue que la veille de la Toussaint; et, quelque effort que fasse ma raison pour être d'accord avec mes désirs, j'ai peine à croire que la date n'ait été mise après coup. Pour moi, monsieur, je vous ai écrit de Grenoble, je vous ai écrit le lendemain de mon arrivée à Montpellier, je vous ai écrit par la voie de M. Micoud, je vous ai écrit en droiture; en un mot, j'ai poussé l'exactitude jusqu'à céder presque à tout l'empressement que j'avois de m'entretenir avec vous. Quant à M. de Trianon, Dieu et lui savent si l'on peut avec vérité m'accuser de négligence à cet égard. Quelle différence, grand Dieu! il semble que la Savoie est éloignée d'ici de sept ou huit cents lieues, et nous avons à Montpellier des compatriotes du doyen de Killerine (dites cela à mon oncle) qui ont reçu deux fois des réponses de chez eux, tandis que je n'ai pu en recevoir de Chambéri. Il y a trois semaines que j'en reçus une d'attente, après laquelle rien n'a paru. Quelque dure que soit ma situation actuelle, je la supporterois volontiers si du moins on daignoit me donner la moindre marque de souvenir; mais rien: je suis si oublié, qu'à peine crois-je moi-même d'être encore en vie. Puisque les relations sont devenues impossibles depuis Chambéri et Lyon ici, je ne demande plus qu'on me tienne les promesses sur lesquelles je m'étois arrangé. Quelques mots de consolation me suffiront, et serviront à répandre de la douceur sur un état qui a ses désagréments.

J'ai eu le malheur, dans ces circonstances gênantes, de perdre mon hôtesse, madame Mazet, de manière qu'il a fallu solder mon compte avec ses héritiers. Un honnête homme irlandois, avec qui j'avois fait connoissance, a eu la générosité de me prêter soixante livres sur ma parole, qui ont servi à payer le mois passé et le courant de ma pension ; mais je me vois extrêmement reculé par plusieurs autres menues dettes, et j'ai été contraint d'abandonner, depuis quinze jours, les remèdes que j'avois commencés, faute de moyens pour continuer. Voici maintenant quels sont mes projets. Si dans quinze jours, qui font le reste du second mois, je ne reçois aucune nouvelle, j'ai résolu de hasarder un coup ; je ferai quelque argent de mes petits meubles, c'est-à-dire de ceux qui me sont le moins chers, car j'en ai dont je ne me déferai jamais ; et, comme cet argent ne suffiroit point pour payer mes dettes et me tirer de Montpellier, j'oserai l'exposer au jeu, non par goût, car j'ai mieux aimé me condamner à la solitude que de m'introduire par cette voie, quoiqu'il n'y en ait point d'autre à Montpellier, et qu'il n'ait tenu qu'à moi de me faire des connoissances assez brillantes par ce moyen. Si je perds, ma situation ne sera presque pas pire qu'auparavant ; mais si je gagne, je me tirerai du plus fâcheux de tous les pas. C'est un grand hasard, à la vérité, mais j'ose croire qu'il est nécessaire de le tenter dans le cas où je me trouve. Je ne prendrai ce parti qu'à l'extrémité, et quand je ne verrai plus jour ailleurs. Si je reçois de bonnes nouvelles d'ici à ce temps-là, je n'aurai certainement pas l'imprudence de tenter la mer orageuse et de m'exposer à un naufrage : je prendrai un autre parti. J'acquitterai mes dettes ici, et je me rendrai en diligence à un petit endroit proche du Saint-Esprit[1], où, à moindres frais et dans un meilleur air, je pourrai commencer mes petits remèdes avec plus de tranquillité, d'agrément et de succès, comme j'espère, que je n'ai fait à Montpellier, dont le séjour m'est d'une mortelle antipathie. Je trouverai la bonne compagnie d'honnêtes gens qui ne chercheront point à écorcher le pauvre étranger, et qui contribueront à lui procurer un peu de gaieté, dont il a, je vous assure, très-grand besoin.

Je vous fais toutes ces confidences, mon cher monsieur, comme à un bon ami qui veut bien s'intéresser à moi et prendre part à mes petits soucis. Je vous prierai aussi d'en vouloir bien faire part à qui de droit, afin que si mes lettres ont le malheur de se perdre de quelque côté, l'on puisse de l'autre en récapituler le contenu. J'écris

---

[1] * Chez madame de Larnage, à Saint-Andiol en Provence, aujourd'hui département des Bouches-du-Rhône. Voyez les *Confessions*, livre vi.

aujourd'hui à M. Trianon; et comme la poste de Paris, qui est la vôtre, ne part d'ici qu'une fois la semaine, à savoir le lundi, il se trouve que depuis mon arrivée à Montpellier, je n'ai pas manqué d'écrire un seul ordinaire, tant il y a de négligence dans mon fait, comme vous dites fort bien et fort à votre aise.

Il vous reviendroit une description de la charmante ville de Montpellier, ce paradis terrestre, ce centre des délices de la France; mais, en vérité, il y a si peu de bien et tant de mal à en dire, que je me ferois scrupule d'en charger encore le portrait de quelque saillie de mauvaise humeur; j'attends qu'un esprit plus reposé me permette de n'en dire que le moins de mal que la vérité me pourra permettre. Voici en gros ce que vous en pouvez penser en attendant.

Montpellier est une grande ville fort peuplée, coupée par un immense labyrinthe de rues sales, tortueuses, et larges de six pieds. Ces rues sont bordées alternativement de superbes hôtels et de misérables chaumières, pleines de boue et de fumier. Les habitants y sont moitié très-riches, et l'autre moitié misérables à l'excès; mais ils sont tous également gueux par leur manière de vivre, la plus vile et la plus crasseuse qu'on puisse imaginer. Les femmes sont divisées en deux classes; les dames, qui passent la matinée à s'enluminer, l'après-midi au pharaon, et la nuit à la débauche, à la différence des bourgeoises, qui n'ont d'occupation que la dernière. Du reste, ni les unes ni les autres n'entendent le françois; et elles ont tant de goût et d'esprit, qu'elles ne doutent point que la comédie et l'opéra ne soient des assemblées de sorciers. Aussi on n'a jamais vu de femmes au spectacle de Montpellier, excepté peut-être quelques misérables étrangères qui auront eu l'imprudence de braver la délicatesse et la modestie des dames de Montpellier. Vous savez sans doute quels égards on a en Italie pour les huguenots, et pour les juifs en Espagne; c'est comme on traite les étrangers ici : on les regarde précisément comme une espèce d'animaux faits exprès pour être pillés, volés et assommés au bout, s'ils avoient l'impertinence de le trouver mauvais. Voilà ce que j'ai pu rassembler de meilleur du caractère des habitants de Montpellier. Quant au pays en général, il produit de bon vin, un peu de blé, de l'huile abominable, point de viande, point de beurre, point de laitage, point de fruit, et point de bois. Adieu, mon cher ami.

LETTRE XVI.

A MADAME LA BARONNE DE WARENS.

Montpellier, 14 décembre 1737.

Madame,

Je viens de recevoir votre troisième lettre; vous ne la datez point, et vous n'accusez point la réception des miennes : cela fait que je ne sais à quoi m'en tenir. Vous me mandez que vous avez fait compter, entre les mains de M. Bouvier, les deux cents livres en question; je vous en réitère mes humbles actions de grâces. Cependant, pour m'avoir écrit cela trop tôt, vous m'avez fait faire une fausse démarche, car j'ai tiré une lettre de change sur M. Bouvier qu'il a refusée, et qu'on m'a renvoyée; je l'ai fait partir derechef : il y a apparence qu'elle sera payée présentement. Quant aux autres deux cents livres, je n'aurai besoin que de la moitié, parce que je ne veux pas faire ici un plus long séjour que jusqu'à la fin de février; ainsi, vous aurez cent livres de moins à compter; mais je vous supplie de faire en sorte que cet argent soit sûrement entre les mains de M. Bouvier pour ce temps-là. Je n'ai pu faire les remèdes qui m'étoient prescrits, faute d'argent. Vous m'avez écrit que vous m'enverriez de l'argent pour pouvoir m'arranger avant la tenue des états, et voilà la clôture des états qui se fait demain, après avoir siégé deux mois entiers. Dès que j'aurai reçu réponse de Lyon, je partirai pour le Saint-Esprit, et je ferai l'essai des remèdes qui m'ont été ordonnés: remèdes bien inutiles à ce que je prévois. Il faut périr malgré tout, et ma santé est en pire état que jamais.

Je ne puis aujourd'hui vous donner une suite de ma relation; cela demande plus de tranquillité que je ne m'en sens aujourd'hui. Je vous dirai, en passant, que j'ai tâché de ne pas perdre entièrement mon temps à Montpellier; j'ai fait quelque progrès dans les mathématiques; pour le divertissement, je n'en ai eu d'autre que d'entendre des musiques charmantes. J'ai été trois fois à l'opéra, qui n'est pas beau ici, mais où il y a d'excellentes voix. Je suis endetté ici de cent huit livres; le reste servira, avec un peu d'économie, à passer les deux mois prochains. J'espère les couler plus agréablement qu'à Montpellier; voilà tout. Vous pouvez cependant, madame, m'écrire toujours ici à l'adresse ordinaire; au cas que je sois parti, les lettres me seront renvoyées. J'offre mes très-humbles respects aux révérends pères jésuites. Quand j'aurai reçu de l'argent, et que je n'aurai pas l'esprit si chagrin, j'aurai l'honneur de leur écrire. Je suis, madame, avec un très-profond respect, etc.

P. S. Vous devez avoir reçu ma réponse par rapport à M. de Lautrec[1]. O ma chère maman! j'aime mieux être auprès de D., et être employé aux plus rudes travaux de la terre, que de posséder la plus grande fortune dans tout autre cas; il est inutile de penser que je puisse vivre autrement : il y a long-temps que je vous l'ai dit, et je le sens encore plus ardemment que jamais. Pourvu que j'aie cet avantage, dans quelque état que je sois, tout m'est indifférent. Quand on pense comme moi, je vois qu'il n'est pas difficile d'éluder les raisons importantes que vous ne voulez pas me dire. Au nom de Dieu, rangez les choses de sorte que je ne meure pas de désespoir. J'approuve tout; je me soumets à tout, excepté ce seul article, auquel je me sens hors d'état de consentir, dussé-je être la proie du plus misérable sort. Ah! ma chère maman, n'êtes-vous donc plus ma chère maman? ai-je vécu quelques mois de trop?

Vous savez qu'il y a un cas où j'accepterois la chose dans toute la joie de mon cœur, mais ce cas est unique. Vous m'entendez.

[1]* En revenant d'Italie, en 1737, M. de Lautrec, colonel du régiment d'Orléans, avoit promis à madame de Warens de s'intéresser à Rousseau.

LETTRE XVII.

A M. DE CONZIÉ.

14 mars 1738.

Monsieur,

Nous reçûmes hier au soir, fort tard, une lettre de votre part, adressée à madame de Warens, mais que nous avons bien supposée être pour moi. J'envoie cette réponse aujourd'hui de bon matin, et cette exactitude doit suppléer à la brièveté de ma lettre et à la médiocrité des vers qui y sont joints. D'ailleurs maman n'a pas voulu que je les fisse meilleurs, disant qu'il n'est pas bon que les malades aient tant d'esprit. Nous avons été très-alarmés d'apprendre votre maladie; et, quelque effort que vous fassiez pour nous rassurer, nous conservons un fond d'inquiétude sur votre rétablissement, qui ne pourra être bien dissipé que par votre présence.

J'ai l'honneur d'être, avec un respect et un attachement infini, etc.

A FANIE.

Malgré l'art d'Esculape et ses tristes secours,
La fièvre impitoyable alloit trancher mes jours;

CORRESPONDANCE.

Il n'étoit dû qu'à vous, adorable Fanie,
    De me rappeler à la vie.
Dieux ! je ne puis encore y penser sans effroi :
Les horreurs du Tartare ont paru devant moi ;
La mort à mes regards a voilé la nature ;
J'ai du Cocyte affreux entendu le murmure.
Hélas ! j'étois perdu : le nocher redouté
M'avoit déjà conduit sur les bords du Léthé ;
Là, m'offrant une coupe, et, d'un regard sévère,
Me pressant aussitôt d'avaler l'onde amère :
Viens, dit-il, éprouver ces secourables eaux,
Viens déposer ici les erreurs et les maux
Qui des foibles mortels remplissent la carrière :
Le secours de ce fleuve à tous est salutaire ;
Sans regretter le jour par des cris superflus,
Leur cœur, en l'oubliant, ne le désire plus.
Ah ! pourquoi cet oubli leur est-il nécessaire?
S'ils connoissoient la vie, ils craindroient sa misère.
Voilà, lui dis-je alors, un fort docte sermon ;
Mais osez-vous penser, mon bon seigneur Caron,
Qu'après avoir aimé la divine Fanie,
Jamais de cet amour la mémoire s'oublie?
Ne vous en flattez point; non, malgré vos efforts,
Mon cœur l'adorera jusque parmi les morts :
C'est pourquoi supprimez, s'il vous plaît, votre eau noire ;
Toute l'encre du monde et tout l'affreux grimoire
Ne m'en ôteroient pas le charmant souvenir.
Sur un si beau sujet j'avois beaucoup à dire,
    Et n'étois pas prêt à finir,
    Quand tout à coup vers nous je vis venir
    Le dieu de l'infernal empire.
Calme-toi, me dit-il, je connois ton martyre.
La constance a son prix, même parmi les morts :
Ce que je fis jadis pour quelques vains accords,
Je l'accorde en ce jour à ta tendresse extrême.
Va parmi les mortels, pour la seconde fois,
    Témoigner que sur Pluton même

Un si tendre amour a des droits.
C'est ainsi, charmante Fanie,
Que mon ardeur pour vous m'empêcha de périr ;
Mais, quand le dieu des morts veut me rendre à la vie,
N'allez pas me faire mourir.

LETTRE XVIII.

A MADAME LA BARONNE DE WARENS.

3 mars 1739.

MA TRÈS-CHÈRE ET TRÈS-BONNE MAMAN,

Je vous envoie ci-joint le brouillard du mémoire que vous trouverez après celui de la lettre à M. Arnauld. Si j'étois capable de faire un chef-d'œuvre, ce mémoire à mon goût seroit le mien, non qu'il soit travaillé avec beaucoup d'art, mais parce qu'il est écrit avec les sentiments qui conviennent à un homme que vous honorez du nom de fils. Assurément une ridicule fierté ne me conviendroit guère dans l'état où je suis : mais aussi j'ai toujours cru qu'on pouvoit sans arrogance, et cependant sans s'avilir, conserver dans la mauvaise fortune et dans les supplications une certaine dignité plus propre à obtenir des grâces d'un honnête homme que les plus basses lâchetés. Au reste, je souhaite plus que je n'espère de ce mémoire, à moins que votre zèle et votre habileté ordinaires ne lui donnent un puissant véhicule; car je sais, par une vieille expérience, que tous les hommes n'entendent et ne parlent pas le même langage. Je plains les ames à qui le mien est inconnu; il y a une maman au monde qui, à leur place, l'entendroit très-bien; mais, me direz-vous, pourquoi ne pas parler le leur? C'est ce que je me suis assez représenté. Après tout, pour quatre misérables jours de vie, vaut-il la peine de se faire faquin?

Il n'y a pas tant de mal cependant, et j'espère que vous trouverez, par la lecture du mémoire, que je n'ai pas fait le rodomont hors de propos, et que je me suis raisonnablement humanisé. Je sais bien, Dieu merci, à quoi que, sans cela, Petit auroit couru grand risque de mourir de faim en pareille occasion. Preuve que je ne suis pas propre à ramper indignement dans les malheurs de la vie, c'est que je n'ai jamais fait le rogue ni le fendant dans la prospérité : mais qu'est-ce que je vous lanterne là, sans me souvenir, chère maman, que je parle à qui me connoît mieux que moi-même? Baste! un peu d'effusion de cœur dans l'occasion ne nuit jamais à l'amitié.

Le mémoire est tout dressé sur le plan que nous avons plus d'une fois digéré ensemble. Je vois le tout assez lié, et propre à se soutenir. Il y a ce maudit voyage de Besançon, dont, pour mon honneur, j'ai jugé à propos de déguiser un peu le motif : voyage éternel et malencontreux, s'il en fut au monde, et qui s'est déjà présenté à moi bien des fois et sous des faces bien différentes. Ce sont des images où ma vanité ne triomphe pas. Quoi qu'il en soit, j'ai mis à cela un emplâtre, Dieu sait comment! En tout cas, si l'on vient me faire subir l'interrogatoire aux Charmettes, j'espère bien ne pas rester court. Comme vous n'êtes pas au fait comme moi, il sera bon, en présentant le mémoire, de glisser légèrement sur le détail des circonstances, crainte de *quiproquo*, à moins que je n'aie l'honneur de vous voir avant ce temps-là.

A propos de cela, depuis que vous voilà établie en ville, ne vous prend-il point fantaisie, ma chère maman, d'entreprendre un jour quelque petit voyage à la campagne? Si mon bon génie vous l'inspire, vous m'obligerez de me faire avertir quelque trois ou quatre mois à l'avance, afin que je me prépare à vous recevoir, et à vous faire dûment les honneurs de chez moi.

Je prends la liberté de faire ici mes honneurs à M. Le Cureu, et mes amitiés à mon frère. Ayez la bonté de dire au premier, que comme Proserpine (ah! la belle chose que de placer là Proserpine!)

Peste! où prend mon esprit toutes ces gentillesses!

comme Proserpine donc passoit autrefois six mois sur terre et six mois aux enfers, il faut de même qu'il se résolve de partager son temps entre vous et moi : mais aussi les enfers, où les mettrons-nous ? Placez-les en ville, si vous le jugez à propos, car pour ici, ne vous déplaise, *n'en voli pas gés*. J'ai l'honneur d'être, du plus profond de mon cœur, ma très-chère et très-bonne maman, etc.

P. S. Je m'aperçois que ma lettre vous pourra servir d'apologie, quand il vous arrivera d'en écrire quelqu'une un peu longue : mais aussi il faudra que ce soit à quelque maman bien chère et bien aimée, sans quoi la mienne ne prouve rien.

LETTRE XIX.

A LA MÊME.

Charmettes, 18 mars 1739.

MA TRÈS-CHÈRE MAMAN,

J'ai reçu comme je le devois le billet que vous m'écrivîtes dimanche dernier, et j'ai convenu sincèrement avec moi-même que, puisque vous trouviez que j'avois tort, il falloit que je l'eusse effectivement; ainsi, sans chercher à chicaner, j'ai fait mes excuses de bon cœur à mon frère [1], et je vous fais de même ici les miennes très-humbles. Je

---

[1]* C'est ce Vinlzenried, perruquier, qui prit le nom de Courtilles et supplanta Rousseau. Voyez *Confessions*, livre vi.

vous assure aussi que j'ai résolu de tourner toujours du bon côté les corrections que vous jugerez à propos de me faire, sur quelque ton qu'il vous plaise de les tourner.

Vous m'avez fait dire qu'à l'occasion de vos pâques vous voulez bien me pardonner. Je n'ai garde de prendre la chose au pied de la lettre, et je suis sûr que quand un cœur comme le vôtre a autant aimé quelqu'un que je me souviens de l'avoir été de vous, il lui est impossible d'en venir jamais à un tel point d'aigreur qu'il faille des motifs de religion pour le réconcilier. Je reçois cela comme une petite mortification que vous m'imposez en me pardonnant, et dont vous savez bien qu'une parfaite connoissance de vos vrais sentiments adoucira l'amertume.

Je vous remercie, ma très-chère maman, de l'avis que vous m'avez fait donner d'écrire à mon père. Rendez-moi cependant la justice de croire que ce n'est ni par négligence ni par oubli que j'avois retardé jusqu'à présent. Je pensois qu'il auroit convenu d'attendre la réponse de M. l'abbé Arnauld, afin que si le sujet du mémoire n'avoit eu nulle apparence de réussir, comme il est à craindre, je lui eusse passé sous silence ce projet évanoui. Cependant vous m'avez fait faire réflexion que mon délai étoit appuyé sur une raison trop frivole, et pour réparer la chose le plus tôt qu'il est possible, je vous envoie ma lettre, que je vous prie de prendre la peine de lire, de fermer, et de faire partir si vous le jugez à propos.

Il n'est pas nécessaire, je crois, de vous assurer que je languis depuis long-temps dans l'impatience de vous revoir. Songez, ma très-chère maman, qu'il y a un mois, et peut-être au-delà, que je suis privé de ce bonheur. Je suis, du plus profond de mon cœur, et avec les sentiments du fils le plus tendre, etc.

LETTRE XX.

A M. D'EYBENS.

Mars ou avril 1740.

Madame de Warens m'a fait l'honneur de me communiquer la réponse que vous avez pris la peine de lui faire, et celle que vous avez reçue de M. de Mably à mon sujet. J'ai admiré avec une vive reconnoissance les marques de cet empressement de votre part à faire du bien, qui caractérise les cœurs vraiment généreux; ma sensibilité n'a pas sans doute de quoi mériter beaucoup votre attention, mais vous voudrez du moins bien permettre à mon zèle de vous assurer que vous ne sauriez, monsieur, porter vos bontés à mon égard au-delà de ma reconnoissance, et je vous en dois beaucoup, monsieur, pour le bien que l'excès de votre indulgence vous a fait avancer en ma faveur. Il est vrai que j'ai tâché de répondre aux soins que madame de Warens, ma très-chère maman, a bien voulu prendre pour me pousser dans les belles connoissances; mais les principes dont je fais profession m'ont souvent fait négliger la culture des talents de l'esprit en faveur de celle des sentiments du cœur, et j'ai bien plus ambitionné de penser juste que de savoir beaucoup. Je ferai cependant, monsieur, même à cet égard, les plus puissants efforts pour soutenir l'opinion avantageuse que vous avez voulu donner de moi, et c'est en ce sens que je regarde tout le bien que vous avez dit comme une exhortation polie de remplir de mon mieux l'engagement honorable que vous avez daigné contracter en mon nom.

M. de Mably demande les conditions sous lesquelles je pourrai me charger de l'éducation de ses fils : permettez-moi, monsieur, de vous rappeler, à cet égard, ce que j'ai eu l'honneur de vous dire de vive voix. Je suis peu sensible à l'intérêt, mais je le suis beaucoup aux attentions : un honnête homme, maltraité de la fortune, et qui se fait un amour de ses devoirs, peut raisonnablement l'espérer, et je me tiendrai toujours dédommagé selon mon goût quand on voudra suppléer par des égards à la médiocrité des appointements. Cependant, monsieur, comme le désintéressement ne doit pas être imprudent, vous sentez qu'un homme qui veut s'appliquer à l'éducation des jeunes gens avec tout le goût et toute l'attention nécessaires, pour avoir lieu d'espérer un heureux succès, ne doit pas être distrait par l'inquiétude des besoins. Généralement il seroit ridicule de penser qu'un homme dont le cœur est flétri par la misère, ou par des traitements très-durs, puisse inspirer à ses élèves des sentiments de noblesse et de générosité. C'est l'intérêt des pères que les précepteurs ou les gouverneurs de leurs enfants ne soient pas dans une pareille situation; et de leur part, les enfants n'auroient garde de respecter un maître que son mauvais équipage ou une vile sujétion rendroient méprisable à leurs yeux. Pardon, monsieur; les longueurs de mes détails vont jusqu'à l'indiscrétion. Mais comme je me propose de remplir mes devoirs avec toute l'attention, tout le zèle et toute la probité dont je suis capable, j'ai droit d'espérer aussi qu'on ne me refusera pas un peu de considération et une honnête liberté, comme je souhaite aussi qu'on m'en accorde les priviléges. Quant à l'appointement, je vous supplie, monsieur, de vouloir régler cela vous-même, et je vous proteste d'avance que je m'en tiendrai avec joie à tout ce que vous aurez conclu. Si vous ne le voulez point, je m'en rapporterai volontiers à M. de Mably lui-même; et je n'ai point de répugnance à me laisser éprouver pendant quelque temps. M. de Mably pourra même, s'il le juge à propos, renvoyer le discours de cet article, jusqu'à ce que j'aie l'honneur d'être assez connu de lui pour être assuré que ses bontés ne seront pas mal employées; ce qui me fait quelque peine, c'est que le nombre des élèves pourroit nuire. Il seroit à souhaiter que je ne fusse pas contraint de partager mes soins entre un si grand nombre d'élèves; l'homme le plus attentif a peine à en suivre un seul dans tous les détails où il importe d'entrer pour s'assurer d'une belle éducation : j'admire l'heureuse facilité de ceux qui peuvent en former beaucoup plus à la fois, sans oser m'en promettre autant de ma part. Ce qu'il y a de certain, c'est que je n'épargnerai rien pour y réussir. A l'égard de l'aîné, puisqu'on lui connoît déjà de si favorables dispositions, j'ose me flatter d'avance qu'il ne sortira point de mes mains sans m'égaler en sentiments et me surpasser en lumières. Ce n'est pas beaucoup promettre; mais je ne puis mesurer mes engagements qu'à mes forces; le surplus dépendra de lui.

Il est temps de cesser de vous fatiguer. Daignez, monsieur, continuer de m'honorer de vos bontés, et agréer le profond respect avec lequel j'ai l'honneur d'être, etc.

LETTRE XXI.

A MADAME LA BARONNE DE WARENS.

Lyon, 1er mai 1740.

Madame ma très-chère maman,

Me voici enfin arrivé chez M. de Mably; je ne vous dirai point encore précisément quelle y sera ma situation, mais ce qu'il m'en paroît déjà n'a rien de rebutant. M. de Mably est un très-honnête homme à qui un grand usage du monde, de la cour et des plaisirs, ont appris à philosopher de bonne heure, et qui n'a pas été fâché de me trouver des sentiments assez concordants aux siens. Jusqu'ici je n'ai qu'à me louer des égards qu'il m'a témoignés. Il entend que j'en agisse chez lui sans façon, et que je ne sois gêné en rien. Vous devez juger qu'étant ainsi livré à ma discrétion, je m'en accorderai en effet d'autant moins de libertés; les bonnes manières peuvent tout sur moi; et si M. de Mably ne se dément point, il peut être assuré que mon cœur lui sera sincèrement attaché : mais vous m'avez appris à ne pas courir à l'extrême sur de premières apparences, et à ne jamais compter plus qu'il ne faut sur ce qui dépend de la fantaisie des hommes.

Savoir à présent comment on pense sur mon compte, c'est ce qui n'est pas entièrement à mon pouvoir. Ma timidité ordinaire m'a fait jouer le premier jour un assez sot personnage; et si M. de Mably avoit été Savoyard, il auroit porté là-dessus son redoutable jugement, sans espérance d'appel. Je ne sais si au travers de cet air embarrassé il a démêlé en moi quelque chose de bon; ce qu'il y a de sûr, c'est que ses manières polies et engageantes m'ont entièrement rassuré, et qu'il ne tient plus qu'à moi de me montrer à lui tel que je suis. Il écrit au R. P. de la Coste, qui ne manquera point de vous communiquer sa lettre : vous pourrez juger là-dessus de ce qu'il pense sur mon compte.

J'ose vous prier, ma très-chère maman, de vouloir bien faire agréer mes très-humbles respects aux RR. PP. jésuites. Quant à mon petit élève, on ne sauroit lui refuser d'être très-aimable, mais je ne saurois encore vous dire s'il aura le cœur également bon, parce que souvent ce qui paroît à cet âge des signes de méchanceté n'en sont en effet que de vivacité et d'étourderie. J'ai rempli ma lettre de minuties; mais daignez, ma très-chère maman, m'éclaircir au plus tôt de ce qui m'est uniquement important, je veux dire de votre santé et de la prospérité de vos affaires. Que font les Charmettes, les Kiki, et tout ce qui m'intéresse tant? Mon adresse est chez M. de

Mably, prévôt-général du Lyonnois, rue Saint-Dominique.

J'ai l'honneur d'être avec une vive reconnoissance et un profond respect, madame, votre très-humble et très-obéissant serviteur et fils.

LETTRE XXII.

A MADAME DE SOURGEL.

...1741.

Je suis fâché, madame, d'être obligé de relever les irrégularités de la lettre que vous avez écrite à M. Favre, à l'égard de madame la baronne de Warens. Quoique j'eusse prévu à peu près les suites de sa facilité à votre égard, je n'avois point à la vérité soupçonné que les choses en vinssent au point où vous les avez amenées, par une conduite qui ne prévient pas en faveur de votre caractère. Vous avez très-raison, madame, de dire qu'il a été mal à madame de Warens d'en agir comme elle a fait avec vous et M. votre époux. Si son procédé fait honneur à son cœur, il est sûr qu'il n'est pas également digne de ses lumières, puisque avec beaucoup moins de pénétration et d'usage du monde je ne laissai pas de percer mieux qu'elle dans l'avenir, et de lui prédire assez juste une partie du retour dont vous payez son amitié et ses bons offices. Vous le sentîtes parfaitement, madame; et si je m'en souviens bien, la crainte que mes conseils ne fussent écoutés vous engagea, aussi bien que mademoiselle votre fille, à faire à mon égard certaines démarches un peu rampantes, qui, dans un cœur comme le mien, n'étoient guère propres à jeter de meilleurs préjugés que ceux que j'avois conçus; à l'occasion de quoi vous rappelez fort noblement le présent que vous voulûtes me faire de ce précieux justaucorps, qui tient aussi bien que moi une place si honorable dans votre lettre. Mais j'aurai l'honneur de vous dire, madame, avec tout le respect que je vous dois, que je n'ai jamais songé à recevoir votre présent, dans quelque état d'abaissement qu'il ait plu à la fortune de me placer. J'y regarde de plus près que cela dans le choix de mes bienfaiteurs. J'aurois, en vérité, belle matière à railler, en faisant la description de ce superbe habit retourné, rempli de graisse, en tel état, en un mot, que toute ma modestie auroit eu bien de la peine d'obtenir de moi d'en porter un semblable. Je suis en pouvoir de prouver ce que j'avance, de manifester ce trophée de votre générosité; il est encore en existence dans le même garde-meuble qui renferme tous ces précieux effets dont vous faites un si pompeux étalage. Heureusement madame la baronne eut la judicieuse précaution, sans présumer cependant que ce soin pût devenir utile, de faire ainsi enfermer le tout sans y toucher, avec toutes les attentions nécessaires en pareil cas. Je crois, madame, que l'inventaire de tous ces débris, comparé avec votre magnifique catalogue, ne laissera pas que de donner lieu à un fort joli contraste, surtout la belle cave à tabac. Pour les flambeaux, vous les aviez destinés à M. Perrin, vicaire de police, dont votre situation en ce pays-ci vous avoit rendu la protection indispensablement nécessaire. Mais les ayant refusés, ils sont ici tout prêts aussi à faire un des ornements de votre triomphe.

Je ne saurois, madame, continuer sur le ton plaisant: Je suis véritablement indigné, et je crois qu'il seroit impossible à tout honnête homme, à ma place, d'éviter de l'être autant. Rentrez, madame, en vous-même : rappelez-vous les circonstances déplorables où vous vous êtes trouvés ici, vous, monsieur votre époux, et toute votre famille : sans argent, sans amis, sans connoissances, sans ressources, qu'eussiez-vous fait sans l'assistance de madame de Warens? Ma foi, madame, je vous le dis franchement, vous auriez jeté un fort vilain coton. Il y avoit long-temps que vous en étiez plus loin qu'à votre dernière pièce; le nom que vous aviez jugé à propos de prendre, et le coup d'œil sous lequel vous vous montriez, n'avoient garde d'exciter les sentiments en votre faveur, et vous n'aviez pas, que je sache, de grands témoignages

avantageux qui parlassent de votre rang et de votre
mérite. Cependant ma bonne marraine, pleine de
compassion pour vos maux et pour votre misère
actuelle (pardonnez-moi ce mot, madame), n'hé-
sita point à vous secourir; et la manière prompte
et hasardée dont elle le fit prouvoit assez, je crois,
que son cœur étoit bien éloigné des sentiments
plein de bassesse et d'indignités que vous ne rou-
gissez point de lui attribuer. Il y paroît aujour-
d'hui, et même ce soin mystérieux de vous cacher
en est encore une preuve, qui véritablement ne
dépose guère avantageusement pour vous.

Mais, madame, que sert de tergiverser? Le fait
même est votre juge. Il est clair comme le soleil
que vous cherchez à noircir bassement une dame
qui s'est sacrifiée sans ménagement pour vous tirer
d'embarras. L'intérêt de quelques pistoles vous
porte à payer d'une noire ingratitude un des bienfaits les plus importants que vous pussiez recevoir;
et quand toutes vos calomnies seroient aussi vraies
qu'elles sont fausses, il n'y a point cependant de
cœur bien fait qui ne rejetât avec horreur les
détours d'une conduite aussi messéante que la
vôtre.

Mais, grâce à Dieu, il n'est pas à craindre que
vos discours fassent de mauvaises impressions sur
ceux qui ont l'honneur de connoître madame la
baronne, ma marraine; son caractère et ses sentiments se sont jusqu'ici soutenus avec assez de

dignité pour n'avoir pas beaucoup à redouter des traits de la calomnie ; et sans doute, si jamais rien a été opposé à son goût, c'est l'avarice et le vil intérêt. Ces vices sont bons pour ceux qui n'osent se montrer au grand jour ; mais pour elle, ses démarches se font à la face du ciel ; et, comme elle n'a rien à cacher dans sa conduite, elle ne craint rien des discours de ses ennemis. Au reste, madame, vous avez inséré dans votre lettre certains termes grossiers au sujet d'un collier de grenats, très-indignes d'une personne qui se dit de condition, à l'égard d'une autre qui l'est de même, et à qui elle a obligation. On peut les pardonner au chagrin que vous avez de lâcher quelques pistoles, et d'être privée de votre cher argent ; et c'est le parti que prendra madame de Warens, en redressant cependant la fausseté de votre exposé.

Quant à moi, madame, quoique vous affectiez de parler de moi sur un ton équivoque, j'aurai, s'il vous plaît, l'honneur de vous dire que, quoique je n'aie pas celui d'être connu de vous, je ne laisse pas de l'être de grand nombre de personnes de mérite et de distinction, qui toutes savent que j'ai l'honneur d'être le filleul de madame la baronne de Warens, qui a eu la bonté de m'élever et de m'inspirer des sentiments de droiture et de probité dignes d'elle. Je tâcherai de les conserver pour lui en rendre bon compte, tant qu'il me restera un souffle de vie : et je suis fort trompé si tous les exemples de dureté et d'ingratitude qui me tomberont sous les yeux ne sont pour moi autant de bonnes leçons qui m'apprendront à les éviter avec horreur.

J'ai l'honneur d'être avec respect, etc.

LETTRE XXIII.

A M......

Écrite à l'occasion de la critique que l'abbé Desfontaines avoit faite de sa *Dissertation sur la Musique moderne* [1].

Février 1743.

Je me disposois, monsieur, à vous envoyer un extrait de mon ouvrage; mais j'en ai trouvé un dans les *Observations sur les écrits modernes,* qui me dispensera de ce soin, et auquel vos lecteurs pourront recourir. M. L. D. (l'abbé Desfontaines) dit que cet extrait est d'un de ses amis très-versé dans la musique. Il est en effet écrit en homme du métier : je suis fâché seulement que l'auteur n'ait pas partout saisi ma pensée, ni même entendu mon ouvrage, d'autant plus que j'avois tâché d'y mettre toute la clarté dont mon sujet étoit sus-

---

[1] Cette critique étoit insérée dans l'ouvrage périodique intitulé *Observations sur les écrits modernes,* dont l'abbé Desfontaines étoit le principal rédacteur.

ceptible. L'observateur dit, par exemple, que dans mon système les notes changent de nom selon les occasions : il me le fait dire à moi-même : cependant rien n'est moins vrai, puisque les mêmes notes y portent toujours et invariablement les mêmes noms : 1 est toujours *ut*, 2 toujours *re*, etc. Il a encore mal entendu les changements de ton ; et faute d'avoir consulté les exemples que j'ai mis dans mon ouvrage, il a confondu la première note du chant qui suit le changement de ton, avec la première note du ton. Du reste, excepté quelques autres erreurs plus légères, je n'ai rien à reprendre dans cet extrait. Il seroit à souhaiter que les réflexions que l'observateur y a ajoutées allassent un peu mieux au fait. Peu importe à mon système qu'*Aretin* ait le premier exprimé les sons de l'octave par les syllabes usitées : je veux, sur la foi de *Denys d'Halicarnasse*, qu'on fasse honneur aux anciens Égyptiens de cette invention, et même, s'il le faut, de *l'Hymne de Saint-Jean*, d'où ces syllabes sont tirées. Je consens, si tel est le bon plaisir de l'observateur, qu'on jette au feu toutes les traductions, excepté peut-être celle de M. l'abbé son ami ; que nos chiffres ne soient que des lettres grecques corrompues ; mais enfin je ne vois pas ce que font toutes ces remarques au système que j'ai proposé. Une dame d'esprit peut, même sans être grande musicienne, dire en badinant que si je change en chiffres les notes de la musique, peut-être substituerai-je en revanche des notes aux chiffres de l'accompagnement; mais le bon mot, tout joli qu'il est, n'a pas, je pense, assez de solidité pour engager un journaliste à le citer à propos de rien. Quoi qu'il en soit, je déclare à l'observateur que je ne prétends point me brouiller avec les dames, et que je passe condamnation dès à présent sur tout ce qu'elles blâmeront.

A l'égard des incorrections de mon langage, j'en tombe d'accord aisément. Un Suisse n'auroit pas, je crois, trop bonne grâce à faire le puriste; et M. Desfontaines, qui n'ignore pas ma patrie, auroit pu engager monsieur son ami à avoir sur ce point quelque indulgence pour moi en qualité d'étranger. L'académie même des sciences en a donné l'exemple, et on n'a pas dédaigné de m'y faire compliment sur mon style. Je sais cependant comment je dois recevoir des éloges dont on honore plutôt mon zèle que mes talents, et je suis réellement obligé à l'observateur d'avoir peint aux yeux, par quelques caractères italiques [1], le ridicule d'une période dont je ne puis moi-même

---

[1] Voici cette période hors d'haleine, telle qu'elle est dans l'ouvrage du critique : « Je conclus qu'ayant retranché tout d'un coup « par mes caractères les soixante-dix combinaisons que la différente « position des clefs et des accidents produit dans la musique ordi- « naire; *ayant* établi un signe invariable et constant pour chaque « son de l'octave dans tous les tons ; *ayant* établi de même une po- « sition très-simple pour les différentes octaves ; *ayant* fixé toute « l'expression des sons par les intervalles propres au ton où l'on

soutenir la lecture depuis ce temps-là. Je ne crois pas qu'il m'arrive jamais d'en écrire une seconde de semblable construction, et tel est l'usage que je prétends faire de mes fautes, toutes les fois qu'on voudra bien m'en faire apercevoir.

Je ne crois point, au reste, que ce mot d'*académie* réveille la critique de l'observateur, et je suis persuadé que le trait qu'il a ajouté, après une réflexion assez naturelle de ma part, n'est qu'un pur badinage, qu'il sent bien lui-même n'avoir pas de sens. Pour se convaincre qu'il faut souvent parler au public autrement qu'à une académie, il n'a qu'à demander en conscience à M. Desfontaines s'il ne feroit pas quelques changements à ses écrits, au cas qu'il n'eût que des académiciens pour lecteurs.

La reconnoissance ne me permet point de finir cette lettre sans remercier l'observateur des éloges dont il m'honore. Je les crois sincères sans me flatter de les mériter; car si d'un côté il les accompagne d'adoucissements propres à les rendre moins suspects, de l'autre il passe sous silence

« est; *ayant* conservé aux yeux la facilité de découvrir du premier
« regard si les sons montent ou descendent ; *ayant* fixé le degré de
« ce progrès avec une évidence que n'a point la musique ordinaire;
« et enfin *ayant* abrégé de plus des trois quarts et le temps qu'il
« faut pour apprendre à solfier, et le volume des notes, il reste
« démontré que mes caractères sont préférables à ceux de la mu-
« sique ordinaire. » (*Observations sur les écrits modernes*, tom. 31,
lettre 462. 1743.)

plusieurs défauts non moins importants que ceux qu'il a relevés. En citant, par exemple, le passage de Lucrèce que j'ai mis en tête de mon livre, il copie la faute que j'ai faite par inattention, en écrivant le mot *animus* au lieu du mot *sensus*, dont ce poète s'est servi [1]. Or, comme on ne sauroit soupçonner un observateur aussi attentif sur les fautes de n'avoir point aperçu celle-là, il est bien évident que ce n'est que par indulgence qu'il ne l'a point marquée, ne voulant pas, sans doute, me dégrader tout-à-fait de la qualité d'homme de lettres, dont il me favorise en partie. Ce qui me paroît étrange, c'est qu'il explique cette épigraphe dans un sens auquel, dit-il, je n'ai pas pensé, et auquel néanmoins j'ai si bien pensé, qu'il me paroît le seul raisonnable qu'on puisse lui donner dans la place où il est.

Rousseau.

[1] Voici cette épigraphe : *Immutat* animus *ad pristina.*

LETTRE XXIV.

A M. DUPONT,

SECRÉTAIRE DE M. JONVILLE, ENVOYÉ EXTRAORDINAIRE DE FRANCE A GÊNES.

Venise, 25 juillet 1743.

Je commence ma lettre, mon cher confrère, par les instructions que vous me demandez dans la vôtre du 18, de la part de monsieur l'envoyé; après quoi nous aurons ensemble quelque petite explication sur les hussards du prince de Lobkowitz, et sur ce bon curé de Foligno, dont vous parlez avec une irrévérence qui sent extrêmement le fagot.

Les ambassadeurs ont deux voies de négociation avec le gouvernement. La première, et la plus commune, est celle des mémoires, et celle-là plaît fort au sénat; car, outre qu'il évite par là les liaisons particulières entre les ambassadeurs et certains membres de l'état, il y trouve encore l'avantage de mieux préparer ce qu'il veut dire, et de s'engager, par la tournure équivoque et vague de ses réponses, beaucoup moins qu'il n'est forcé de faire dans des conférences où l'ambassadeur est plus le maître d'aller au degré de clarté dont il a besoin.

Mais comme cette manière de traiter par écrit est sujette à bien des inconvénients, soit par les longueurs qui en sont inséparables, soit par la difficulté du secret, plus grande dans un corps composé de plusieurs têtes; quand les ambassadeurs sont chargés par leurs principaux de quelque négociation particulière, et d'une certaine importance auprès de la république, on leur nomme, à leur réquisition, un sénateur pour conférer tête à tête avec eux; et ce sénateur est toujours un homme qui a passé par des ambassades, un procurateur de Saint-Marc, un chevalier de l'Étoile-d'Or, un sage grand, en un mot, une des premières têtes de l'état par le rang et par le génie.

Il y a des exemples, et même assez récents, que la république a refusé des conférents aux ambassadeurs de princes dont elle n'étoit pas contente, ou dont elle ne croyoit pas les négociations de nature à en mériter. C'est pourtant ce qui n'arrive guère, parce que, suivant une maxime générale, même à Venise, on ne risque rien à écouter les propositions d'autrui.

Quand le conférent est nommé, il en fait donner avis à l'ambassadeur, en y joignant un compliment, et lui propose en même temps un couvent ou autre lieu neutre, pour leurs entrevues. En indiquant le lieu, les conférents ont pour l'ordinaire beaucoup d'attention à la commodité des ambassadeurs. Ainsi, par exemple, le rendez-vous de M. le comte de Montaigu est presque à la porte de son palais, quoiqu'il ait eu là-dessus des disputes de politesse avec son conférent, qui en est à plus d'une lieue, et qui n'en a voulu jamais établir un autre où le chemin fût mieux partagé. Les meubles et le feu en hiver sont fournis aux dépens de la république; et je pense qu'il en est de même des rafraîchissements, que l'honnêteté du conférent ne néglige pas dans l'occasion. A l'égard du temps des séances, celui des deux qui a quelque chose à communiquer à l'autre lui envoie proposer la conférence par un secrétaire ou par un gentilhomme; et cela forme encore une dispute de civilité, chacun voulant laisser à l'autre le choix de l'heure : sur quoi je me souviens qu'étant un jour allé au sénat pour appointer la conférence, je fus obligé de prendre sur moi de marquer l'heure au conférent, M. l'ambassadeur m'ayant chargé de prendre la sienne, et lui n'ayant jamais voulu la donner. Le conférent arrive ordinairement le premier, parce que le logement appartenant à la république, il est convenable qu'il en fasse les honneurs. Voilà, mon cher, tout ce que j'ai à vous dire sur cette matière. A présent que nous avons mis en règle les chicanes des potentats, reprenons les nôtres, etc.

LETTRE XXV.

A M. LE COMTE DES CHARMETTES [1].

A Venise, ce 21 septembre 1743.

Je connois si bien, monsieur, votre générosité naturelle, que je ne doute point que vous ne preniez part à mon désespoir, et que vous ne me fassiez la grâce de me tirer de l'état affreux d'incertitude où je suis. Je compte pour rien les infirmités qui me rendent mourant, au prix de la douleur de n'avoir aucune nouvelle de madame de Warens, quoique je lui aie écrit depuis que je suis ici par une infinité de voies différentes. Vous connoissez les liens de reconnoissance et d'amour filial qui m'attachent à elle, jugez du regret que j'aurois à mourir sans recevoir de ses nouvelles. Ce n'est pas sans doute vous faire un grand éloge que de vous avouer, monsieur, que je n'ai trouvé que vous seul, à Chambéri, capable de rendre un service par pure générosité; mais c'est du moins vous parler suivant mes vrais sentiments, que de vous dire que vous êtes l'homme du monde de qui j'aimerois mieux en recevoir. Rendez-moi, monsieur, celui de me donner des nouvelles de ma pauvre maman : ne me déguisez rien, mon-

---

[1] * M. de Conzié, qui possédoit la terre des Charmettes.

sieur; je vous en supplie; je m'attends à tout, je souffre déjà tous les maux que je peux prévoir, et la pire de toutes les nouvelles pour moi, c'est de n'en recevoir aucune. Vous aurez la bonté, monsieur, de m'adresser votre lettre sous le pli de quelque correspondant de Genève, pour qu'il me la fasse parvenir, car elle ne viendroit pas en droiture.

Je passai en poste à Milan, ce qui me priva du plaisir de rendre moi-même votre lettre, que j'ai fait parvenir depuis. J'ai appris que votre aimable marquise s'est remariée il y a quelque temps. Adieu, monsieur; puisqu'il faut mourir tout de bon, c'est à présent qu'il faut être philosophe. Je vous dirai une autre fois quel est le genre de philosophie que je pratique. J'ai l'honneur d'être avec le plus sincère et le plus parfait attachement, monsieur, etc.

P. S. Faites-moi la grâce, monsieur, de faire parvenir sûrement l'incluse que je confie à votre générosité.

MONSIEUR,

J'avoue que je m'étois attendu au consentement que vous avez donné à ma proposition; mais, quelque idée que j'eusse de la délicatesse de vos sentiments, je ne m'attendois point absolument à une réponse aussi gracieuse.

LETTRE XXVI.

A M.......

......1743.

Monsieur,

Il faut convenir que vous avez bien du talent pour obliger d'une manière à doubler le prix des services que vous rendez; je m'étois véritablement attendu à une réponse polie et spirituelle autant qu'il se peut, mais j'ai trouvé dans la vôtre des choses qui sont pour moi d'un tout autre mérite : des sentiments d'affection, de bonté, d'épanchement, si j'ose ainsi parler, que la sincérité et la voix du cœur caractérisent. Le mien n'est pas muet pour tout cela; mais il voudroit trouver des termes énergiques à son gré, qui, sans blesser le respect, pussent exprimer assez bien l'amitié. Nulles des expressions qui se présentent ne me satisfont sur cet article. Je n'ai pas comme vous l'heureux talent d'allier dignement le langage de la plume avec celui du cœur; mais, monsieur, continuez de me parler quelquefois sur ce ton-là, et vous verrez que je profiterai de vos leçons.

J'ai choisi les livres dont la liste est ci-jointe. Quant au Dictionnaire de Bayle, je le trouve cher excessivement. Je ne vous cacherai point que j'ai une extrême passion de l'avoir; mais je ne comptois point qu'il revînt à plus de soixante livres. Si celui dont vous me parlez, qui a des ratures en marge, n'excède pas de beaucoup ce prix, je m'en accommoderai. En ce cas, monsieur, j'aurois peine à obtenir la permission de l'introduire. Vous pourriez, si vous le jugez à propos, vous servir de M***, qui le peut, et le voudroit sans doute quand vous l'en prieriez. Je crois qu'il me conviendroit moins d'en faire la proposition. Je n'ai pas l'honneur d'être assez connu de lui pour cela. Je laisse tout à votre judicieuse conduite.

C'est l'édition in-4° de Cicéron que je cherche; vous devez l'avoir : si vous ne l'avez pas, j'attendrai. Je croyois aussi que la Géométrie de Manesson Mallet étoit in-4°. Si vous l'avez en cette forme, je la prendrai; sinon je m'en passerai encore quelque temps, n'ayant d'ailleurs pas encore les intruments nécessaires, et vous m'enverrez à la place les Récréations mathématiques d'Ozanam.

Vous savez qu'il nous manque le neuvième tome de l'Histoire ancienne, et le dernier de Cleveland, c'est-à-dire celui qui a été ajouté d'une autre main. Nous n'avons aussi que les vingt premières parties de Marianne [1]. Vous joindrez, s'il vous plaît, tout

---

[1] Il y a ici évidemment une faute d'impression, puisque *Marianne* n'a que douze parties.

cela à votre envoi, afin que nos livres ne restent pas imparfaits.

Hoffmanni Lexicon.

Newton Arithmetica.

Ciceronis opera omnia.

Usserii Annales.

Géométrie pratique de Manesson Mallet.

Éléments de mathématiques du P. Lami.

Dictionnaire de Bayle.

Si vous jugez que les OEuvres de Despréaux, de l'édition in-4°, puissent passer sur tout cela, vous aurez la bonté de les y joindre.

Vous m'enverrez, s'il vous plaît, le tout le plus tôt qu'il sera possible, et je ferai mon billet à M. Conti, de la somme, suivant l'avis que vous lui en donnerez ou à moi.

LETTRE XXVII.

A MADAME LA BARONNE DE WARENS.

Venise, 5 octobre 1743.

Quoi! ma bonne maman, il y a mille ans que je soupire sans recevoir de vos nouvelles, et vous souffrez que je reçoive des lettres de Chambéri qui ne soient pas de vous! J'avois eu l'honneur de vous écrire à mon arrivée à Venise; mais dès que notre ambassadeur et notre directeur des postes seront partis pour Turin, je ne saurai plus par où vous écrire, car il faudra faire trois ou quatre entrepôts assez difficiles ; cependant, les lettres dussent-elles voler par l'air, il faut que les miennes vous parviennent, et surtout que je reçoive des vôtres, sans quoi je suis tout-à-fait mort. Je vous ferai parvenir cette lettre par la voie de M. l'ambassadeur d'Espagne, qui, j'espère, ne me refusera pas la grâce de la mettre dans son paquet. Je vous supplie, maman, de faire dire à M. Dupont que j'ai reçu sa lettre, et que je ferai avec plaisir tout ce qu'il me demande aussitôt que j'aurai l'adresse du marchand qu'il m'indique. Adieu! ma très-bonne et très-chère maman. J'écris aujourd'hui à M. de Lautrec exprès pour lui parler de vous. Je tâcherai de faire qu'on vous envoie, avec cette lettre, une adresse pour me faire parvenir les vôtres : vous ne la donnerez à personne ; mais vous prendrez seulement les lettres de ceux qui voudront m'écrire, pourvu qu'elles ne soient pas volumineuses, afin que M. l'ambassadeur d'Espagne n'ait pas à se plaindre de mon indiscrétion à en charger ses courriers. Adieu derechef, très-chère maman ; je me porte bien, et vous aime plus que jamais. Permettez que je fasse mille amitiés à tous vos amis, sans oublier Zizi et Taleralatalera, et tous mes oncles.

Si vous m'écrivez par Genève, en recommandant votre lettre à quelqu'un, l'adresse sera simplement à M. Rousseau, secrétaire d'ambassade de France à Venise.

Comme il y auroit toujours de l'embarras à m'envoyer vos lettres par les courriers de M. de La Mina, je crois, toute réflexion faite, que vous ferez mieux de les adresser à quelque correspondant à Genève, qui me les fera parvenir aisément. Je vous prie de prendre la peine de fermer l'incluse, et de la faire remettre à son adresse. O mille fois, chère maman, il me semble déjà qu'il y a un siècle que je ne vous ai vue! en vérité, je ne puis vivre loin de vous.

LETTRE XXVIII.

A MADAME DE MONTAIGU.

Venise, 23 novembre 1743.

MADAME,

Je craindrois que votre excellence n'eût lieu de m'accuser d'avoir oublié ses ordres si je différois plus long-temps d'avoir l'honneur de lui écrire, quoique l'exactitude de M. l'ambassadeur ne me donne pas lieu de rien suppléer pour lui; sa santé est telle qu'il n'y en a que la continuation à désirer. S. Ex. prend le sel de Glauber, dont elle se trouve fort bien : elle vit toujours fort liée avec M. l'ambassadeur d'Espagne : et moi, pour imiter son goût autant que mon état le permet, je me suis pris d'amitié si intimement avec le secrétaire, que nous sommes inséparables [1] : de façon qu'on ne voit rien à Venise de si uni que les deux maisons de France et d'Espagne. J'ai un peu dérangé ma philosophie pour me mettre comme les autres ; de sorte que je cours la place et les spectacles en masque et en bahutte, tout aussi fièrement que si j'avois passé toute ma vie dans cet équipage ; je m'aperçois que je fais à V. Ex. des détails qui l'intéressent fort peu ; je voudrois, madame, pouvoir vous en faire d'assez séduisants de ce pays pour vous engager à hâter votre voyage, et à satisfaire en cela les vœux de toute votre maison de Venise, à la tête de laquelle j'ose me *compter* encore plus par l'empressement et le zèle que par le rang.

J'envoie à un ami un mémoire assez considérable de plusieurs emplettes à faire à Paris pour moi et pour mes amis de Venise. S. Ex. m'a promis, madame, de vous prier de vouloir bien recevoir le tout, et l'envoyer sur le même vaisseau et sous les mêmes passeports que votre équipage ; votre excellence aura aussi la bonté, je l'en supplie, de satisfaire au montant du mémoire qui lui sera remis

---

[1] Rousseau donne dans le livre VII des Confessions des détails intéressants sur cette liaison.

avec la marchandise, conformément à ce que lui en marquera M. l'ambassadeur.

S. Ex. vous prie, madame, de vouloir bien lui envoyer, par le premier courrier, une demi-douzaine de colombats proprements reliés pour faire des présents; j'ai calculé qu'en les expédiant tout de suite ils arriveront justement ici le pénultième jour de l'année. Pour l'Almanach royal, je ne serois pas d'avis que votre excellence l'envoyât par la poste, à cause de sa grosseur; mais qu'elle prît la peine de l'envoyer à Lyon par la diligence, à quelqu'un qui l'expédieroit à Marseille, et de là à Gênes, à M. Dupont, chargé des affaires de France, qui nous le feroit parvenir facilement. J'ai l'honneur d'être avec le plus profond respect, de votre excellence, le très-humble, etc.

LETTRE XXIX.

A M. DU THEIL.

A Venise, le 8 août 1744.

Monsieur,

Je sens combien la liberté que je prends seroit déplacée pour un homme à qui il resteroit quelque autre ressource; mais la situation où je suis rend ma témérité pardonnable.

J'ose porter jusqu'à vous mes justes et très-respectueuses plaintes contre un ambassadeur du roi, et contre un maître dont j'ai mangé le pain. Un homme raisonnable ne fait pas de pareilles démarches sans nécessité, et un homme aussi exercé que moi à la résignation et à la patience ne s'y résoudroit pas si son devoir même ne l'y contraignoit pas. Je rougis, monsieur, de distraire votre attention, destinée aux plus grandes affaires, sur des objets qui, je l'avoue, ne sont pas dignes par eux-mêmes de vous occuper un instant, mais qui cependant font le malheur de la vie et le désespoir d'un honnête homme, et qui par là deviennent intéressants pour un cœur aussi généreux que le vôtre.

Il y a quatorze mois que je suis entré au service de M. le comte de Montaigu en qualité de secrétaire. Ce n'est pas à moi d'examiner si j'étois capable ou non de cet emploi ; il est certain que j'ai toujours plus compté sur mon zèle que sur mes talents pour le bien remplir ; et il est certain, de plus, que des dépêches telles que celles qui depuis près d'un an paroissent à la cour écrites de ma main ne sont pas propres à donner fort bonne opinion de ma capacité, puisqu'il est naturel de mettre du moins sur mon compte les fautes et les incorrections dont elles sont remplies ; mais c'est sur quoi il me seroit plus aisé que bienséant de me justifier. Je ne relèverai pas non plus les duretés continuelles et les désagréments infinis que j'ai soufferts, tant parce qu'un excès de délicatesse peut m'y avoir rendu trop sensible que parce qu'il m'en coûteroit en les exténuant assez pour les rendre croyables, et qu'enfin je ne dois point abuser de votre bonté par des détails qui ne vont point au fait.

Les mécontentements étoient réciproques, et il est aisé de juger que chacun n'a reconnu que les siens pour légitimes : M. l'ambassadeur a enfin pris le parti de me congédier : je comptois que la chose se passeroit avec l'honnêteté accoutumée entre un maître qui a de la dignité et un domestique honorable à qui quelques défauts particuliers ne doivent point ôter les égards dus à son état, à son zèle et à sa probité. Je me suis trompé : M. l'ambassadeur, qui s'est fait des maximes de confondre tous ceux qui sont à son service sous le vil titre de valets, et de traiter tous les gens qui sortent de sa maison comme autant de coquins dignes de la potence, a jugé à propos d'exercer avec moi cette étrange politique. Après des procédés inouïs, après avoir manqué à la plupart de ses engagements, M. l'ambassadeur voulut avant-hier me faire ce qu'il appeloit mon compte. Ce fut d'un ton à faire trembler que ce compte fut commencé ; les termes dont il se servit, les épithètes odieuses dont il m'accabla, furent autant de préparatifs pour m'intimider et me rendre docile aux injustes réductions qu'il me faisoit. Après plusieurs représentations inutiles, me voyant lésé d'une manière si criante, je demandai respectueusement à S. Ex. si elle souhaitoit de régler avec moi ce compte suivant l'équité, ou si elle étoit déterminée à ne consulter que sa volonté seule, parce qu'en ce dernier cas ma présence lui étoit inutile. Alors S. Ex. s'emporta horriblement, supposant que j'avois dit que sa volonté et l'équité n'étoient pas toujours la même chose, et véritablement je ne récusai pas l'explication, d'autant plus que les injures dont j'étois accablé ne me laissoient pas le loisir de placer un seul mot. Enfin S. Ex., ne pouvant m'obliger à consentir à passer ce compte comme elle le vouloit, me proposa en termes très-nets d'y souscrire ou de sauter par la fenêtre, jurant de m'y faire jeter sur-le-champ; et je vis le moment qu'elle se mettoit en devoir d'exécuter sa menace elle-même : mais voulant éviter une aussi cruelle alternative, et ne pouvant, d'ailleurs, supporter plus long-temps les horreurs dont ma mémoire est encore souillée, je sortis en me félicitant de ce que l'émotion que m'avoient causée de tels traitements ne m'avoit pas assez transporté pour imiter M. l'ambassadeur en perdant le profond respect dû à l'auguste caractère dont il est revêtu. Il m'ordonna, en me voyant sortir, de quitter son palais sur-le-champ et de n'y remettre jamais les pieds; ce que je fis, bien résolu de ne m'exposer de ma vie à reparoître en sa présence, non que je craignisse beaucoup la mort dont il me menace, mais par une juste défiance de moi-même, et pour ne plus m'exposer à avoir tort avec l'ambassadeur du plus grand roi du monde.

Me voici cependant sur le pavé, languissant, infirme, sans secours, sans bien, sans patrie, à quatre cents lieues de toutes mes connoissances, surchargé de dettes que j'ai été contraint de faire, faute, de la part de M. l'ambassadeur, d'avoir rempli ses conditions avec moi, et n'ayant d'autre ressource que quelques médiocres talents qui ne mettent pas à couvert de l'injustice de ceux qui les emploient; dans une telle situation, pardonnez, monsieur, la liberté que je prends d'employer votre protection contre les cruels traitements que M. l'ambassadeur exerce sur le plus zélé et le plus fidèle domestique qu'il aura jamais. Je ne puis porter mes justes plaintes à aucun tribunal : ce n'est qu'au pied du trône de sa majesté qu'il m'est permis d'implorer justice. Je la demande très-respectueusement et dans l'amertume de mon ame; et je ne me serois jamais déterminé à faire cette démarche si j'avois cru pouvoir trouver quelque ressource pour acquitter mes dettes et retourner en France, autre que le paiement de mes appointements et de mon voyage, et celui des frais que je suis contraint de faire ici en attendant qu'il vous plaise de me faire parvenir vos ordres.

Je sais, monsieur, combien de préjugés sont contre moi ; je sais que dans les démêlés entre le maître et le domestique c'est toujours le dernier qui a tort ; je sais, d'ailleurs, qu'étant entièrement inconnu, je n'ai personne qui s'intéresse pour moi : votre générosité et mon bon droit sont mes seuls protecteurs ; mais je me confie également en l'un et en l'autre. Peut-être même les préjugés ne me sont-ils pas tous contraires : celui, par exemple, de la voix publique. Il n'est pas, monsieur, que vous ne soyez instruit de ce qui se passe en ce pays-ci et de la manière dont on y pense : c'est tout ce que je puis dire en ma faveur, aimant mieux négliger quelques moyens de défense que d'exercer contre un maître que j'ai servi l'odieuse fonction de délateur. Il me sera permis du moins de réclamer le témoignage de toutes les personnes avec qui j'ai vécu jusqu'ici, sur le caractère et les sentiments dont je fais profession.

Au reste, s'il se trouve que j'aie ajouté un seul mot à la vérité dans l'exposé que j'ai l'honneur de vous faire, et cela ne sera pas difficile à vérifier, je consens de payer de ma tête ma calomnie et mon insolence.

P. S. Si vous daignez, monsieur, m'honorer de vos ordres, M. Le Blond est à portée de me les communiquer.

LETTRE XXX.

AU MÊME.

A Venise, le 15 août 1744.

Monsieur,

Depuis la lettre que j'eus l'honneur de vous écrire le 8 de ce mois, M. l'ambassadeur a continué de m'accabler de traitements dont ils n'y a d'exemples que contre les derniers des scélérats : il m'a fait poursuivre de maison en maison, compromettant son autorité jusqu'à défendre aux propriétaires de me loger. Il a chargé successivement plusieurs des ses gens de prendre des hommes avec eux, et de me faire périr sous le bâton ; et comme il n'a trouvé personne d'assez lâche pour accepter un semblable emploi, il m'a envoyé sept ou huit fois son gentilhomme avec le solde d'un compte le plus injuste qu'un maître ait jamais fait avec son domestique, et que je produirai écrit de sa propre main, lequel compte il m'a voulu faire accepter par force, m'intimant l'ordre de partir sur-le-champ de Venise, sous peine d'être assommé de coups, matin et soir, aussi long-temps que j'y séjournerois. J'obéirai donc pour éviter des traitements infâmes auxquels un homme d'honneur ne survit pas, et pour témoigner jusqu'au bout ma déférence et mon respect pour les ordres de M. l'ambassadeur. Ainsi, quoique S. Exc. me retienne ce qu'elle me doit légitimement ; que, de plus, on me retienne encore mes hardes dans sa maison sous des prétextes non moins odieux ni moins injustes, je ne laisserai pas de me mettre en route dans deux ou trois jours, que je vais employer à tâcher de rassembler quelque argent pour mon voyage. Je me rendrai à Paris, accablé, il est vrai, d'opprobres et d'ignominie par M. le comte de Montaigu, mais soutenu par les témoignages d'une bonne conscience et par l'estime des honnêtes gens. C'est là, monsieur, que j'oserai prendre la liberté d'implorer de nouveau votre protection et la justice du roi, ne demandant que d'être puni si je suis coupable : mais si je suis innocent, si je me suis toujours comporté conformément au devoir d'un bon et fidèle serviteur, je ne cesserai de recourir à l'équité et à la clémence de sa majesté pour obtenir la satisfaction qui m'est due sur les injustices criantes et les outrages sanglants par lesquels M. l'ambassadeur a prétendu signaler contre moi son autorité, en diffamant un homme d'honneur qui n'a de faute à se reprocher à son sujet que celle d'être entré dans sa maison.

LETTRE XXXI.

AU MÊME.

Septembre 1744.

Monsieur,

J'apprends que M. le comte de Montaigu, pour couvrir ses torts envers moi, m'ose imputer des crimes; et qu'après avoir donné un mémoire au sénat de Venise pour me faire arrêter, il porte jusqu'à vous ses plaintes pour prévenir celles auxquelles il a donné lieu. Le sénat me rend justice; M. le consul de France a été chargé de m'en assurer. Vous me la rendrez, monsieur, j'en suis très-sûr, sitôt que vous m'aurez entendu. Pour cet effet, au lieu de m'arrêter à Genève comme je l'avois résolu, je vais en diligence continuer mon voyage; j'aspire avec ardeur au moment d'être admis à votre audience. Je porte ma tête à la justice du roi, si je suis coupable; mais, si c'est M. de Montaigu qui l'est, je porte ma plainte au pied du trône; je demande la justice qui m'est due; et, si elle m'étoit refusée, je réclamerois jusqu'à mon dernier soupir. En attendant, permettez-moi, monsieur, de vous représenter combien la plainte de M. l'ambassadeur est frivole, et combien ses accusations sont absurdes. Il m'accuse, dit-on, d'avoir vendu ses chiffres à M. le prince Pio. Vous savez mieux que personne de quelle importance sont les affaires dont est chargé M. le comte de Montaigu. M. le prince Pio n'est sûrement pas assez dupe pour donner un écu de tous ses chiffres; et moi, quand j'aurois été assez fripon pour vouloir les lui vendre, je n'aurois pas été du moins assez bête pour l'espérer. L'impudence, j'ose le dire, et l'ineptie d'une pareille accusation vous sauteront aux yeux, si vous daignez lui donner un moment d'examen. Vous verrez qu'elle est faite sans raison, sans fondement, contre toute vraisemblance, et avec aussi peu d'esprit que de vérité, par quelqu'un qui, sentant ses injustices, croit les effacer en décriant celui qui en est victime, et prétend, à l'abri de son titre, déshonorer impunément son inférieur. Cependant, monsieur, cet inférieur, tel qu'il est, emporte, au milieu des outrages de M. l'ambassadeur, l'estime publique. J'ai vu toute la nation françoise m'accueillir, me consoler dans mon malheur. J'ai logé chez le chancelier du consulat; j'ai été invité dans toutes les maisons; toutes les bourses m'ont été ouvertes, et en attendant qu'il plaise à M. l'ambassadeur de me payer mes appointements, j'ai trouvé dans celle de M. le consul l'argent qui m'est nécessaire, puisqu'il ne plaît pas à M. l'ambassadeur de me payer mes appointements. Vous conviendrez, monsieur, qu'un pareil traitement seroit fort extraordinaire de la part des sujets du roi les plus fidèles, envers un pauvre étranger qu'ils soupçonneroient d'être un traître et un fripon. Je ne vous offre ces préjugés légitimes qu'en attendant de plus solides raisons. Vous connoîtrez dans peu s'ils sont fondés. Le soin de mon honneur, et la réparation qui m'est due, sont, au reste, l'unique objet de mon voyage. Aux preuves de la fidélité et de l'utilité de mes services je ne joindrai point de sollicitations pour avoir de l'emploi; je m'en tiens à l'épreuve que je viens de faire, et ne la réitérerai plus. J'aime mieux vivre libre et pauvre jusqu'à la fin que de faire mon chemin dans une route aussi dangereuse.

LETTRE XXXII.

AU MÊME.

Paris, 11 octobre 1744.

Monsieur,

Voilà la dernière fois que je prendrai la liberté de vous écrire, jusqu'à ce qu'il vous ai plu de me faire parvenir vos ordres. Je sens combien mes lettres doivent vous importuner, et ce n'est qu'avec beaucoup de regret que je me vois réduit à un métier si contraire à mon caractère ; mais, monsieur, je ne pouvois, en conséquence de ce que j'ai eu l'honneur de vous écrire précédemment, me dispenser de vous informer de mon arrivée à Paris; et, de plus, je reconnois que le ton de mes lettres demanderoit bien des explications, que la discrétion m'oblige cependant d'abandonner en partie, et que je réduirai à une simple exposition du motif qui me les a fait écrire.

Si vous daignez, monsieur, faire prendre quelques informations sur ma conduite et sur mon caractère, soit à Venise, soit à Gênes, où j'ai l'honneur d'être connu de M. Jonville, soit à Lyon, soit à Genève ma patrie, j'espère que vous n'apprendrez rien qui n'aggrave l'injustice des violences dont M. le comte de Montaigu a jugé à propos de m'accabler. Les traitements qu'il m'a faits sont de ceux contre lesquels un honnête homme ne se précautionne point. Avec les devoirs que je me suis imposés et les sentiments dont je me suis nourri, je m'étois cru assez supérieur à de semblables accidents pour n'avoir point à chercher dans mes principes des règles de conduite en de pareils cas. Le zèle et l'exactitude avec lesquels je me suis acquitté de l'emploi que S. Ec. m'avoit confié n'ont pas dû m'inspirer plus de défiance : peut-être serai-je assez heureux pour que vous en puissiez entendre parler par quelqu'un qui soit en état d'en juger, et qui n'ait point d'intérêt à me calomnier. S'il m'est donc arrivé, monsieur, de vous écrire quelque chose d'irrégulier, je vous supplie de le pardonner au trouble affreux et au désespoir où m'ont jeté de si étranges traitements. Connoît-on rien de plus triste pour un honnête homme que de se voir indignement diffamer aux yeux du public, et en péril de sa propre vie, sans ombre de prétexte, et seulement pour de misérables discussions d'intérêt, sans qu'il lui soit permis de se défendre, ni possible de se justifier? Inutilement ai-je senti que je m'allois donner du ridicule, et que l'inférieur auroit toujours tort vis-à-vis du supérieur, puisque je n'ai point vu d'autre voie que de justes et respectueuses représentations pour soutenir mon honneur outragé. Ce ne sont point les traitements de M. le comte de Montaigu qui me touchent en eux-mêmes; j'ai lieu de ne le pas croire assez connoisseur en mérite pour faire un cas infini de son estime : mais, monsieur, que pensera le public, qui, content de juger sur les apparences, se donne rarement la peine d'examiner si celui qu'on maltraite l'a mérité? C'est aux personnes qui aiment l'équité, et qui sont en droit d'approfondir les choses, de réparer en cela l'injustice du public, et d'y rétablir l'honneur d'un honnête homme qui compte sa vie pour rien quand il a perdu sa réputation. Rien n'est si simple que cette discussion à mon égard :

s'agit-il de l'intérêt, le compte que j'aurai l'honneur de vous remettre, écrit de la propre main de M. le comte de Montaigu, est un témoignage sans réplique qui ne fera pas honneur à sa bonne foi; s'agit-il de l'honneur, tout Venise a vu avec indignation les traitements honteux dont il m'a accablé. Je suis déjà instruit de quelles couleurs S. Exc. sait peindre les personnes qu'elle a prises en haine : si donc on l'en croit sur parole, je ne doute point, à la vérité, que je ne sois perdu et déshonoré; mais qu'on daigne prendre quelques informations et vérifier les choses, et j'ose croire que M. le comte de Montaigu m'aura, sans y penser, rendu service en me faisant connoître.

Je ne prétends point, monsieur, exiger de satisfaction de M. l'ambassadeur; je n'ignore pas, quelque juste qu'elle fût, les raisons qui doivent s'y opposer; je ne demande que d'être puni rigoureusement si je suis coupable; mais si je ne le suis point, et que vous trouviez mon caractère digne de quelque estime et mon sort de quelque pitié, j'ose implorer, monsieur, votre protection et quelque marque de bonté de votre part qui puisse me réhabiliter aux yeux du public. Peut-être y regagnerai-je plus que je n'aurai perdu; mais je sens que le zèle qui me porteroit à m'en rendre digne laisseroit un jour en doute si vous avez exercé envers moi plus de générosité que de justice.

LETTRE XXXIII.

A MADAME LA BARONNE DE WARENS.

A Paris, le 25 février 1745.

J'ai reçu, ma très-bonne maman, avec les deux lettres que vous m'avez écrites, les présents que vous y avez joints, tant en savon qu'en chocolat ; je n'ai point jugé à propos de me frotter les moustaches du premier, parce que je le réserve pour m'en servir plus utilement dans l'occasion. Mais commençons par le plus pressant, qui est votre santé, et l'état présent de vos affaires, c'est-à-dire des nôtres. Je suis plus affligé qu'étonné de vos souffrances continuelles. La sagesse de Dieu n'aime point à faire des présents inutiles ; vous êtes, en faveur des vertus que vous en avez reçues, condamnée à en faire un exercice continuel. Quand vous êtes malade, c'est la patience ; quand vous servez ceux qui le sont, c'est l'humanité. Puisque vos peines tournent toutes à votre gloire ou au soulagement d'autrui, elles entrent dans le bien général, et nous n'en devons pas murmurer. J'ai été très-touché de la maladie de mon pauvre frère, j'espère d'en apprendre incessamment de meilleures nouvelles. M. d'Arras m'en a parlé avec une affection qui m'a charmé : c'étoit me faire la cour mieux qu'il ne le pensoit lui-même. Dites-lui, je vous supplie, qu'il prenne courage; car je le compte échappé de cette affaire, et je lui prépare des magistères qui le rendront immortel.

Quant à moi, je me suis toujours assez bien porté depuis mon arrivée à Paris; et bien m'en a pris, car j'aurois été, aussi bien que vous, un malade de mauvais rapport pour les chirurgiens et les apothicaires. Au reste, je n'ai pas été exempt des mêmes embarras que vous, puisque l'ami chez lequel je suis logé a été attaqué cet hiver d'une maladie de poitrine dont il s'est enfin tiré contre toute espérance de ma part. Ce bon et généreux ami est un gentilhomme espagnol, assez à son aise, qui me presse d'accepter un asile dans sa maison, pour y philosopher ensemble le reste de nos jours. Quelque conformité de goûts et de sentiments qui me lie à lui, je ne le prends point au mot, et je vous laisse à deviner pourquoi.

Je ne puis rien vous dire de particulier sur le voyage que vous méditez, parce que l'approbation qu'on peut lui donner dépend des secours que vous trouverez pour en supporter les frais, et des moyens sur lesquels vous appuyez l'espoir du succès de ce que vous y allez entreprendre.

Quant à vos autres projets, je n'y vois rien que lui, et je n'attends pas là-dessus d'autres lumières que celles de vos yeux et des miens. Ainsi vous êtes mieux en état que moi de juger de la solidité des projets que nous pourrions faire de ce côté. Je trouve mademoiselle sa fille assez aimable, je pense pourtant que vous me faites plus d'honneur que de justice en me comparant à elle, car il faudra, tout au moins, qu'il m'en coûte mon cher nom de petit né. Je n'ajouterai rien sur ce que vous m'en dites de plus, car je ne saurois répondre à ce que je ne comprends pas. Je ne saurois finir cet article sans vous demander comment vous vous trouvez de cet archi-âne de Keister. Je pardonne à un sot d'être la dupe d'une autre, il est fait pour cela ; mais quand on a vos lumières, on n'a bonne grâce à se laisser tromper par un tel animal qu'après s'être crevé les yeux. Plus j'acquiers de lumières en chimie, plus tous ces maîtres chercheurs de secrets et de magistères me paroissent cruches et butors. Je voyois, il y a deux jours, un de ces idiots qui, soupesant de l'huile de vitriol dans un laboratoire où j'étois, n'étoit pas étonné de sa grande pesanteur, parce, disoit-il, qu'elle contient beaucoup de mercure ; et le même homme se vantoit de savoir parfaitement l'analyse et la composition des corps. Si de pareils bavards savoient que je daigne écrire leurs impertinences, ils en seroient trop fiers.

Me demanderez-vous ce que je fais ? Hélas ! maman, je vous aime, je pense à vous, je me plains de mon cheval d'ambassadeur : on me plaint, on m'estime, et l'on ne me rend point d'autre justice.

Ce n'est pas que je n'espère m'en venger un jour en lui faisant voir non seulement que je vaux mieux, mais que je suis plus estimé que lui. Du reste, beaucoup de projets, peu d'espérances, mais toujours n'établissant pour mon point de vue que le bonheur de finir mes jours avec vous.

J'ai eu le malheur de n'être bon à rien à M. Deville, car il a fini ses affaires fort heureusement, et il ne lui manque que de l'argent, sorte de marchandise dont mes mains ne se souillent plus. Je ne sais comment réussira cette lettre, car on m'a dit que M. Deville devoit partir demain; et comme je ne le vois point venir aujourd'hui, je crains bien d'être regardé de lui comme un homme inutile, qui ne vaut pas la peine qu'on s'en souvienne. Adieu, maman; souvenez-vous de m'écrire souvent et de me donner une adresse sûre.

LETTRE XXXIV.

A M. DANIEL ROGUIN.

Paris, le 9 juillet 1745.

Je ne sais, monsieur, quel jugement vous portez de moi et de ma conduite; mais les apparences me sont si contraires, que je n'aurois pas à me plaindre quand vous en penseriez peu favorablement. Vous n'en jugeriez pas de même si vous lisiez au fond de mon ame : l'amertume et l'affliction que vous y verriez n'y sont pas les sentiments d'un homme capable d'oublier son devoir.

Vous connoissez à peu près ma situation. La première fois que j'aurai l'honneur de vous voir en particulier, je vous expliquerai la nature de mes ressources : vous jugerez des secours qu'elles peuvent me produire, et de la confiance que j'y dois donner. Je n'ai plus reçu de réponse de mon coquin, et je commence à désespérer tout-à-fait d'en tirer raison. Cependant une impuissance que je n'ai pu prévoir me met dans la triste nécessité de payer de délais, vous le premier, vous mon bon et généreux ami et bienfaiteur, et les autres honnêtes gens qui, comme vous, ont bien voulu s'incommoder pour soulager mes besoins et fonder sur ma probité des sûretés qu'ils ne pouvoient attendre de ma fortune. Le juge des cœurs lit dans le mien : si leur espérance a été trompée, mon impuissance actuelle doit d'autant moins m'être imputée à crime, que, selon toutes les règles de la prudence humaine, je n'ai pas dû la prévoir dans le temps que j'ai si malheureusement abusé de votre confiance et de votre amitié, à moins qu'on ne veuille que mes malheurs passés n'eussent dû me servir de leçon, pour me préparer à d'autres encore moins vraisemblables. Ainsi privé de toutes ressources et réduit à des espérances vagues et éloignées, je lutte contre la pauvreté depuis mon arrivée à Paris; et mes démarches sont si droites qu'à la moindre lueur de quelque avantage je vous avois prié, même avant de le pouvoir, de trouver bon que je fisse par partie ce que je ne pouvois faire tout à la fois : mais mon infortune ordinaire m'a encore ôté jusqu'ici les moyens de satisfaire mon empressement à cet égard. Vous savez que j'ai entrepris un ouvrage [1] sur lequel je fondois des ressources suffisantes pour m'acquitter : il traînoit si fort en longueur, que je me suis déterminé à venir m'emprisonner à l'hôtel Saint-Quentin, sans me permettre d'en sortir que je ne l'eusse achevé ; c'est ce que je viens de faire. Je ne vous dirai point s'il est bon ou mauvais; vous en jugerez. Il n'est guère possible que les dispositions d'un esprit affligé et mélancolique n'influent sur ces productions; mais je prévois déjà tant d'obstacles à le faire valoir, qu'il pourroit être bon à pure perte, et que je suis bien trompé s'il n'a le succès ordinaire à tout ce que j'entreprends. Quoi qu'il en soit, je n'épargnerai ni peines ni soins pour vaincre les difficultés, soit de ce côté, soit de tout autre, qui pourroient produire le même effet pour ce qui vous regarde. Je vous dirai même plus : je suis si dégoûté de la société et du commerce des hommes,

---

[1] * L'opéra des *Muses galantes*.

que ce n'est que la seule loi de l'honneur qui me retient ici, et que si jamais je parviens au comble de mes vœux, c'est-à-dire à ne devoir plus rien, on ne me reverra pas à Paris vingt-quatre heures après.

Telles sont, mon cher monsieur, les dispositions de mon ame. Je suis fort à plaindre, sans doute; mais je me sens toujours digne de votre estime, et je vous supplie de ne me l'ôter que quand vous me verrez oublier mon devoir et mon immortelle reconnoissance : c'est vous la demander pour toujours. Je vous avoue ingénument que, sur le point de vous aller voir, je n'ai pas osé reparoître devant vous sans m'assurer, en quelque manière, de vos dispositions à mon égard, par une justification que mes malheurs seuls, et non mes sentiments, rendent nécessaire.

Je vous supplie de savoir si l'on ne pourroit pas engager le marchand à reprendre la veste, en y perdant ce qu'il voudra. J'ai aussi, encore neufs, plusieurs des autres effets; mais, comme je me flatte que le paiement en est moins éloigné que la restitution ne vous en seroit onéreuse, je ne vous en parle point.

Mes respects, je vous supplie, à madame Duplessis et à mademoiselle. J'ai l'honneur d'être avec le plus tendre et le plus immortel attachement, monsieur, etc.

LETTRE XXXV.

A M. DE VOLTAIRE.

Paris, 11 décembre 1745.

Monsieur,

Il y a quinze ans que je travaille pour me rendre digne de vos regards, et des soins dont vous favorisez les jeunes muses en qui vous découvrez quelque talent. Mais, pour avoir fait la musique d'un opéra, je me trouve, je ne sais comment, métamorphosé en musicien. C'est, monsieur, en cette qualité que M. le duc de Richelieu m'a chargé des scènes dont vous avez lié les divertissements de la *Princesse de Navarre*; il a même exigé que je fisse, dans les canevas, les changements nécessaires pour les rendre convenables à votre nouveau sujet. J'ai fait mes respectueuses représentations; M. le duc a insisté, j'ai obéi : c'est le seul parti qui convienne à l'état de ma fortune. M. Ballot s'est chargé de vous communiquer ces changements; je me suis attaché à les rendre en moins de mots qu'il étoit possible : c'est le seul mérite que je puis leur donner. Je vous supplie, monsieur, de les examiner, ou plutôt d'en substituer de plus dignes de la place qu'ils doivent occuper.

Quant au récitatif, j'espère aussi, monsieur, que vous voudrez bien le juger avant l'exécution, et m'indiquer les endroits où je me serois écarté du beau et du vrai, c'est-à-dire de votre pensée. Quel que soit pour moi le succès de ces foibles essais, ils me seront toujours glorieux, s'ils me procurent l'honneur d'être connu de vous, et de vous montrer l'admiration et le profond respect avec lesquels j'ai l'honneur d'être, monsieur, votre très-humble, etc [1].

LETTRE XXXVI.

A MADAME LA BARONNE DE WARENS.

1745.

Je dois, ma très-chère maman, vous donner avis que, contre toute espérance, j'ai trouvé le moyen de faire recommander votre affaire à M. le comte de Castellane de la manière la plus avantageuse : c'est par le ministre même qu'il en sera chargé, de manière que ceci devenant une affaire de dépêches, vous pouvez vous assurer d'y avoir tous les avantages que la faveur peut prêter à l'équité. J'ai été contraint de dresser, sur les pièces

---

[1] * Rousseau a transcrit dans ses *Confessions* la réponse de Voltaire à cette lettre.

que vous m'avez envoyées, un mémoire dont je joins ici la copie, afin que vous voyiez si j'ai pris le sens qu'il falloit : j'aurai le temps, si vous vous hâtez de me répondre, d'y faire les corrections convenables avant que de le faire donner, car la cour ne reviendra de Fontainebleau que dans quelques jours. Il faut d'ailleurs que vous vous hâtiez de prendre sur cette affaire les instructions qui vous manquent; et il est, par exemple, fort étrange de ne savoir pas même le nom de baptême des personnes dont on répète la succession. Vous savez aussi que rien ne peut être décidé dans des cas de cette nature sans de bons extraits baptistaires et du testateur et de l'héritier, légalisés par les magistrats du lieu, et par les ministres du roi qui y résident. Je vous avertis de tout cela afin que vous vous munissiez de toutes ces pièces, dont l'envoi de temps à autre servira de mémoratif, qui ne sera pas inutile. Adieu, ma chère maman; je me propose de vous écrire bien au long sur mes propres affaires, mais j'ai des choses si peu réjouissantes à vous apprendre, que ce n'est pas la peine de se hâter.

MÉMOIRE.

N. N. de la Tour, gentilhomme du pays de Vaud, étant mort à Constantinople, et ayant établi le sieur Honoré Pelico, marchand françois, pour son exécuteur testamentaire, à la charge de faire parvenir ses biens à ses plus proches parents; Françoise de La Tour, baronne de Warens, qui se trouve dans le cas[2], souhaiteroit qu'on pût agir auprès dudit sieur Pelico, pour l'engager à se dessaisir desdits biens en sa faveur, en lui démontrant son droit. Sans vouloir révoquer en doute la bonne volonté dudit sieur Pelico, il semble, par le silence qu'il a observé jusqu'à présent envers la famille du défunt, qu'il n'est pas pressé d'exécuter ses volontés. C'est pourquoi il seroit à désirer que M. l'ambassadeur voulût interposer son autorité pour l'examen et la décision de cette affaire. Ladite baronne de Warens, ayant eu ses biens confisqués pour cause de la religion catholique qu'elle a embrassée, et n'étant pas payée des pensions que le roi de Sardaigne et ensuite sa majesté catholique lui ont assignées sur la Savoie, ne doute point que la dure nécessité où elle se trouve ne soit un motif de plus pour intéresser en sa faveur la religion de son excellence.

[1] M. Miol avoit mis *procureur*, sans faire réflexion que le pouvoir du procureur cesse à la mort du commettant.

[2] Il ne reste de toute la maison de La Tour que madame de Warens, et une sienne nièce qui se trouve par conséquent d'un degré au moins plus éloignée, et qui d'ailleurs, n'ayant pas quitté sa religion ni ses biens, n'est pas assujettie aux mêmes besoins.

LETTRE XXXVII.

A LA MÊME.

Février 1747.

Le départ de M. Deville se trouvant prolongé de quelques jours, cela me donne, chère maman, le loisir de m'entretenir encore avec vous.

Comme je n'ai nulle relation à la cour de l'infant, je ne saurois que vous exhorter à vous servir des connoissances que vos amis peuvent vous procurer de ce coté-là : je puis avoir quelque facilité de plus du côté de la cour d'Espagne, ayant plusieurs amis qui pourroient nous servir de ce côté. J'ai, entre autres, ici M. le marquis de Turrieta, qui est assez ami de mon ami, peut-être un peu le mien : je me propose à son départ pour Madrid, où il doit retourner ce printemps, de lui remettre un mémoire relatif à votre pension, qui auroit pour objet de vous la faire établir pour toujours à la pouvoir manger où il vous plairoit ; car mon opinion est que c'est une affaire désespérée du côté de la cour de Turin, où les Savoyards auront toujours assez de crédit pour vous faire tout le mal qu'ils voudront, c'est-à-dire tout celui qu'ils pourront. Il n'en sera pas de même en Espagne, où nous trouverons toujours autant, et, comme je

crois, plus d'amis qu'eux. Au reste, je suis bien
éloigné de vouloir vous flatter du succès de ma
démarche; mais que risquons-nous de tenter?
Quant à M. le marquis Scotti, je savois déjà tout
ce que vous m'en dites, et je ne manquerai pas
d'insinuer cette voie à celui à qui je remettrai le
mémoire; mais comme cela dépend de plusieurs
circonstances, soit de l'accès qu'on peut trouver
auprès de lui, soit de la répugnance que pourroient avoir mes correspondants à lui faire leur
cour, soit enfin de la vie du roi d'Espagne, il ne
sera peut-être pas si mauvais que vous le pensez
de suivre la voie ordinaire des ministres : les affaires qui ont passé par les bureaux se trouvent à
la longue toujours plus solides que celles qui ne se
sont faites que par faveur.

Quelque peu d'intérêt que je prenne aux fêtes
publiques, je ne me pardonnerois pas de ne vous
rien dire du tout de celles qui se font ici pour le
mariage de M. le dauphin : elles sont telles qu'a-
près les merveilles que saint Paul a vues, l'esprit
humain ne peut rien concevoir de plus brillant. Je
vous ferois un détail de tout cela, si je ne pensois
que M. Deville sera à portée de vous en entretenir : je puis en deux mots vous donner une idée
de la cour soit par le nombre, soit par la magnificence, en vous disant, premièrement, qu'il y
avoit quinze mille masques au bal masqué qui s'est
donné à Versailles, et que la richesse des habits

au bal paré, au ballet et aux grands appartements, étoit telle que mon espagnol, saisi d'un enthousiasme poétique de son pays, s'écria que madame la dauphine étoit un soleil dont la présence avoit liquéfié tout l'or du royaume, dont s'étoit fait un fleuve immense au milieu duquel nageoit toute la cour.

Je n'ai pas eu pour ma part le spectacle le moins agréable ; car j'ai vu danser et sauter toute la canaille de Paris dans ces salles superbes et magnifiquement illuminées qui ont été construites dans toutes les places pour le divertissement du peuple. Jamais ils ne s'étoient trouvés à pareille fête : ils ont tant secoué leurs guenilles, ils ont tellement bu, et se sont si pleinement piffrés, que la plupart en ont été malades. Adieu, maman.

LETTRE XXXVIII.

A LA MÊME.

Février 1745.

MADAME,

J'ai lu et copié le nouveau mémoire que vous avez pris la peine de m'envoyer : j'approuve fort le retranchement que vous avez fait, puisque, outre que c'étoit un assez mauvais verbiage, c'est que, les circonstances n'en étant pas conformes à la vérité, je me faisois une violente peine de les avancer; mais aussi il ne falloit pas me faire dire au commencement que j'avois abandonné tous mes droits et prétentions, puisque, rien n'étant plus manifestement faux, c'est toujours mensonge pour mensonge, et de plus, que celui-là est bien plus aisé à vérifier.

Quant aux autres changements, je vous dirai là-dessus, madame, ce que Socrate répondit autrefois à un certain Lysias. Ce Lysias étoit le plus habile orateur de son temps, et dans l'accusation où Socrate fut condamné, il lui apporta un discours qu'il avoit travaillé avec grand soin, où il mettoit ses raisons et les moyens de Socrate dans tout leur jour. Socrate le lut avec plaisir, et le trouva fort bien fait; mais il lui dit franchement qu'il ne lui étoit pas propre. Sur quoi Lysias lui ayant demandé comment il étoit possible que ce discours fût bien fait s'il ne lui étoit pas propre: De même, dit-il, en se servant, selon sa coutume, de comparaisons vulgaires, qu'un excellent ouvrier pourroit m'apporter des habits où des souliers magnifiques, brodés d'or, et auxquels il ne manqueroit rien, mais qui ne me conviendroient pas. Pour moi, plus docile que Socrate, j'ai laissé le tout comme vous avez jugé à propos de le changer, excepté deux ou trois expressions de style seulement, qui m'ont paru s'être glissées par mégarde.

J'ai été plus hardi à la fin : je ne sais quelles pouvoient être vos vues en faisant passer la pension par les mains de son excellence ; mais l'inconvénient en saute aux yeux, car il est clair que si j'avois le malheur, par quelque accident imprévu, de lui survivre, ou qu'il tombât malade, adieu la pension. En coûtera-t-il davantage pour l'établir le plus solidement qu'on pourra? c'est chercher des détours qui vous égarent, pendant qu'il n'y a aucun inconvénient à suivre le droit chemin. Si ma fidélité étoit équivoque, et qu'on pût me soupçonner d'être homme à détourner cet argent ou à en faire un mauvais usage, je me serois bien gardé de changer l'endroit aussi librement que je l'ai fait; et ce qui m'a engagé à parler de moi, c'est que j'ai cru pénétrer que votre délicatesse se faisoit quelque peine qu'on pût penser que cet argent tournât à votre profit; idée qui ne peut tomber que dans l'esprit d'un enragé. Quoi qu'il en soit, j'espère bien n'en jamais souiller mes mains.

Vous avez, sans doute par mégarde, joint au mémoire une feuille séparée que je ne suppose pas qui fût à copier : en effet, ne pourroit-on pas me demander de quoi je me mêle là? et moi qui assure être séquestré de toute affaire civile, me siéroit-il de paroître si bien instruit de choses qui ne sont pas de ma compétence ?

Quant à ce qu'on me fait dire que je souhaiterois n'être pas nommé, c'est une fausse délicatesse que je n'ai point : la honte ne consiste pas à dire qu'on reçoit, mais à être obligé de recevoir; je méprise les détours d'une vanité mal entendue autant que je fais cas des sentiments élevés. Je sens pourtant le prix d'un pareil ménagement de votre part et de celle de mon oncle; mais je vous en dispense l'un et l'autre. D'ailleurs, sous quel nom, dites-moi, feriez-vous enregistrer la pension?

Je fais mille remerciements au très-cher oncle : je connois tous les jours mieux quelle est sa bonté pour moi; s'il a obligé tant d'ingrats en sa vie, il peut s'assurer d'avoir au moins trouvé un cœur reconnoissant; car, comme dit Sénèque,

« Multa perdenda sunt, ut semel ponas bene. »

Ce latin-là, c'est pour l'oncle : en voici pour vous la traduction françoise :

Perdez force bienfaits pour en bien placer un.

Il y a long-temps que vous pratiquez cette sentence, sans, je gage, l'avoir jamais lue dans Sénèque.

Je suis, dans la plus grande vivacité de tous mes sentiments, etc.

LETTRE XXXIX.

A LA MÊME.

Paris, le 17 décembre 1747.

Il n'y a que six jours, ma très-chère maman, que je suis de retour de Chenonceaux [1]. En arrivant, j'ai reçu votre lettre du 2 de ce mois, dans laquelle vous me reprochez mon silence, et avec raison, puisque j'y vois que vous n'avez point reçu celle que je vous avois écrite de là, sous l'enveloppe de l'abbé Giloz. J'en viens de recevoir une de lui-même, dans laquelle il me fait les mêmes reproches. Ainsi je suis certain qu'il n'a point reçu son paquet, ni vous votre lettre; mais ce dont il semble m'accuser est justement ce qui me justifie, car, dans l'éloignement où j'étois de tout bureau pour affranchir, je hasardai ma double lettre sans affranchissement, vous marquant à tous les deux combien je craignois qu'elle n'arrivât pas, et que j'attendois votre réponse pour me rassurer : je ne l'ai point reçue cette réponse, et j'ai bien compris par là que vous n'aviez rien reçu, et qu'il falloit nécessairement attendre mon retour à Paris pour écrire de nouveau. Ce qui m'avoit encore enhardi

---

[1] * Château bâti sur le Cher. Il appartient aujourd'hui à M. Valet de Villeneuve, petit-fils de madame Dupin.

à hasarder cette lettre, c'est que l'année dernière il vous en étoit parvenu une par je ne sais quel bonheur, que j'avois hasardée de la même manière, dans l'impossibilité de faire autrement. Pour la preuve de ce que je dis, prenez la peine de faire chercher au bureau du Pont un paquet endossé de mon écriture à l'adresse de M. l'abbé Giloz, etc. Vous pourrez l'ouvrir, prendre votre lettre, et lui envoyer la sienne : aussi bien contiennent-elles des détails qui me coûtent trop pour me résoudre à les recommencer.

M. Descreux vint me voir le lendemain de mon arrivée; il me dit qu'il avoit de l'argent à votre service et qu'il avoit un voyage à faire, dans lequel il comptoit vous voir en passant et vous offrir sa bourse. Il a beau dire, je ne la crois guère en meilleur état que la mienne. J'ai toujours regardé vos lettres de change qu'il a acceptées comme un véritable badinage. Il en acceptera bien pour autant de millions qu'il vous plaira, au même prix ; je vous assure que cela lui est fort égal. Il est fort sur le zéro, aussi bien que M. Baqueret, et je ne doute pas qu'il n'aille achever ses projets au même lieu. Du reste, je le crois fort bon homme, et qui même allie deux choses rares à trouver ensemble, la folie et l'intérêt.

Par rapport à moi, je ne vous dis rien ; c'est tout dire. Malgré les injustices que vous me faites intérieurement, il ne tiendroit qu'à moi de changer en estime et en compassion vos perpétuelles défiances envers moi. Quelques explications suffiroient pour cela : mais votre cœur n'a que trop de ses propres maux, sans avoir encore à porter ceux d'autrui; j'espère toujours qu'un jour vous me connoîtrez mieux, et vous m'en aimerez davantage.

Je remercie tendrement le frère de sa bonne amitié, et l'assure de toute la mienne. Adieu, trop chère et trop bonne maman; je suis de nouveau à l'hôtel du Saint-Esprit, rue Plâtrière.

J'ai différé quelques jours à faire partir cette lettre, sur l'espérance que m'avoit donnée M. Descreux de me venir voir avant son départ; mais je l'ai attendu inutilement, et je le tiens parti ou perdu.

LETTRE XL.

A M. ALTUNA [1]

Paris, le 30 juin 1748.

A quelle rude épreuve mettez-vous ma vertu, en me rappelant sans cesse un projet qui faisoit l'espoir de ma vie! J'aurois besoin plus que jamais

[1] Cette lettre a été trouvée chez les pères de l'Oratoire de Montmorency; elle étoit jointe au billet suivant adressé par Rousseau,

de son exécution pour la consolation de mon pauvre cœur accablé d'amertume, et pour le repos que demanderoient mes infirmités; mais, quoi qu'il en puisse arriver, je n'achèterai pas une félicité par un lâche déguisement envers mon ami. Vous connoissez mes sentiments sur un certain point; ils sont invariables, car ils sont fondés sur l'évidence et sur la démonstration, qui sont, quelque doctrine que l'on embrasse, les seules armes que l'on ait pour l'établir. En effet, quoique ma foi m'apprenne bien des choses qui sont au-dessus de ma raison, c'est, premièrement, ma raison qui m'a forcé de me soumettre à ma foi. Mais n'entrons point dans ces discussions. Vous pouvez parler, et je ne le puis pas : cela met trop d'avantage de votre côté. D'ailleurs vous cherchez, par zèle, à me tirer de mon état, et je me fais un devoir de vous laisser dans le vôtre, comme avantageux pour la paix de votre esprit, et également bon pour votre félicité future, si vous y êtes de bonne foi; et si vous vous conduisez selon les *divins et sublimes préceptes du christianisme*. Vous voyez donc que, de toute manière, la dispute sur ce

le 29 mai 1762, aux supérieurs de cette maison, en leur envoyant un exemplaire de son *Émile*.

« J. J. Rousseau prie messieurs de l'Oratoire de Montmorency
« de vouloir bien accorder à ses derniers écrits une place dans leur
« bibliothèque. Comme accepter le livre d'un auteur n'est point
« adopter ses principes, il a cru pouvoir, sans témérité, leur de-
« mander cette faveur. » (Note de M. Petitain.)

point-là est interdite entre nous. Du reste, ayez assez bonne opinion du cœur et de l'esprit de votre ami pour croire qu'il a réfléchi plus d'une fois sur les *lieux communs* que vous lui alléguez, et que sa morale de principes, si ce n'est celle de sa conduite, n'est pas inférieure à la vôtre, ni moins agréable à Dieu. Je suis donc invariable sur ce point. Les plus affreuses douleurs, ni les approches de la mort, n'ont rien qui ne m'affermisse, rien qui ne me console, dans l'espérance d'un bonheur éternel que j'espère partager avec vous dans le sein de mon Créateur.

LETTRE XLI.

A MADAME LA BARONNE DE WARENS.

Paris, le 26 août 1748.

Je n'espérois plus, ma très-bonne maman, d'avoir le plaisir de vous écrire ; l'intervalle de ma dernière lettre a été rempli coup sur coup de deux maladies affreuses. J'ai d'abord eu une attaque de colique néphrétique, fièvre, ardeur et rétention d'urine ; la douleur s'est calmée à force de bains, de nitre, et d'autres diurétiques ; mais la difficulté d'uriner subsiste toujours, et la pierre qui du rein est descendue dans la vessie ne peut en sortir que par l'opération : mais, ma santé ni ma bourse ne me laissant pas en état d'y songer, il ne me reste plus de ce côté-là que la patience et la résignation, remèdes qu'on a toujours sous la main, mais qui ne guérissent pas de grand'chose.

En dernier lieu, je viens d'être attaqué de violentes coliques d'estomac, accompagnées de vomissements continuels et d'un flux de ventre excessif. J'ai fait mille remèdes inutiles, j'ai pris l'émétique, et en dernier lieu le simarouba ; le vomissement est calmé, mais je ne digère plus du tout. Les aliments sortent tels que je les ai pris ; il a fallu renoncer même au riz qui m'avoit été prescrit, et je suis réduit à me priver presque de toute nourriture, et par-dessus tout cela d'une foiblesse inconcevable.

Cependant le besoin me chasse de la chambre, et je me propose de faire demain ma première sortie ; peut-être que le grand air et un peu de promenade me rendront quelque chose de mes forces perdues. On m'a conseillé l'usage de l'extrait de genièvre, mais il est ici bien moins bon et beaucoup plus cher que dans nos montagnes.

Et vous, ma chère maman, comment êtes-vous à présent ? Vos peines ne sont-elles point calmées ? n'êtes-vous point apaisée au sujet d'un malheureux fils, qui n'a prévu vos peines que de trop loin, sans jamais les pouvoir soulager ? Vous n'avez connu ni mon cœur ni ma situation. Permettez-moi de vous répondre ce que vous m'avez dit si souvent : vous ne me connoîtrez que quand il n'en sera plus temps.

M. Léonard a envoyé savoir de mes nouvelles il y a quelque temps. Je promis de lui écrire, et je l'aurois fait si je n'étois retombé malade précisément dans ce temps-là. Si vous jugiez à propos, nous nous écririons à l'ordinaire par cette voie. Ce seroit quelques ports de lettres, quelques affranchissements épargnés dans un temps où cette lésine est presque de nécessité. J'espère toujours que ce temps n'est pas pour durer éternellement. Je voudrois bien avoir quelque voie sûre pour m'ouvrir à vous sur ma véritable situation. J'aurois le plus grand besoin de vos conseils. J'use mon esprit et ma santé pour tâcher de me conduire avec sagesse dans ces circonstances difficiles, pour sortir, s'il est possible, de cet état d'opprobre et de misère; et je crois m'apercevoir chaque jour que c'est le hasard seul qui règle ma destinée, et que la prudence la plus consommée n'y peut rien faire du tout. Adieu, mon aimable maman; écrivez-moi toujours à l'hôtel du Saint-Esprit, rue Plâtrière.

LETTRE XLII.

A LA MÊME.

Paris, le 17 janvier 1749.

Un travail extraordinaire qui m'est survenu, et une très-mauvaise santé, m'ont empêché, ma très-bonne maman, de remplir mon devoir envers vous depuis un mois. Je me suis chargé de quelques articles pour le grand *Dictionnaire des arts et des sciences,* qu'on va mettre sous presse. La besogne croît sous ma main, et il faut la rendre à jour nommé ; de façon que, surchargé de ce travail, sans préjudice de mes occupations ordinaires, je suis contraint de prendre mon temps sur les heures de mon sommeil. Je suis sur les dents ; mais j'ai promis, il faut tenir parole : d'ailleurs je tiens au cul et aux chausses des gens qui m'ont fait du mal ; la bile me donne des forces, et même de l'esprit et de la science :

La colère suffit et vaut un Apollon.

Je bouquine, j'apprends le grec. Chacun a ses armes : au lieu de faire des chansons à mes ennemis, je leur fais des articles de dictionnaire : l'un vaudra bien l'autre, et durera plus long-temps.

Voilà, ma chère maman, quelle seroit l'excuse

de ma négligence, si j'en avois quelqu'une de recevable auprès de vous : mais je sens bien que ce seroit un nouveau tort de prétendre me justifier. J'avoue le mien en vous en demandant pardon. Si l'ardeur de la haine l'a emporté quelques instants dans mes occupations sur celle de l'amitié, croyez qu'elle n'est pas faite pour avoir long-temps la préférence dans un cœur qui vous appartient. Je quitte tout pour vous écrire : c'est là véritablement mon état naturel.

En vous envoyant une réponse à la dernière de vos lettres, celle que j'avois reçue de Genève, je n'y ajoutai rien de ma main; mais je pense que ce que je vous adressai étoit décisif, et pouvoit me dispenser d'autre réponse, d'autant plus que j'aurois eu trop à dire.

Je vous supplie de vouloir bien vous charger de mes tendres remerciements pour le frère ; de lui dire que j'entre parfaitement dans ses vues et dans ses raisons, et qu'il ne me manque que les moyens d'y concourir plus réellement. Il faut espérer qu'un temps plus favorable nous rapprochera de séjour, comme la même façon de penser nous rapproche de sentiments.

Adieu, ma bonne maman, n'imitez pas mon mauvais exemple ; donnez-moi plus souvent des nouvelles de votre santé, et plaignez un homme qui succombe sous un travail ingrat.

LETTRE XLIII.

A M......

....1749.

Vous voilà donc, monsieur, déserteur du monde et de ses plaisirs; c'est, à votre âge et dans votre situation, une métamorphose bien étonnante. Quand un homme de vingt-deux ans, galant, aimable, poli, spirituel comme vous l'êtes, et d'ailleurs point rebuté de la fortune, se détermine à la retraite, par simple goût, et sans y être excité par quelques mauvais succès dans ses affaires ou dans ses plaisirs, on peut s'assurer qu'un fruit si précieux du bon sens et de la réflexion n'amènera point après lui de dégoût ni de repentir. Fondé sur cette assurance, j'ose vous faire sur votre retraite un compliment qui ne vous sera pas répété par bien des gens; je vous en félicite. Sans vouloir trop relever ce qu'il y a de grand et peut-être d'héroïque dans votre résolution, je vous dirai franchement que j'ai souvent regretté qu'un esprit aussi juste et une ame aussi belle que la vôtre ne fussent faits que pour la galanterie, les cartes, et le vin de Champagne; vous étiez né, mon très-cher monsieur, pour une meilleure occupation; le goût passionné, mais délicat, qui vous entraîne vers les plaisirs vous a bientôt fait démêler la fadeur des plus brillants; vous éprouverez avec étonnement que les plus simples et les plus modestes n'en ont ni moins d'attraits ni moins de vivacité. Vous connoissez désormais les hommes; vous n'avez plus besoin de les tant voir pour apprendre à les mépriser : il sera bon maintenant que vous vous consultiez un peu pour savoir à votre tour quelle opinion vous devez avoir de vous-même. Ainsi en même temps que vous essaierez d'un autre genre de vie, vous ferez sur votre intérieur un petit examen, dont le fruit ne sera pas inutile à votre tranquillité.

Monsieur, que vous donnassiez dans l'excès, c'est ce que je ne voudrois pas sans ménagement. Vous n'avez pas sans doute absolument renoncé à la société, ni au commerce des hommes; comme vous vous êtes déterminé de pur choix, et sans qu'aucun fâcheux revers vous y ait contraint, vous n'aurez garde d'épouser les fureurs atrabilaires des misanthropes, ennemis mortels du genre humain. Permis à vous de le mépriser, à la bonne heure, vous ne serez pas le seul; mais vous devez l'aimer toujours : les hommes, quoi qu'on dise, sont nos frères, en dépit de nous et d'eux; frères fort durs à la vérité, mais nous n'en sommes pas moins obligés de remplir à leur égard tous les devoirs qui nous sont imposés. A cela près, il faut avouer qu'on ne peut se dispenser de porter la lanterne dans la quantité pour s'établir un commerce et des liaisons; et quand malheureusement la lanterne ne montre rien, c'est bien une nécessité de traiter avec soi-même, et de se prendre, faute d'autre, pour ami et pour confident. Mais ce confident et cet ami, il faut aussi un peu le connoître et savoir comment et jusqu'à quel point on peut se fier à lui; car souvent l'apparence nous trompe, même jusque sur nous-mêmes : or le tumulte des villes et le fracas du grand monde ne sont guère propres à cet examen. Les distractions des objets extérieurs y sont trop longues et trop fréquentes; on ne peut y jouir d'un peu de solitude et de tranquillité. Sauvons-nous à la campagne; allons-y chercher un repos et un contentement que nous n'avons pu trouver au milieu des assemblées et des divertissements; essayons de ce nouveau genre de vie; goûtons un peu de ces plaisirs paisibles, douceurs dont Horace, fin connoisseur s'il en fut, faisoit un si grand cas. Voilà, monsieur, comment je soupçonne que vous avez raison.

LETTRE XLIV.

A M. DE VOLTAIRE.

Paris, 30 janvier 1750.

Un Rousseau se déclara autrefois votre ennemi, de peur de se reconnoître votre inférieur ; un autre Rousseau, ne pouvant approcher du premier par le génie, veut imiter ses mauvais procédés. Je porte le même nom qu'eux ; mais n'ayant ni les talents de l'un ni la suffisance de l'autre, je suis encore moins capable d'avoir leurs torts envers vous. Je consens bien de vivre inconnu, mais non déshonoré ; et je croirois l'être si j'avois manqué au respect que vous doivent tous les gens de lettres, et qu'ont pour vous tous ceux qui en méritent eux-mêmes.

Je ne veux point m'étendre sur ce sujet, ni enfreindre, même avec vous, la loi que je me suis imposée de ne jamais louer personne en face ; mais, monsieur, je prendrai la liberté de vous dire que vous avez mal jugé d'un homme de bien en le croyant capable de payer d'ingratitude et d'arrogance la bonté et l'honnêteté dont vous avez usé envers lui au sujet des *Fêtes de Ramire* [1]. Je n'ai point oublié la lettre dont vous m'honorâtes dans

---

[1] *La Princesse de Navarre.* Voyez les *Confessions,* tome II.

cette occasion. Elle a achevé de me convaincre que, malgré de vaines calomnies, vous êtes véritablement le protecteur des talents naissants qui en ont besoin. C'est en faveur de ceux dont je faisois l'essai que vous daignâtes me promettre de l'amitié : leur sort fut malheureux, et j'aurois dû m'y attendre. Un solitaire qui ne sait point parler, un homme timide, découragé, n'osa se présenter à vous. Quel eût été mon titre? Ce ne fut point le zèle qui me manqua, mais l'orgueil; et n'osant m'offrir à vos yeux, j'attendis du temps quelque occasion favorable pour vous témoigner mon respect et ma reconnoissance.

Depuis ce jour, j'ai renoncé aux lettres et à la fantaisie d'acquérir de la réputation; et, désespérant d'y arriver comme vous à force de génie, j'ai dédaigné de tenter, comme les hommes vulgaires, d'y parvenir à force de manège; mais je ne renoncerai jamais à mon admiration pour vos ouvrages. Vous avez peint l'amitié et toutes les vertus en homme qui les connoît et les aime. J'ai entendu murmurer l'envie, j'ai méprisé ses clameurs, et j'ai dit, sans crainte de me tromper : Ces écrits, qui m'élèvent l'ame et m'enflamment le courage, ne sont point les productions d'un homme indifférent pour la vertu.

Vous n'avez pas non plus bien jugé d'un républicain, puisque j'étois connu de vous pour tel. J'adore la liberté; je déteste également la domination et la servitude, et ne veux en imposer à personne. De tels sentiments sympathisent mal avec l'insolence; elle est plus propre à des esclaves, ou à des hommes plus vils encore, à de petits auteurs jaloux des grands.

Je vous proteste donc, monsieur, que non seulement Rousseau de Genève n'a point tenu les discours que vous lui avez attribués, mais qu'il est incapable d'en tenir de pareils. Je ne me flatte pas de l'honneur d'être connu de vous; mais si jamais ce bonheur m'arrive, ce ne sera, j'espère, que par des endroits dignes de votre estime.

J'ai l'honneur d'être avec un profond respect, monsieur, votre très-humble, etc.

LETTRE XLV.

A MM. DE L'ACADÉMIE DE DIJON.

Paris, le 18 juillet 1750.

Messieurs,

Vous m'honorez d'un prix auquel j'ai concouru sans y prétendre, et qui m'est d'autant plus cher que je l'attendois moins. Préférant votre estime à vos récompenses, j'ai osé soutenir, devant vous, contre vos propres intérêts, le parti que j'ai cru celui de la vérité, et vous avez couronné mon courage. Messieurs, ce que vous avez fait pour ma gloire ajoute à la vôtre. Assez d'autres jugements honoreront vos lumières; c'est à celui-ci qu'il appartient d'honorer votre intégrité.

Je suis, avec un profond respect, etc.

LETTRE XLVI.

A M. L'ABBÉ RAYNAL,

ALORS AUTEUR DU MERCURE DE FRANCE.

Paris, le 25 juillet 1750.

Vous le voulez, monsieur, je ne résiste plus; il faut vous ouvrir un portefeuille qui n'étoit pas destiné à voir le jour, et qui en est très-peu digne. Les plaintes du public sur ce déluge de mauvais écrits dont on l'inonde journellement m'ont assez appris qu'il n'a que faire des miens; et, de mon côté, la réputation d'auteur médiocre, à laquelle seule j'aurois pu aspirer, a peu flatté mon ambition. N'ayant pu vaincre mon penchant pour les lettres, j'ai presque toujours écrit pour moi seul; et le public ni mes amis n'auront pas à se plaindre que j'aie été pour eux *recitator acerbus*. Or on est toujours indulgent à soi-même; et des écrits ainsi destinés à l'obscurité, l'auteur même eût-il du talent, manqueront toujours de ce feu que donne l'émulation, et de cette correction dont le seul désir de plaire peut surmonter le dégoût.

Une chose singulière, c'est qu'ayant autrefois publié un seul ouvrage [1], où certainement il n'est point question de poésie, on me fasse aujourd'hui poète malgré moi. On vient tous les jours me faire compliment sur des comédies et d'autres pièces de vers que je n'ai point faites, et que je ne suis pas capable de faire. C'est l'identité du nom de l'auteur et du mien qui m'attire cet honneur. J'en serois flatté, sans doute, si l'on pouvoit l'être des éloges qu'on dérobe à autrui; mais louer un homme de choses qui sont au-dessus de ses forces, c'est le faire songer à sa foiblesse.

Je m'étois essayé, je l'avoue, dans le genre lyrique par un ouvrage loué des amateurs, décrié des artistes, et que la réunion de deux arts difficiles a fait exclure, par ces derniers, avec autant de chaleur que si en effet il eût été excellent.

Je m'étois imaginé, en vrai Suisse, que pour réussir il ne falloit que bien faire; mais ayant vu, par l'expérience d'autrui, que bien faire est le premier et le plus grand obstacle qu'on trouve à surmonter dans cette carrière, et ayant éprouvé moi-même qu'il y faut d'autres talents que je ne puis ni ne veux avoir, je me suis hâté de rentrer

[1]* *Dissertation sur la Musique moderne.*

dans l'obscurité qui convient également à mes talents et à mon caractère, et où vous devriez me laisser pour l'honneur de votre journal. Je suis, etc.

LETTRE XLVII.

A M. PETIT.

Paris, 19 janvier 1751.

Monsieur,

Une longue et cruelle maladie, dont je ne suis pas encore délivré, ayant considérablement retardé l'impression de mon discours, m'a encore empêché de vous envoyer les premiers exemplaires selon mon devoir et mon intention. Je vous supplie, monsieur, de vouloir bien en faire mes très-humbles excuses à l'académie, et en particulier à M. Lantin, à qui je dois des remerciements, et duquel je vous prie aussi de vouloir bien me donner l'adresse. Ayez encore la bonté de me marquer le nombre d'exemplaires que je dois envoyer, et de m'indiquer une voie pour vous les faire parvenir. J'ai l'honneur, etc.

LETTRE XLVIII.

A MADAME DE FRANCUEIL [1].

Paris, le 20 avril 1751.

Oui, madame, j'ai mis mes enfants aux Enfants-Trouvés; j'ai chargé de leur entretien l'établissement fait pour cela. Si ma misère et mes maux m'ôtent le pouvoir de remplir un soin si cher, c'est un malheur dont il faut me plaindre, et non pas un crime à me reprocher. Je leur dois la subsistance; je la leur ai procurée meilleure ou plus sûre au moins que je n'aurois pu la leur donner moi-même : cet article est avant tout. Ensuite vient la considération de leur mère, qu'il ne faut pas déshonorer.

Vous connoissez ma situation : je gagne au jour la journée mon pain avec assez de peine : comment nourrirois-je encore une famille? Et si j'étois contraint de recourir au métier d'auteur, com-

---

[1] Madame de Francueil sut que j'avois mis mes enfants aux Enfants-Trouvés; elle m'en parla : cela m'engagea à lui écrire, à ce sujet, une lettre dans laquelle j'expose celles de mes raisons que je pouvois dire sans compromettre madame Levasseur et sa famille, car les plus déterminantes venoient de là, et je les tus. (*Confessions*, livre VIII.) — D'après ce passage il est évident que ce ne fut point à madame de Chenonceaux, mais à madame de Francueil que cette lettre fut adressée.

ment les soucis domestiques et le tracas des enfants me laisseroient-ils, dans mon grénier, la tranquillité d'esprit nécessaire pour faire un travail lucratif? Les écrits que dicte la faim ne rapportent guère, et cette ressource est bientôt épuisée. Il faudroit donc recourir aux protections, à l'intrigue, au manège; briguer quelque vil emploi; le faire valoir par les moyens ordinaires, autrement il ne me nourrira pas, et me sera bientôt ôté; enfin, me livrer moi-même à toutes les infamies pour lesquelles je suis pénétré d'une si juste horreur. Nourrir moi, mes enfants et leur mère, du sang des misérables! Non, madame, il vaut mieux qu'ils soient orphelins que d'avoir pour père un fripon.

Accablé d'une maladie douloureuse et mortelle, je ne puis espérer encore une longue vie; quand je pourrois entretenir, de mon vivant, ces infortunés destinés à souffrir un jour, ils paieroient chèrement l'avantage d'avoir été tenus un peu plus délicatement qu'ils ne pourront l'être où ils sont. Leur mère, victime de mon zèle indiscret, chargée de sa propre honte et de ses propres besoins, presque aussi valétudinaire, et encore moins en état de les nourrir que moi, sera forcée de les abandonner à eux-mêmes; et je ne vois pour eux que l'alternative de se faire décrotteurs ou bandits, ce qui revient bientôt au même. Si du moins leur état étoit légitime, ils pourroient trouver plus aisément des ressources. Ayant à porter à la fois le déshonneur de leur naissance et celui de leur misère, que deviendront-ils?

Que ne me suis-je marié, me direz-vous? Demandez-le à vos injustes lois, madame. Il ne me convenoit pas de contracter un engagement éternel, et jamais on ne me prouvera qu'aucun devoir m'y oblige. Ce qu'il y a de certain, c'est que je n'en ai rien fait, et que je n'en veux rien faire. Il ne faut pas faire des enfants quand on ne peut pas les nourrir. Pardonnez-moi, madame; la nature veut qu'on en fasse, puisque la terre produit de quoi nourrir tout le monde : mais c'est l'état des riches, c'est votre état, qui vole au mien le pain de mes enfants. La nature veut aussi qu'on pourvoie à leur subsistance : voilà ce que j'ai fait; s'il n'existoit pas pour eux un asile, je ferois mon devoir, et me résoudrois à mourir de faim moi-même plutôt que de ne les pas nourrir.

Ce mot d'Enfants-Trouvés vous en imposeroit-il, comme si l'on trouvoit ces enfants dans les rues, exposés à périr si le hasard ne les sauve? Soyez sûre que vous n'auriez pas plus d'horreur que moi pour l'indigne père qui pourroit se résoudre à cette barbarie : elle est trop loin de mon cœur pour que je daigne m'en justifier. Il y a des règles établies; informez-vous de ce qu'elles sont, et vous saurez que les enfants ne sortent des mains de la sage-femme que pour passer dans celles d'une nourrice. Je sais que ces enfants ne sont pas élevés délicatement : tant mieux pour eux, ils en deviennent plus robustes; on ne leur donne rien de superflu, mais ils ont le nécessaire; on n'en fait pas des messieurs; mais des paysans ou des ouvriers. Je ne vois rien dans cette manière de les élever dont je ne fisse choix pour les miens. Quand j'en serois le maître, je ne les préparerois point, par la mollesse, aux maladies que donnent la fatigue et les intempéries de l'air à ceux qui n'y sont pas faits. Ils ne sauroient ni danser ni monter à cheval; mais ils auroient de bonnes jambes infatigables. Je n'en ferois ni des auteurs ni des gens de bureau; je ne les exercerois point à manier la plume, mais la charrue, la lime ou le rabot, instruments qui font mener une vie saine, laborieuse, innocente; dont on n'abuse jamais pour malfaire, et qui n'attirent point d'ennemis en faisant bien. C'est à cela qu'ils sont destinés; par la rustique éducation qu'on leur donne, ils seront plus heureux que leur père.

Je suis privé du plaisir de les voir, et je n'ai jamais savouré la douceur des embrassements paternels. Hélas! je vous l'ai déjà dit; je ne vois là que de quoi me plaindre, et je les délivre de la misère à mes dépens. Ainsi vouloit Platon que tous les enfants fussent élevés dans sa république; que chacun restât inconnu à son père, et que tous fussent les enfants de l'état. Mais cette éducation est vile et basse ! Voilà le grand crime ; il vous en impose comme aux autres ; et vous ne voyez pas que, suivant toujours les préjugés du monde, vous prenez pour le déshonneur du vice ce qui n'est que celui de la pauvreté.

~~~~~~~~~~~~~~~~~~~~~~~~~~~~~~~~

LETTRE XLIX.

A M. L'ABBÉ RAYNAL,

AU SUJET D'UN NOUVEAU MODE DE MUSIQUE INVENTÉ PAR M. BLAINVILLE [1].

Paris, le 30 mai 1751, au sortir du concert.

Vous êtes bien aise, monsieur, vous, le panégyriste et l'ami des arts, de la tentative de M. Blainville pour l'introduction d'un nouveau mode dans notre musique. Pour moi, comme mon sentiment là-dessus ne fait rien à l'affaire, je passe immédiatement au jugement que vous me demandez sur la découverte même.

Autant que j'ai pu saisir les idées de M. Blainville durant la rapidité de l'exécution du morceau que

---

[1] * Auteur d'un ouvrage intitulé *L'Esprit de l'art musical*, ou *Réflexions sur la musique et ses différentes parties*, par C. J. C. Blainville, in-8°, Genève, 1754. — Dans son *Dictionnaire de musique*, au mot *Mode*, Rousseau donne une légère idée du nouveau mode dont il s'agit ici, et présente la formule de la gamme qui lui sert de base.

nous venons d'entendre, je trouve que le mode qu'il nous propose n'a que deux cordes principales, au lieu de trois qu'ont chacun des deux modes usités. L'une de ces deux cordes est la tonique, l'autre est la quarte au-dessus de cette tonique; et cette quarte s'appellera, si l'on veut, *dominante*. L'auteur me paroît avoir eu de fort bonnes raisons pour préférer ici la quarte à la quinte; et celle de toutes ces raisons qui se présente la première, en parcourant sa gamme, est le danger de tomber dans les fausses relations.

Cette gamme est ordonnée de la manière suivante : il monte d'abord d'un semi-ton majeur de la tonique sur la seconde note, puis d'un ton sur la troisième; et montant encore d'un ton, il arrive à sa dominante, sur laquelle il établit le repos, ou, s'il m'est permis de parler ainsi, l'hémistiche du mode. Puis, recommençant sa marche un ton au-dessus de la dominante, il monte ensuite d'un semi-ton majeur, d'un ton, et encore d'un ton; et l'octave est parcourue selon cet ordre de notes *mi, fa, sol, la, si, ut, re, mi*. Il redescend de même sans aucune altération.

Si vous procédez diatoniquement, soit en montant, soit en descendant de la dominante d'un mode mineur à l'octave de cette dominante, sans dièses ni bémols accidentels, vous aurez précisément la gamme de M. Blainville : par où l'on voit, 1º que sa marche diatonique est directement opposée à la nôtre, où, partant de la tonique, on doit monter d'un ton, ou descendre d'un semi-ton ; 2º qu'il a fallu substituer une autre harmonie à l'accord sensible usité dans nos modes, et qui se trouve exclu du sien; 3º trouver, pour cette nouvelle gamme, des accompagnements différents de ceux que l'on emploie dans la règle de l'octave ; 4º et par conséquent d'autres progressions de basse fondamentale que celles qui sont admises.

La gamme de son mode est précisément semblable au diagramme des Grecs ; car si l'on commence par la corde *hypate* en montant, ou par la note en descendant, à parcourir diatoniquement deux tétracordes disjoints; on aura précisément la nouvelle gamme ; c'est notre ancien mode plagal, qui subsiste encore dans le plain-chant. C'est proprement un mode mineur dont le diapason se prendroit non d'une tonique à son octave, en passant par la dominante, mais d'une dominante à son octave, en passant par la tonique ; et en effet la tierce majeure que l'auteur est obligé de donner à sa finale, jointe à la manière d'y descendre par semi-ton, donne à cette tonique tout-à-fait l'air d'une dominante. Ainsi, si l'on pouvoit, de ce côté-là, disputer à M. Blainville le mérite de l'invention, on ne pourroit du moins lui disputer celui d'avoir osé braver en quelque chose la bonne opinion que notre siècle a de soi-même, et son mépris pour tous les autres âges en matière de sciences et de goût.

Mais ce qui paroît appartenir incontestablement à M. Blainville, c'est l'harmonie qu'il affecte à un mode institué dans des temps où nous avons tout lieu de croire qu'on ne connoissoit point l'harmonie, dans le sens que nous donnons aujourd'hui à ce mot. Personne ne lui disputera ni la science qui lui a suggéré de nouvelles progressions fondamentales, ni l'art avec lequel il l'a su mettre en œuvre pour ménager nos oreilles, bien plus délicates sur les choses nouvelles que sur les mauvaises choses.

Dès qu'on ne pourra plus lui reprocher de n'avoir pas trouvé ce qu'il nous propose, on lui reprochera de l'avoir trouvé. On conviendra que sa découverte est bonne, s'il veut avouer qu'elle n'est pas de lui ; s'il prouve qu'elle est de lui, on lui soutiendra qu'elle est mauvaise : et il ne sera pas le premier contre lequel les artistes auront argumenté de la sorte. On lui demandera sur quel fondement il prétend déroger aux lois établies, et en introduire d'autres de son autorité.

On lui reprochera de vouloir ramener à l'arbitraire les règles d'une science qu'on a fait tant d'efforts pour réduire en principes ; d'enfreindre dans ses progressions la liaison harmonique, qui est la loi la plus générale et l'épreuve la plus sûre de toute bonne harmonie.

On lui demandera ce qu'il prétend substituer à

l'accord sensible, dont son mode n'est nullement susceptible, pour annoncer les changements de ton. Enfin on voudra savoir encore pourquoi, dans l'essai qu'il a donné au public, il a tellement entremêlé son mode avec les deux autres, qu'il n'y a qu'un très-petit nombre de connoisseurs dont l'oreille exercée et attentive ait démêlé ce qui appartient en propre à son nouveau système.

Ses réponses, je crois les prévoir à peu près. Il trouvera aisément en sa faveur des analogies du moins aussi bonnes que celles dont nous avons la bonté de nous contenter. Selon lui, le mode mineur n'aura pas de meilleurs fondements que le sien. Il nous soutiendra que l'oreille est notre premier maître d'harmonie, et que, pourvu que celui-là soit content, la raison doit se borner à chercher pourquoi il l'est, et non à lui prouver qu'il a tort de l'être; qu'il ne cherche ni à introduire dans les choses l'arbitraire qui n'y est point, ni à dissimuler celui qu'il y trouve. Or cet arbitraire est si constant, que même dans la règle de l'octave il y a une faute contre les règles; remarque qui ne sera pas, si l'on veut, de M. Blainville, mais que je prends sur mon compte.

Il dira encore que cette liaison harmonique qu'on lui objecte n'est rien moins qu'indispensable dans l'harmonie, et il ne sera pas embarrassé de le prouver.

Il s'excusera d'avoir entremêlé les trois modes,

sur ce que nous sommes sans cesse dans le même cas avec les deux nôtres; sans compter que, par ce mélange adroit, il aura eu le plaisir, diroit Montaigne, de faire donner à nos modes des nasardes sur le nez du sien. Mais, quoi qu'il fasse, il faudra toujours qu'il ait tort, par deux raisons sans réplique : l'une, qu'il est inventeur; l'autre, qu'il a affaire à des musiciens.

Je suis, etc.

LETTRE L.

A MADAME DE CRÉQUI.

Paris, 9 octobre 1751 [1].

Je me flattois, madame, d'avoir une ame à l'épreuve des louanges; la lettre dont vous m'avez honoré m'apprend à compter moins sur moi-même; et, s'il faut que je vous voie, voilà d'autres raisons d'y compter beaucoup moins encore. J'o-

[1]* La plupart des lettres à madame de Créqui n'ont d'autre indication que celle du jour de la semaine, ou du quantième du mois, sans désignation d'année. L'un des précédents éditeurs les avoit toutes placées en 1766. C'étoit, comme on le verra dans une des notes suivantes, une supposition démentie par les faits et la position de Rousseau. D'après l'examen du contenu de chaque lettre, nous avons, quant à l'année toujours omise, rétabli celle qui devoit être indiquée. (Note de M. Musset-Pathay.)

béirai toutefois, car c'est à vous qu'il appartient d'apprivoiser les monstres.

Je me rendrai donc à vos ordres, madame, le jour qu'il vous plaira de me prescrire. Je sais que M. d'Alembert a l'honneur de vous faire sa cour; sa présence ne me chassera point; mais ne trouvez pas mauvais, je vous supplie, que tout autre tiers me fasse disparoître.

Je suis avec un profond respect, madame, etc.

LETTRE LI.

A LA MÊME.

Ce mardi 16 octobre 1751.

Je vous remercie, madame, des injustices que vous me faites; elles marquent au moins un intérêt qui m'honore et auquel je suis sensible. J'ai un ami dangereusement malade, et tous mes soins lui sont dus: avec une telle excuse, je ne me croirois point coupable d'avoir manqué à ma parole, quelque scrupuleux que je sois sur ce point. Mais, madame, j'ai promis que vous verriez, avant le public, ma lettre sur M. Gautier, et c'est ce que j'exécuterai; j'ai promis aussi de vous porter mon opéra, et je le ferai encore: nous n'avons point parlé du temps; et, pour avoir différé de quelques jours, je ne crois pas être hors de règle à cet égard.

Si vous vous repentez de la confiance dont vous m'avez honoré, ce ne peut être que pour ne m'en avoir pas trouvé digne. A l'égard de la défiance dont vous me taxez sur mes manuscrits, je vous supplie de croire que j'en suis peu capable, et que je vous rends surtout beaucoup plus de justice que vous ne paroissez m'en rendre à moi-même. En un mot, je vous supplie de croire que, de quelque manière que ce puisse être, ce ne sera jamais volontairement que j'aurai tort avec vous.

Je suis avec un profond respect, madame, votre, etc.

LETTRE LII.

A LA MÊME.

Ce lundi 22 décembre 1751.

Non, madame, je ne dirai point, *Qu'est-ce que cela me fait?* je serai, comme je l'ai toujours été, touché, pénétré de vos bontés pour moi; mes sentiments n'ont jamais eu de part à mes mauvais procédés, et je veux travailler à vous en convaincre.

Le discours de M. Bordes, tout bien pesé, restera sans réponse : je le trouve, quant à moi, fort au-dessous du premier, car il vaut encore mieux se montrer bon rhéteur de collége que mauvais logicien. J'aurai peut-être occasion de mieux développer mes idées sans répondre directement.

Voici, madame, le livre que vous demandez. Je ne sais s'il sera facile d'en recouvrer quelque exemplaire; mais vous m'obligerez sensiblement de ne me rendre celui-là que quand je vous en aurai trouvé un autre.

Adieu, madame; je n'ose plus vous parler de mes résolutions; mais vous aggravez si fort le poids de mes torts envers vous, que je sens bien qu'il ne m'est plus possible de les supporter.

LETTRE LIII.

A LA MÊME.

Ce mercredi matin, 1752.

Je ne vais point vous voir, madame, parce que j'ai tort avec vous, et que je n'aime pas à faire mauvaise contenance; je sens pourtant qu'après avoir eu l'honneur de vous connoître, je ne pourrai me passer long-temps de celui de vous voir; et quand je vous aurai fait oublier mes mauvais procédés, je compte bien de ne me plus mettre dans le cas d'en avoir d'autres à réparer.

Je commençai la traduction immédiatement en sortant de chez vous¹; je l'ai suspendue parce que je souffre beaucoup, et ne suis point en état de travailler; je l'achèverai durant le premier calme, et m'en servirai de passe-port pour me présenter à vous.

LETTRE LIV.
A LA MÊME.

Ce dimanche matin, 1752.

Je sens, madame, après de vains efforts, que traduire m'est impossible; tout ce que je puis faire pour vous obéir, c'est de vous donner une idée de l'épître désignée, en l'écrivant à peu près comme j'imagine qu'Horace auroit fait s'il avoit voulu la mettre en prose françoise, à la différence près de l'infériorité du talent et de la servitude de l'imitation. Si vous montrez ce barbouillage à M. l'ambassadeur², il s'en moquera avec raison, et j'en

---

¹* On verra dans la lettre suivante qu'il est question d'un épître d'Horace.

²* Le bailli de Froulay, ambassadeur de France à Malte, et frère du comte de Froulay, qui avoit précédé M. de Montaigu dans l'ambassade de Venise. Le comte étoit père de madame de Créqui.

ferois de bon cœur autant; mais je ne sais pas dire mieux d'après un autre, ni beaucoup mieux de moi-même.

LETTRE LV.

A LA MÊME.

Ce samedi matin, 1752.

J'ai regret, madame, de ne pouvoir profiter lundi de l'honneur que vous me faites; j'ai pour ce jour-là l'abbé Raynal et M. Grimm à dîner chez moi. J'aurai sûrement l'honneur de vous voir dans le cours de la semaine, et je tâcherai de vous convaincre que vous ne sauriez avoir tant de bonté pour moi que je n'aie encore plus de désir de la mériter.

Je suis avec un profond respect, madame, votre, etc.

LETTRE LVI.

A LA MÊME.

Ce dimanche matin, 1752.

Non, madame, je n'ai point usé de défaite avec vous : quant au mensonge, je tâche de n'en user avec personne. Le dîner dont je vous ai parlé est arrêté depuis plus de huit jours; et si j'avois cherché à éluder pour lundi votre invitation, il n'y a pas de raison pourquoi je l'eusse acceptée le jeudi ou le vendredi. J'aurai l'honneur de dîner avec vous le jour que vous me prescrirez, et là nous discuterons nos griefs; car j'ai les miens aussi, et je trouve dans vos lettres un ton de louanges beaucoup pire que celui de cérémonie que vous me reprochez, et dont je n'ai peut-être que trop de facilité à me corriger.

Ce n'est pas sérieusement, sans doute, que vous parlez de venir dans mon galetas; non que je ne vous croie assez de philosophie pour me faire cet honneur, mais parce que n'en ayant pas assez moi-même pour vous y recevoir sans quelque embarras, je ne vous suppose pas la malice d'en vouloir jouir. Au surplus, je dois vous avertir qu'à l'heure dont vous parlez, vous pourriez trouver encore mes convives; qu'ils ne manqueroient pas de soupçonner quelque intelligence entre vous et moi ; et que s'ils me pressoient de leur dire la vérité sur ce point, je n'aurois jamais la force de la leur cacher. Il falloit vous prévenir là-dessus pour être tranquille sur l'évènement. A vendredi donc, madame, car j'envisage ce point de vue avec plaisir.

LETTRE LVII.

A LA MÊME.

Ce samedi 6..... 1752.

Je viens, madame, de relire votre dernière lettre, et je me sens pénétré de vos bontés. Je vois que je joue un rôle très-ridicule, et cependant je puis vous protester qu'il n'y a point de ma faute : mon malheur veut que j'aie l'air de chercher des défaites dans le temps que je voudrois beaucoup faire pour cultiver l'amitié que vous daignez m'offrir. Si vous n'êtes point rebutée de mes torts apparents, donnez-moi vos ordres pour jeudi ou vendredi prochain, ou pour pareils jours de l'autre semaine, qui sont les seuls où je sois sûr de pouvoir disposer de moi. J'espère qu'une conférence entre nous éclaircira bien des choses, et surtout qu'elle vous désabusera sur la mauvaise volonté que vous avez droit de me supposer. Je finis; madame, sans cérémonie, pour vous marquer d'avance combien je suis disposé à vous obéir en tout.

LETTRE LVIII.

A LA MÊME.

Ce mercredi matin 23..... 1752.

Je compte les jours, madame, et je sens mes torts : je voudrois que vous les sentissiez aussi ; je voudrois vous les faire oublier. On est bien en peine quand on est coupable et qu'on veut cesser de l'être. Ne me félicitez donc point de ma fortune, car jamais je ne fus si misérable que depuis que je suis riche.

LETTRE LIX.

A LA MÊME.

...1752.

Le meilleur moyen, madame, de me faire rougir de mes torts et de me contraindre à les réparer, c'est de rester telle que vous êtes. Je ne pourrai, madame, avoir l'honneur de dîner dimanche avec vous; mais ce ne sont point mes richesses qui sont cause de ce refus, puisqu'on prétend qu'elles ne sont bonnes qu'à nous procurer ce que nous désirons. J'espère avoir l'honneur de vous voir la semaine prochaine; et s'il ne faut, pour mériter le retour de votre estime et de vos bontés, que jeter mon trésor par les fenêtres, cela sera bientôt fait; et je croirai pour le coup être devenu usurier.

LETTRE LX.

A LA MÊME.

Ce vendredi..... 1752.

Il est vrai, madame, que je me présentai hier à votre porte. L'inconvénient de vous trouver en compagnie, ou, ce qui est encore pire, de ne vous pas trouver chez vous, me fait hasarder de vous demander la permission de me présenter dans la matinée au lieu de l'après-midi, trop redoutable pour moi, à cause des visites qui peuvent survenir.

Il est vrai aussi que je suis libre : c'est un bonheur dont j'ai voulu goûter avant que de mourir. Quant à la fortune, ce n'eût pas été la peine de philosopher pour ne pas apprendre à m'en passer. Je gagnerai ma vie et je serai homme : il n'y a point de fortune au-dessus de cela.

Je ne puis, madame, profiter demain de l'honneur que vous me faites ; et, pour vous prouver que ce n'est point M. Saurin qui m'en détourne, je suis prêt à accepter un dîner avec lui tout autre jour qu'il vous plaira de me prescrire.

J'ai l'honneur d'être avec un profond respect, madame, votre, etc.

LETTRE LXI.

A LA MÊME.

Ce samedi..... 1752.

J'ai travaillé huit jours, madame, c'est-à-dire huit matinées. Pour vivre, il faut que je gagne quarante sous par jour : ce sont donc seize francs qui me sont dus, et dont je prie votre exactitude de différer le paiement jusqu'à mon retour de la campagne. Je n'ai point oublié votre ordre ; mais M. l'ambassadeur étoit pressé, et vous m'avez dit vous-même que je pouvois également faire à loisir ma traduction sur la copie. A mon retour de Passy [1], j'aurai l'honneur de vous voir : le copiste

[1] * Il alloit à Passy chez M. Mussard, sur lequel il donne des

recevra son paiement ; Jean-Jacques recevra, puisqu'il le faut, les compliments que vous lui destinez; et nous ferons, sur l'honneur que veut me faire M. l'ambassadeur, tout ce qu'il plaira à lui et à vous.

LETTRE LXII.

A LA MÊME.

Ce mercredi matin... 1752.

Vous me forcez, madame, de vous faire un refus pour la première fois de ma vie. Je me suis bien étudié, et j'ai toujours senti que la reconnoissance et l'amitié ne sauroient compatir dans mon cœur. Permettez donc que je le conserve tout entier pour un sentiment qui peut faire le bonheur de ma vie, et dont tous vos biens ni ceux de personne ne pourroient jamais me dédommager.

J'étois allé hier à Passy, et ne revins que le soir : ce qui m'empêcha de vous aller voir. Demain, madame, je dînerai chez vous avec d'autant plus de plaisir que vous voulez bien vous passer d'un troisième.

renseignements intéressants dans ses *Confessions* (liv. VIII). C'est chez ce Génevois qu'il composa le *Devin du village*.

LETTRE LXIII.

A LA MÊME.

Ce mardi matin... 1752.

Ma besogne n'est point encore faite, madame ; le temps qui me presse, et le travail qui me gagne, m'empêcheront de pouvoir vous la montrer avant la semaine prochaine. Puisque vous sortez le matin, nous prendrons l'après-midi qu'il vous plaira, pourvu que ce ne soit pas plus tôt que de demain en huit, ni jour d'opéra italien. Comme la lecture sera un peu longue, si nous la voulons faire sans interruption, il faudra que vous ayez la bonté de faire fermer votre porte. J'ai tant de torts avec vous, madame, que je n'ose pas me justifier, même quand j'ai raison; cependant je sais bien que, sans mon travail, je n'aurois pas mis cette fois si long-temps à vous aller voir.

LETTRE LXIV.

A M. DE FRANCUEIL.

FRAGMENT.

Janvier 1753.

Vous êtes en peine de M. de Jully; il est constant que sa douleur est excessive; on ne peut être rassuré sur ses effets qu'en pensant au peu d'apparence qu'il y avoit, il y a deux mois, par la vie qu'il menoit, que la mort de sa femme pût laisser dans son ame des traces bien profondes de douleur. D'ailleurs il l'a modelée sur ses goûts, et cela lui donne les moyens de la conserver plus long-temps; sans nous alarmer sur sa santé. Il ne s'est pas contenté de faire placer partout le portrait de sa femme ; il vient de bâtir un cabinet qu'il fait décorer d'un superbe mausolée de marbre avec le buste de madame de Jully et une inscription en vers latins qui sont, ma foi, très-pathétiques et très-beaux. Savez-vous, monsieur, qu'un habile artiste en pareil cas seroit peut-être désolé que sa femme revînt ? L'empire des arts est peut-être le plus puissant de tous. Je ne serois pas étonné qu'un homme, même très-honnête, mais très-éloquent, souhaitât quelquefois un beau malheur à peindre. Si cela vous paroît fou, réfléchissez-y, et cela vous le paroîtra moins : en attendant je suis bien sûr qu'il n'y a aucun poète tragique qui ne fût très-fâché qu'il ne se fût jamais commis de grands crimes, et qui ne dît au fond de son cœur, en lisant l'histoire de Néron, de Sémiramis, d'OEdipe, de Phèdre, de Mahomet, etc. : La belle scène que je n'aurois pas faite, si tous ces brigands n'eussent pas fait parler d'eux ! Eh ! messieurs nos amis des beaux-arts, vous voulez me faire aimer une chose qui conduit les hommes à sentir ainsi !..... Eh bien ! oui, j'y suis tout résolu, mais à condition que vous me prouverez qu'une belle statue vaut mieux qu'une belle action ; qu'une belle scène écrite vaut mieux qu'un sentiment honnête ; enfin qu'un morceau de toile peinte par Vanloo vaut mieux que de la vertu..... Tant y a que M. de Jully est dévot, et que, tout incompréhensible que nous est sa douleur, elle excite notre compassion. Il a marqué un grand désir de votre retour.....

LETTRE LXV.

A MADAME LA BARONNE DE WARENS.

Paris, le 13 février 1753.

Vous trouverez ci-joint, ma chère maman, une lettre de 240 livres. Mon cœur s'afflige également de la petitesse de la somme et du besoin que vous en avez : tâchez de pourvoir aux besoins les plus pressants ; cela est plus aisé où vous êtes qu'ici, où toutes choses, et surtout le pain, sont d'une cherté horrible. Je ne veux pas, ma bonne maman, entrer avec vous dans le détail des choses dont vous me parlez, parce que ce n'est pas le temps de vous rappeler quel a toujours été mon sentiment sur vos entreprises : je vous dirai seulement qu'au milieu de toutes vos infortunes, votre raison et votre vertu sont des biens qu'on ne peut vous ôter, et dont le principal usage se trouve dans les afflictions.

Votre fils s'avance à grands pas vers sa dernière demeure : le mal a fait un si grand progrès cet hiver, que je ne dois plus m'attendre à en voir un autre. J'irai donc à ma destination avec le seul regret de vous laisser malheureuse.

On donnera, le premier de mars, la première représentation du *Devin* à l'Opéra de Paris : je me ménage jusqu'à ce temps-là avec un soin extrême, afin d'avoir le plaisir de le voir. Il sera joué aussi, le lundi gras, au château de Bellevue, en présence du roi; et madame la marquise de Pompadour y fera un rôle. Comme tout cela sera exécuté par des seigneurs et dames de la cour, je m'attends à être chanté faux et estropié; ainsi je n'irai point. D'ailleurs, n'ayant pas voulu être présenté au roi, je ne veux rien faire de ce qui auroit l'air d'en rechercher de nouvau l'occasion. Avec toute cette gloire, je continue à vivre de mon métier de copiste, qui me rend indépendant, et qui me rendroit heureux si mon bonheur pouvoit se faire sans le vôtre et sans la santé.

J'ai quelques nouveaux ouvrages à vous envoyer, et je me servirai pour cela de la voie de M. Léonard ou de celle de l'abbé Giloz, faute d'en trouver de plus directes.

Adieu, ma très-bonne maman, aimez toujours un fils qui voudroit vivre plus pour vous que pour lui-même.

LETTRE LXVI.

A MADAME LA MARQUISE DE POMPADOUR,

Qui m'avoit envoyé cinquante louis pour une représentation du *Devin du village*, qu'elle avoit donnée au château de Bellevue, et où elle avoit fait un rôle.

Paris, le 7 mars 1753.

Madame,

En acceptant le présent qui m'a été remis de votre part, je crois avoir témoigné mon respect pour la main dont il vient; et j'ose ajouter, sur l'honneur que vous avez fait à mon ouvrage, que des deux épreuves où vous mettez ma modération, l'intérêt n'est pas la plus dangereuse.

Je suis avec respect, etc.

LETTRE LXVII.

A M. FRÉRON [1].

Paris, le 21 juillet 1753.

Puisque vous jugez à propos, monsieur, de faire cause commune avec l'auteur de la lettre d'un

[1] Cette lettre n'a été ni imprimée ni envoyée.

ermite à J. J. Rousseau, vous trouverez fort bon, sans doute, que cette réponse vous soit aussi commune à tous deux. Quant à lui, si une pareille association l'offense, il ne doit s'en prendre qu'à lui-même, et son procédé peu honnête a bien mérité cette humiliation.

Vous avez raison de dire que le faux ermite a pris le masque : il l'a pris en effet de plus d'une manière; mais j'ai peine à concevoir comment cet artifice l'a mis en droit de me parler avec plus de franchise : car je vous avoue que cela lui donne à mes yeux beaucoup moins l'air d'un homme franc que celui d'un fourbe et d'un lâche, qui cherche à se mettre à couvert pour faire du mal impunément. Mais il s'est trompé : le mépris public a suffi pour ma vengeance, et je n'ai perdu à tout cela qu'un sentiment fort doux, qui est l'estime que je croyois devoir à un honnête homme [1].

Je n'ai pas dessein d'entreprendre contre lui la défense du *Devin du village*. Il doit être permis à un ermite plus qu'à tout autre de mal parler d'opéra; et je ne m'attends pas que ce soit vous qui trouviez mauvais qu'on décide le plus hautement des choses que l'on connoît le moins.

La comparaison de J. J. Rousseau avec une

---

[1] L'ermite prétendu étoit un M. de Bonneval, assez bon homme et qui ne manquoit pas d'érudition. J'avois eu avec lui quelques liaisons, et jamais aucun démêlé.

jolie femme me paroît tout-à-fait plaisante ; elle m'a mis de si bonne humeur, que je veux prendre, pour cette fois, le parti des dames, et je vous demanderai d'abord de quel droit vous concluez contre celle-ci que se laisser voir à la promenade soit une prouve qu'elle a envie de plaire, si elle ne donne d'ailleurs aucune marque de ce désir. La jolie femme seroit encore bien mieux justifiée, si, dans le goût supposé de se plaire à elle-même, il lui étoit impossible de se voir sans se montrer, et que l'unique miroir fût, par exemple, dans la place publique : car alors il est évident que, pour satisfaire sa propre curiosité, il faudroit bien qu'elle livrât son visage à celle des autres, sans qu'on pût l'accuser d'avoir cherché à leur plaire, à moins qu'un air de coquetterie, et toutes les minauderies des femmes à prétentions, n'en montrassent le dessein. Il vous reste donc, à l'ermite et à vous, monsieur, de nous dire les démarches qu'a faites J. J. Rousseau pour captiver la bienveillance des spectateurs, les cabales qu'il a formées, ses flatteries envers le public, la cour qu'il a faite aux grands et aux femmes, les soins qu'il s'est donnés pour gagner des prôneurs et des partisans : ou bien il faudra que vous expliquiez quel moyen pouvoit employer un particulier pour voir son ouvrage au théâtre, sans le laisser voir en même temps au public ; car je ne pouvois pas, comme Lulli, faire jouer l'opéra pour moi seul, à portes fermées [1]. Je trouve de plus cette différence dans le parallèle, qu'on ne se pare point pour soi tout seul, et que la plus belle femme, reléguée pour toujours seule dans un désert, n'y songeroit pas même à sa toilette; au lieu qu'un amateur de musique pourroit être seul au monde, et ne pas laisser de se plaire beaucoup à la représentation d'un opéra. Voilà, monsieur, ce que j'ai à vous répondre, à vous et à votre camarade, au nom de la jolie femme et au mien. Au reste, un ermite qui ne parle que de femmes, de toilette et d'opéra, ne donne guère meilleure opinion de sa vertu que les procédés du vôtre n'en donnent de son caractère; et sa lettre, de son esprit.

Vous me reprochez, monsieur, un crime dont je fais gloire, et que je tâche d'aggraver de jour en jour. Il ne vous est pas sans doute aisé de concevoir comment on peut jouir de sa propre estime: mais afin que vous ne vous fassiez pas faute, ni l'ermite ni vous, de donner à un tel sentiment ces qualifications si menaçantes que vous n'osez même les nommer, je vous déclare derechef très-publiquement que je m'estime beaucoup, et que je ne désespère pas de venir à bout de m'estimer beaucoup davantage. Quant aux éloges qu'on voudroit me donner, et dont vous me faîtes d'avance un

[1] C'est ainsi que Lulli fit jouer une fois son opéra d'*Armide*: voyant qu'il ne réussissoit pas, il s'applaudit lui-même à haute voix en sortant; tout fut plein à la représentation suivante.

crime, pourquoi n'y consentirois-je pas? Je consens bien à vos injures, et vous voyez assez qu'il n'y a guère plus de modestie à l'un de ces consenments qu'à l'autre. En me reprochant mon orgueil, vous me forcez d'en avoir; car, fût-on d'ailleurs le plus modeste de tous les hommes, comment ne pas un peu s'en faire accroire, en recevant les mêmes honneurs que les Voltaire, les Montesquieu et tous les hommes illustres du siècle, dont vos satires font l'éloge presque autant que leurs propres écrits? Aussi crois-je vous devoir des remerciements, et non des reproches, pour avoir acquiescé à ma prière, quand, persuadé avec tout le public que vos louanges déshonorent un homme de lettres, je vous fis demander, par un de vos amis, de m'épargner sur ce point, vous laissant toute liberté sur les injures. Si vous vous y fussiez borné selon votre coutume, je ne vous aurois jamais répondu; mais en repoussant la petite et nouvelle attaque que vous portez aux vérités que j'ai démontrées, on peut relever charitablement vos invectives, comme on met du foin à la corne d'un méchant bœuf.

Tout ce qui me fâche de nos petits démêlés est le mal qu'ils vont faire à mes ennemis. Jeunes barbouilleurs, qui n'espérez vous faire un nom qu'aux dépens du mien, toutes les offenses que vous me ferez sont oubliées d'avance, et je les pardonne à l'étourderie de votre âge; mais l'exemple de l'ermite m'assure de ma vengeance : elle sera cruelle sans que j'y trempe, et je vous livre aux éloges de M. Fréron.

Je reviens à vous, monsieur; et puisque vous le voulez, je vais tâcher d'éclaircir avec vous quelques idées relatives à une question pendante depuis long-temps devant le public. Vous vous plaignez que cette question est devenue ennuyeuse et trop rebattue : vous devez le croire; car nul n'a plus travaillé que vous à faire que cela fût vrai.

Quant à moi, sans revenir sur des vérités démontrées, je me contenterai d'examiner l'ingénieux et nouveau problème que vous avez imaginé sur ce sujet; c'est d'engager quelque académie à proposer cette question intéressante : *Si le jour a contribué à épurer les mœurs?* Après quoi, prenant la négative, vous direz de fort belles choses en faveur des ténèbres et de l'aveuglement; vous louerez la méthode de courir, les yeux fermés, dans le pays le plus inconnu; de renoncer à toute lumière pour considérer les objets; en un mot, comme le renard écourté, qui vouloit que chacun se coupât la queue, vous exhorterez tout le monde à s'ôter, au propre, l'organe qui vous manque au figuré.

Sur le ton qu'on me dit qui règne dans vos petites feuilles, je juge que vous avez dû vous applaudir beaucoup d'avoir pu tourner en ridicule une des plus graves questions qu'on puisse agiter mais vous avez déjà fait vos preuves; et après avoir si agréablement plaisanté sur l'*Esprit des Lois*, il n'est pas difficile d'en faire autant sur quelque sujet que ce soit. Dans cette occasion, j'ai trouvé votre plaisanterie assez bonne, et je pense, en général, que si c'est la seule arme que vous osiez manier, vous vous en servez quelquefois avec assez d'adresse pour blesser le mérite et la vérité; mais trouvez bon qu'en vous laissant les rieurs, je réclame les amis de la raison; aussi bien, que feriez-vous de ces gens-là dans votre parti?

Vous trouvez donc, monsieur, que la science est à l'esprit ce que la lumière est au corps. Cependant, en prenant ces mots dans votre propre sens, j'y vois cette différence, que, sans l'usage des yeux, les hommes ne pourroient se conduire ni vivre, au lieu qu'avec le secours de la seule raison, et les plus simples observations des sens, ils peuvent aisément se passer de toute étude. La terre s'est peuplée et le genre humain a subsisté avant qu'il fût question d'aucune de ces belles connoissances : croyez-vous qu'il subsisteroit dans une éternelle obscurité? C'est la raison, mais non la science, qui est à l'esprit ce que la vue est au corps.

Une autre différence non moins importante est que, quoique la lumière soit une condition nécessaire sans laquelle les choses dont vous parlez ne se feroient pas, on ne peut dire, en aucune manière, que le jour soit la cause de ces choses-là;

au lieu que j'ai fait voir comment les sciences sont la cause des maux que je leur attribue. Quoique le feu brûle un corps combustible qu'il touche, il ne s'ensuit pas que la lumière brûle un corps combustible qu'elle éclaire : voilà pourtant la conclusion que vous tirez.

Si vous aviez pris la peine de lire les écrits que vous me faites l'honneur de mépriser, et que vous devez du moins fort haïr, car ils sont d'un ennemi des méchants, vous y auriez vu une distinction perpétuelle entre les nombreuses sottises que nous honorons du nom de science, celles, par exemple, dont vos recueils sont pleins, et la connoissance réelle de la vérité ; vous y auriez vu, par l'énumération des maux causés par la première, combien la culture en est dangereuse ; et, par l'examen de l'esprit de l'homme, combien il est incapable de la seconde, si ce n'est dans les choses immédiatement nécessaires à sa conservation, et sur lesquelles le plus grossier paysan en sait du moins autant que le meilleur philosophe. De sorte que, pour mettre quelque apparence de parité dans les deux questions, vous deviez supposer non seulement un jour illusoire et trompeur, qui ne montre les choses que sous une fausse apparence, mais encore un vice dans l'organe visuel, qui altère la sensation de la lumière, des figures et des couleurs ; et alors vous eussiez trouvé qu'en effet il vaudroit encore mieux rester dans une éternelle obscurité que de ne voir à se conduire que pour s'aller casser le nez contre les rochers, ou se vautrer dans la fange, ou mordre et déchirer tous les honnêtes gens qu'on pourroit atteindre. La comparaison du jour convient à la raison naturelle, dont la pure et bienfaisante lumière éclaire et guide les hommes : la science peut mieux se comparer à ces feux follets qui, dit-on, ne semblent éclairer les passants que pour les mener à des précipices.

Pénétré d'une sincère admiration pour ces rares génies dont les écrits immortels et les mœurs pures et honnêtes éclairent et instruisent l'univers, j'aperçois chaque jour davantage le danger qu'il y a de tolérer ce tas de grimauds qui ne déshonorent pas moins la littérature par les louanges qu'ils lui donnent que par la manière dont ils la cultivent. Si tous les hommes étoient des Montesquieu, des Buffon, des Duclos, etc., je désirerois ardemment qu'ils cultivassent toutes les sciences, afin que le genre humain ne fût qu'une société de sages : mais vous, monsieur, qui sans doute êtes si modeste, puisque vous me reprochez tant mon orgueil, vous conviendrez volontiers, je m'assure, que si tous les hommes étoient des Frérons, leurs livres n'offriroient pas des instructions fort utiles, ni leur caractère une société fort aimable.

Ne manquez pas, monsieur, je vous prie, quand votre pièce aura remporté le prix, de faire entrer ces petits éclaircissements dans la préface. En attendant, je vous souhaite bien des lauriers; mais si, dans la carrière que vous allez courir, le succès ne répond pas à votre attente, gardez-vous de prendre, comme vous dites, le parti de vous envelopper dans votre propre estime; car vous auriez là un méchant manteau.

LETTRE LXVIII.

A M. L'ABBÉ RAYNAL,

SUR L'USAGE DANGEREUX DES USTENSILES DE CUIVRE.

Juillet 1753.

Je crois, monsieur, que vous verrez avec plaisir l'extrait ci-joint d'une lettre de Stockholm, que la personne à qui elle est adressée me charge de vous prier d'insérer dans le *Mercure*. L'objet en est de la dernière importance pour la vie des hommes; et plus la négligence du public est excessive à cet égard, plus les citoyens éclairés doivent redoubler de zèle et d'activité pour la vaincre.

Tous les chimistes de l'Europe nous avertissent depuis long-temps des mortelles qualités du cuivre, et des dangers auxquels on s'expose en faisant usage de ce pernicieux métal dans les batteries de cuisine. M. Rouelle, de l'académie des sciences, est celui qui en a démontré plus sensiblement les funestes effets, et qui s'en est plaint avec le plus de véhémence. M. Thierri, docteur en médecine, a réuni dans une savante thèse qu'il soutint en 1749, sous la présidence de M. Falconnet, une multitude de preuves capables d'effrayer tout homme raisonnable qui fait quelque cas de sa vie et de celle de ses concitoyens. Ces physiciens ont fait voir que le vert-de-gris, ou le cuivre dissous, est un poison violent dont l'effet est toujours accompagné de symptômes affreux; que la vapeur même de ce métal est dangereuse, puisque les ouvriers qui le travaillent sont sujets à diverses maladies mortelles ou habituelles; que toutes les menstrues, les graisses, les sels, et l'eau même, dissolvent le cuivre, et en font du vert-de-gris; que l'étamage le plus exact ne fait que diminuer cette dissolution; que l'étain qu'on emploie dans cet étamage n'est pas lui-même exempt de danger, malgré l'usage indiscret qu'on a fait jusqu'à présent de ce métal, et que ce danger est plus grand ou moindre, selon les différents étains qu'on emploie, en raison de l'arsenic qui entre dans leur composition, ou du plomb qui entre dans leur alliage [1]; que même en supposant à l'étamage une précaution suffisante, c'est une imprudence impardon-

---

[1] Que le plomb dissous soit un poison, les accidents funestes que causent tous les jours les vins falsifiés avec de la litharge ne le prouvent que trop. Ainsi, pour employer ce métal avec sûreté, il est important de bien connoître les dissolvants qui l'attaquent.

ANNÉE 1753.

donnable de faire dépendre la vie et la santé des hommes d'une lame d'étain très-déliée, qui s'use très-promptement[1], et de l'exactitude des domestiques et des cuisiniers, qui rejettent ordinairement les vaisseaux récemment étamés, à cause du mauvais goût que donnent les matières employées à l'étamage : ils ont fait voir combien d'accidents affreux, produits par le cuivre, sont attribués tous les jours à des causes toutes différentes ; ils ont prouvé qu'une multitude de gens périssent, et qu'un plus grand nombre encore sont attaqués de mille différentes maladies, par l'usage de ce métal dans nos cuisines et dans nos fontaines, sans se douter eux-mêmes de la véritable cause de leurs maux. Cependant, quoique la manufacture d'ustensiles de fer battu et étamé, qui est établie au faubourg Saint-Antoine, offre des moyens faciles de substituer dans les cuisines une batterie moins dispendieuse, aussi commode que celle du cuivre, et parfaitement saine, au moins quant au métal principal, l'indolence ordinaire aux hommes sur les choses qui leur sont véritablement utiles ;

[1] Il est aisé de démontrer que, de quelque manière qu'on s'y prenne, on ne sauroit, dans les usages des vaisseaux de cuisine, s'assurer pour un seul jour l'étamage le plus solide ; car, comme l'étain entre en fusion à un degré de feu fort inférieur à celui de la graisse bouillante, toutes les fois qu'un cuisinier fait roussir du beurre, il ne lui est pas possible de garantir de la fusion quelque partie de l'étamage, ni par conséquent le ragoût du contact du cuivre.

et les petites maximes que la paresse invente sur les usages établis, surtout quand ils sont mauvais, n'ont encore laissé que peu de progrès aux sages avis des chimistes, et n'ont proscrit le cuivre que de peu de cuisines. La répugnance des cuisiniers à employer d'autres vaisseaux que ceux qu'ils connoissent est un obstacle dont on ne sent toute la force que quand on connoît la paresse et la gourmandise des maîtres. Chacun sait que la société abonde en gens qui préfèrent l'indolence au repos, et le plaisir au bonheur; mais on a bien de la peine à concevoir qu'il y en ait qui aiment mieux s'exposer à périr eux et toute leur famille, dans des tourments affreux, qu'à manger un ragoût brûlé.

Il faut raisonner avec les sages, et jamais avec le public. Il y a long-temps qu'on a comparé la multitude à un troupeau de moutons; il lui faut des exemples au lieu de raisons; car chacun craint beaucoup plus d'être ridicule que d'être fou ou méchant. D'ailleurs dans toutes les choses qui concernent l'intérêt commun, presque tous, jugeant d'après leurs propres maximes, s'attachent moins à examiner la force des preuves qu'à pénétrer les motifs secrets de celui qui les propose : par exemple, beaucoup d'honnêtes lecteurs soupçonneroient volontiers qu'avec de l'argent le chef de la fabrique de fer battu, ou l'auteur des fontaines domestiques, excité mon zèle en cette occasion; défiance assez naturelle dans un siècle de charlatanerie, où les plus grands fripons ont toujours l'intérêt public dans la bouche. L'exemple est en ceci plus persuasif que le raisonnement, parce que, la même défiance ayant vraisemblablement dû naître aussi dans l'esprit des autres, on est porté à croire que ceux qu'elle n'a point empêchés d'adopter ce que l'on propose ont trouvé pour cela des raisons décisives. Ainsi, au lieu de m'arrêter à montrer combien il est absurde, même dans le doute, de laisser dans la cuisine des ustensiles suspects de poison, il vaut mieux dire que M. Duvernay vient d'ordonner une batterie de fer pour l'École militaire : que M. le prince de Conti a banni tout le cuivre de la sienne; que M. le duc de Duras, ambassadeur en Espagne, en a fait autant; et que son cuisinier, qu'il consulta là-dessus, lui dit nettement que tous ceux de son métier qui ne s'accommodoient pas de la batterie de fer, tout aussi bien que de celle de cuivre, étoient des ignorants ou des gens de mauvaise volonté. Plusieurs particuliers ont suivi cet exemple, que les personnes éclairées qui m'ont remis l'extrait ci-joint ont donné depuis long-temps, sans que leur table se ressente le moins du monde de ce changement, que par la confiance avec laquelle on peut manger d'excellents ragoûts, très-bien préparés dans des vaisseaux de fer.

Mais que peut-on mettre sous les yeux du public

de plus frappant que cet extrait même? S'il y avoit au monde une nation qui dût s'opposer à l'expulsion du cuivre, c'est certainement la Suède, dont les mines de ce métal font la principale richesse, et dont les peuples, en général, idolâtrent leurs anciens usages. C'est pourtant ce royaume, si riche en cuivre, qui donne l'exemple aux autres d'ôter à ce métal tous les emplois qui le rendent dangereux, et qui intéressent la vie des citoyens; ce sont ces peuples, si attachés à leurs vieilles pratiques, qui renoncent sans peine à une multitude de commodités qu'ils retireroient de leurs mines; dès que la raison et l'autorité des sages leur montrent le risque que l'usage indiscret de ce métal leur fait courir. Je voudrois pouvoir espérer qu'un si salutaire exemple sera suivi dans le reste de l'Europe, où l'on ne doit pas avoir la même répugnance à proscrire, au moins dans les cuisines, un métal que l'on tire de dehors. Je voudrois que les avertissements publics des philosophes et des gens de lettres réveillassent les peuples sur les dangers de toute espèce auxquels leur imprudence les expose, et rappelassent plus souvent à tous les souverains que le soin de la conservation des hommes n'est pas seulement leur premier devoir, mais aussi leur plus grand intérêt.

Je suis, etc.

LETTRE LXIX.

A M. LE COMTE D'ARGENSON,

MINISTRE ET SECRÉTAIRE D'ÉTAT [1].

Paris, le 6 mars 1754.

Monsieur,

Ayant donné, l'année dernière, à l'Opéra un intermède intitulé le *Devin du village*, sous des conditions que les directeurs de ce théâtre ont enfreintes, je vous supplie d'ordonner que la partition de cet ouvrage me soit rendue, et que les représentations leur en soient à jamais interdites, comme d'un bien qui ne leur appartient pas; restitution à laquelle ils doivent avoir d'autant moins de répugnance, qu'après quatre-vingts représentations en doubles il ne leur reste aucun parti à tirer de la pièce, ni aucun tort à faire à l'auteur. Le mémoire ci-joint [2] contient les justes raisons sur lesquelles cette demande est fondée. On oppose à ces raisons des règlements qui n'existent

---

[1] L'Académie royale de musique étoit de son département.

[2]* Ce mémoire étoit à peu près le même que celui que l'on trouvera ci-après, à la suite de la lettre à M. de Saint-Florentin, 11 février 1759.

pas, et qui, quand ils existeroient, ne sauroient les détruire, puisque, le marché par lequel j'ai cédé mon ouvrage étant rompu, cet ouvrage me revient en toute justice. Permettez, M. le comte, que j'aie recours à la vôtre en cette occasion, et que j'implore celle qui m'est due [1]..

Je suis avec un profond respect, etc.

LETTRE LXX.

A M. LE COMTE DE TURPIN,

Qui m'avoit adressé une Épître à la tête des AMUSEMENTS PHILOSOPHIQUES ET LITTÉRAIRES DE DEUX AMIS.

Paris, le 12 mai 1754.

En vous faisant mes remerciements, monsieur, du recueil que vous m'avez envoyé, j'en ajouterois pour l'épître qui est à la tête, et qu'on prétend m'être adressée [2], si la leçon qu'elle contient n'étoit gâtée par l'éloge qui l'accompagne, et que je

---

[1] « Je joignis à ma lettre à M. d'Argenson un mémoire qui étoit sans réplique et qui demeura sans réponse et sans effet, ainsi que ma lettre. Le silence de cet homme injuste me resta sur le cœur, et ne contribua pas à augmenter l'estime très-médiocre que j'eus toujours pour son caractère et pour ses talents. » (*Confessions*, liv. VIII.)

[2] Il n'y a que les lettres initiales de mon nom.

veux me hâter d'oublier, pour n'avoir point de reproches à vous faire.

Quant à la leçon, j'en trouve les maximes très-sensées; il ne leur manque, ce me semble, qu'une plus juste application. Il faudroit que je changeasse étrangement d'humeur et de caractère, si jamais les devoirs de l'humanité cessoient de m'être chers, sous prétexte que les hommes sont méchants. Je ne punis ni moi, ni personne, en me refusant à une société trop nombreuse. Je délivre les autres du triste spectacle d'un homme qui souffre, ou d'un observateur importun, et je me délivre moi-même de la gêne où me mettroit le commerce de beaucoup de gens dont heureusement je ne connoîtrois que les noms. Je ne suis point sujet à l'ennui que vous me reprochez; et si j'en sens quelquefois, c'est seulement dans les belles assemblées, où j'ai l'honneur de me trouver fort déplacé de toutes façons. La seule société qui m'ait paru désirable est celle qu'on entretient avec ses amis, et j'en jouis avec trop de bonheur pour regretter celle du grand monde. Au reste, quand je haïrois les hommes autant que je les aime et que je les plains, j'ai peur que les voir de plus près ne fût un mauvais moyen de me raccommoder avec eux; et quelque heureux que je puisse être dans mes liaisons, il seroit difficile de me trouver jamais avec personne aussi bien que je suis avec moi-même.

J'ai pensé que me justifier devant vous étoit la

meilleure preuve que je pouvois vous donner que vos avis ne m'ont pas déplu, et que je fais cas de votre estime. Venons à vous, monsieur, par qui j'aurois dû commencer; j'ai déjà lu une partie de votre ouvrage, et j'y vois avec plaisir l'usage aimable et honnête que vous et votre ami faites de vos loisirs et de vos talents. Votre recueil n'est pas assez mauvais pour devoir vous rebuter du travail, ni assez bon pour vous ôter l'espoir d'en faire un meilleur dans la suite. Travaillez donc sous vos divins maîtres à étendre leurs droits et votre gloire. Vaincre, comme vous avez commencé, les préjugés de votre naissance et de votre état, c'est se mettre fort au-dessus de l'une et de l'autre. Mais joindre l'exemple aux leçons de la vertu, c'est ce qu'on a droit d'attendre de quiconque la prêche dans ses écrits. Tel est l'honorable engagement que vous venez de prendre, et que vous travaillez à remplir.

Je suis de tout mon cœur, etc.

LETTRE LXXI.

A M. D'ALEMBERT.

Ce 26 juin 1754.

Je vous renvoie, monsieur, la lettre C, que je n'ai pu relire plus tôt, ayant toujours été malade. Je ne sais point comment on résiste à la manière dont vous m'avez fait l'honneur de m'écrire, et je serois bien fâché de le savoir. Ainsi, j'entre dans toutes vos vues, et j'approuve les changements que vous avez jugé à propos de faire : j'ai pourtant rétabli un ou deux morceaux que vous aviez supprimés, parce qu'en me réglant sur le principe que vous avez établi vous-même il m'a semblé que ces morceaux faisoient à la chose, ne marquoient point d'humeur et ne disoient point d'injures. Cependant je veux que vous soyez absolument le maître, et je soumets le tout à votre équité et à vos lumières.

Je ne puis assez vous remercier de votre discours préliminaire. J'ai peine à croire que vous ayez eu beaucoup plus de plaisir à le faire que moi à le lire. La chaîne encyclopédique surtout m'a instruit et éclairé; et je me propose de la relire plus d'une fois. Pour ce qui concerne ma partie, je trouve votre idée sur l'imitation musicale très-juste et très-neuve. En effet, à un très-petit nombre de choses près, l'art du musicien ne consiste point à peindre immédiatement les objets, mais à mettre l'ame dans une disposition semblable à celle où la mettroit leur présence. Tout le monde sentira cela en vous lisant, et sans vous, personne peut-être ne se fût avisé de le penser. C'est là, comme dit Lamotte,

> De ce vrai dont tous les esprits
> Ont en eux-mêmes la semence;
> Que l'on sent, mais qu'on est surpris
> De trouver vrai quand on y pense.

Il y a très-peu d'éloges auxquels je sois sensible, mais je le suis beaucoup à ceux qu'il vous a plu de me donner. Je ne puis m'empêcher de penser avec plaisir que la postérité verra, dans un tel monument, que vous avez bien pensé de moi.

Je vous honore du fond de mon ame, et suis de la même manière, monsieur, votre très-humble, etc.

LETTRE LXXII.

AU PÈRE LE SAGE.

Aux Eaux-Vives, le 1er juillet au soir, 1754.

Sumite materiam vestris, qui scribitis, æquam
Viribus.

Le musicien qui, en 1720, disoit que la musique la plus simple étoit la plus belle, tenoit là, ce me semble, un étrange propos. J'aimerois autant qu'il eût dit que le meilleur comédien est celui qui fait le moins de gestes et parle le plus posément. A l'égard des roulemens de Lulli, je conviens qu'ils sont plats et de mauvais goût.

Je suis fort surpris qu'on retrouve dans le *Devin du village* les mêmes roulemens que dans l'opéra de *Roland;* il faut que, n'y trouvant pas, moi, le moindre rapport, je m'aveugle étrangement sur ce point. Au reste, ce n'est pas une chose aisée de déterminer les cas où la musique comporte des roulemens, et ceux où elle n'en comporte point. Je me suis fait des règles pour distinguer ces cas, et j'ai soigneusement suivi ces règles dans la pratique. *Rem à me sæpè deliberatam et multùm agitatam requiris.*

Si la musique ne consiste qu'en de simples chansons, et ne plaît que par les sons physiques, il pourra arriver que des airs de province plairont autant ou plus que ceux de la cour; mais toutes les fois que la musique sera considérée comme un art d'imitation, ainsi que la poésie et la peinture, c'est à la ville, c'est à la cour, c'est partout où s'exercent aux arts agréables beaucoup d'hommes rassemblés, qu'on apprend à la cultiver. En général, la meilleure musique est celle qui réunit le plaisir physique et le plaisir moral, c'est-à-dire l'agrément de l'oreille et l'intérêt du sentiment.

Alterius sic
Altera poscit opem res, et conjurat amice.

Si Molière a consulté sa servante, c'est sans doute sur le Médecin malgré lui, sur les saillies de Nicolle, et la querelle de Sosie et de Cléanthis : mais, à moins que la servante de Molière ne fût une personne fort extraordinaire, je parierois bien que ce grand homme ne la consultoit pas sur le Misanthrope ni sur le Tartufe, ni sur la belle scène d'Alcmène et d'Amphitryon. Les musiciens ne doivent consulter les ignorants qu'avec le même discernement, d'autant plus que l'imitation musicale est plus détournée, moins immédiate, et demande plus de finesse de sentiment pour être aperçue que celle de la comédie.

Quoique les principes de la beauté théâtrale n'aient été portés, ni par les modernes, ni même par Aristote, au degré de clarté dont ils sont susceptibles, ils sont faciles à établir. Ces principes me paroissent se réduire à deux, savoir, l'imitation et l'intérêt, qui s'appliquent également à la musique. Je ne dirai pas, de peur d'obscurité, que le beau consiste dans l'imitation du vrai, mais dans le vrai de l'imitation : c'est là, ce me semble, le sens du vers d'Horace et de celui de Boileau. Que l'imitation ne doive s'exercer que sur des objets utiles, c'est un bon précepte de morale, mais non pas une règle poétique ; car il y a de très-belles pièces dont le sujet ne peut être d'aucune utilité : tel est l'OEdipe de Sophocle.

Les mathématiciens ont très-bien expliqué la partie de la musique qui est de leur compétence, savoir, les rapports des sons, d'où dépend aussi le plaisir physique de l'harmonie et du chant. Les philosophes, de leur côté, ont fait voir que la musique, prise pour un des beaux-arts, a comme eux le principe de ses plus grands charmes dans celui de l'imitation.

Les musiciens ne sont point faits pour raisonner sur leur art : c'est à eux de trouver les choses, au philosophe de les expliquer.

Quoique l'abbé du Bos ait parlé de musique en homme qui n'y entendoit rien, cela n'empêche pas qu'il n'y ait des règles pour juger d'une pièce de musique aussi bien que d'un poëme ou d'un tableau. Que diroit-on d'un homme qui prétendroit juger de l'Iliade d'Homère, ou de la Phèdre de Racine, ou du Déluge du Poussin, comme d'une oille ou d'un jambon? Autant en seroit nul celui qui voudroit comparer les prestiges d'une musique ravissante, qui porte au cœur le trouble de toutes les passions et la volupté de tous les sentiments, avec la sensation grossière et purement physique du palais dans l'usage des aliments. Quelle différence, pour les mouvements de l'ame, entre des hommes exercés et ceux qui ne le sont pas! Un Pergolèse, un Voltaire, un Titien, disposeront, pour ainsi dire, à leur gré du cœur chez un peuple éclairé; mais le paysan, insensible aux chefs-d'œuvre de ces grands hommes, ne trouve rien de si beau que la bibliothèque bleue, les enseignes à bière, et le branle de son village.

Je crois donc qu'on peut très-bien disputer de musique, et même assigner, relativement au langage, les qualités qu'elle doit avoir pour être bonne et pour plaire; car, quoiqu'on ne puisse expliquer les choses de goût qui ne sont que de pures sensations, le philosophe peut sans témérité entreprendre l'explication de celles qui modifient l'ame, et qui font partie du beau métaphysique. Je me garderai bien d'entrer dans la prétendue dispute de la musique simple et de la composée, jusqu'à ce que j'aie appris ce que signifient ces mots que je n'entends point. Je penserois, en attendant, que les sons et les mouvements doivent être composés et modifiés par le musicien, comme les lignes et les couleurs par le peintre, selon les teintes et les nuances des objets qu'il veut rendre et des choses qu'il veut exprimer. Mais pour bien résoudre ces questions, qui ne laissent pas d'avoir leur difficulté,

Vacet oportet, Eutyche, à negotiis,
Ut liber animus sentiat vim carminis.

LETTRE LXXIII.

A MADAME GONCERU,

NÉE ROUSSEAU.

Genève, le 11 juillet 1754.

Il y a quinze jours, ma très-bonne et très-chère tante, que je me propose, chaque matin, de partir pour aller vous voir, vous embrasser, et mettre à vos pieds un neveu qui se souvient, avec la plus tendre reconnoissance, des soins que vous avez pris de lui dans son enfance, et de l'amitié que vous lui avez toujours témoignée. Des soins indispensables m'ont empêché jusqu'ici de suivre le penchant de mon cœur, et me retiendront encore quelques jours; mais rien ne m'empêchera de satisfaire mon empressement à cet égard le plus tôt qu'il me sera possible; et j'aime encore mieux un retard qui me laissera le loisir de passer quelque temps près de vous, que d'être obligé d'aller et revenir le même jour. Je ne puis vous dire quelle fête je me fais de vous revoir, et de retrouver en vous cette chère et bonne tante, que je pouvois appeler ma mère, par les bontés qu'elle avoit pour moi, et à laquelle je ne pense jamais sans un véritable attendrissement. Je vous prie de témoigner à M. Gonceru le plaisir que j'aurai aussi de le revoir et d'être reçu de lui avec un peu de la même bonté que vous avez toujours eue pour moi. Je vous embrasse de tout mon cœur l'un et l'autre, et suis avec le plus tendre et le plus respectueux attachement, etc.

LETTRE LXXIV.

A M. VERNES.

Paris, le 13 octobre 1754.

Il faut vous tenir parole, monsieur, et satisfaire en même temps mon cœur et ma conscience; car, estime, amitié, souvenir, reconnoissance, tout vous est dû, et je m'acquitterai de tout cela sans songer que je vous le dois. Aimons-nous donc bien tous deux, et hâtons-nous d'en venir au point de n'avoir plus besoin de nous le dire.

J'ai fait mon voyage très-heureusement et plus

promptement encore que je n'espérois. Je remarque que mon retour a surpris bien des gens, qui vouloient faire entendre que la rentrée dans le royaume m'étoit interdite, et que j'étois relégué à Genève, ce qui seroit pour moi comme pour un évêque françois être relégué à la cour. Enfin m'y voici, malgré eux et leurs dents, en attendant que le cœur me ramène où vous êtes, ce qui se feroit dès à présent, si je ne consultois que lui. Je n'ai trouvé ici aucun de mes amis. Diderot est à Langres, Duclos en Bretagne, Grimm en Provence, d'Alembert même est en campagne; de sorte qu'il ne me reste ici que des connoissances dont je ne me soucie pas assez pour déranger ma solitude en leur faveur. Le quatrième volume de l'*Encyclopédie* paroît depuis hier; on le dit supérieur encore au troisième. Je n'ai pas encore le mien; ainsi je n'en puis juger par moi-même. Des nouvelles littéraires ou politiques, je n'en sais pas, Dieu merci, et ne suis pas plus curieux des sottises qui se font dans ce monde que de celles qu'on imprime dans les livres.

J'oubliai de vous laisser, en partant, les *canzoni* que vous m'aviez demandées : c'est une étourderie que je réparerai ce printemps avec usure, en y joignant quelques chansons françoises, qui seront mieux du goût de vos dames, et qu'elles chanteront moins mal.

Mille respects, je vous supplie, à monsieur votre

père et à madame votre mère, et ne m'oubliez pas non plus auprès de madame votre sœur, quand vous lui écrirez; je vous prie de me donner particulièrement de ses nouvelles; je me recommande encore à vous pour faire une ample mention de moi dans vos voyages de Sécheron, au cas qu'on y soit encore; *item*, à monsieur, madame et mademoiselle Mussard, à Châtelaine : votre éloquence aura de quoi briller à faire l'apologie d'un homme qui, après tant d'honnêtetés reçues, part et emporte le chat.

J'ai voulu faire un article à part pour M. Abauzit. Dédommagez-moi, en mon absence, de la gêne que m'a causée sa modestie, toutes les fois que j'ai voulu lui témoigner ma profonde et sincère vénération. Déclarez-lui, sans quartier, tous les sentiments dont vous me savez pénétré pour lui, et n'oubliez pas de vous dire à vous-même quelque chose des miens pour vous.

P. S. Mademoiselle Le Vasseur vous prie d'agréer ses très-humbles respects. Je me proposois d'écrire à M. de Rochemont; mais cette maudite paresse... Que votre amitié fasse pour la mienne auprès de lui, je vous en supplie.

LETTRE LXXV.

A M. PERDRIAU, A GENÈVE.

Paris, le 28 novembre 1754.

En répondant avec franchise à votre dernière lettre, en déposant mon cœur et mon sort entre vos mains, je crois, monsieur, vous donner une marque d'estime et de confiance moins équivoque que des louanges et des compliments, prodigués par la flatterie plus souvent que par l'amitié.

Oui, monsieur, frappé des conformités que je trouve entre la constitution de gouvernement qui découle de mes principes et celle qui existe réellement dans notre république, je me suis proposé de lui dédier mon *Discours sur l'origine et les fondements de l'inégalité*; et j'ai saisi cette occasion, comme un heureux moyen d'honorer ma patrie et ses chefs par de justes éloges; d'y porter, s'il se peut, dans le fond des cœurs, l'olive que je ne vois encore que sur des médailles, et d'exciter en même temps les hommes à se rendre heureux par l'exemple d'un peuple qui l'est ou qui pourroit l'être sans rien changer à son institution. Je cherche en cela, selon ma coutume, moins à plaire qu'à me rendre utile; je ne compte pas en particulier sur le suffrage de quiconque est de quelque parti; car, n'adoptant pour moi que celui de la justice et de la raison, je ne dois guère espérer que tout homme qui suit d'autres règles puisse être l'approbateur des miennes; et si cette considération ne m'a point retenu, c'est qu'en toute chose le blâme de l'univers entier me touche beaucoup moins que l'aveu de ma conscience. Mais, dites-vous, dédier un livre à la république, cela ne s'est jamais fait. Tant mieux, monsieur; dans les choses louables, il vaut mieux donner l'exemple que le recevoir, et je crois n'avoir que de trop justes raisons pour n'être l'imitateur de personne : ainsi votre objection n'est, au fond, qu'un préjugé de plus en ma faveur, car depuis long-temps il ne reste plus de mauvaise action à tenter; et, quoi qu'on en pût dire, il s'agiroit moins de savoir si la chose s'est faite ou non, que si elle est bien ou mal en soi, de quoi je vous laisse le juge. Quant à ce que vous ajoutez qu'après ce qui s'est passé, de telles nouveautés peuvent être dangereuses, c'est là une grande vérité à d'autres égards; mais à celui-ci, je trouve, au contraire, ma démarche d'autant plus à sa place, après ce qui s'est passé, que mes éloges étant pour les magistrats, et mes exhortations pour les citoyens, il convient que le tout s'adresse à la république, pour avoir occasion de parler à ses divers membres, et pour ôter à ma dédicace toute apparence de partialité. Je sais qu'il y a des choses qu'il ne faut point rappeler; et j'espère que vous me croyez assez de jugement pour n'en user à cet égard qu'avec une réserve dans laquelle j'ai plus consulté le goût des autres que le mien ; car je ne pense pas qu'il soit d'une adroite politique de pousser cette maxime jusqu'au scrupule. La mémoire d'Érostrate nous apprend que c'est un mauvais moyen de faire oublier les choses que d'ôter la liberté d'en parler ; mais si vous faites qu'on n'en parle qu'avec douleur, vous ferez bientôt qu'on n'en parlera plus. Il y a je ne sais quelle circonspection pusillanime fort goûtée en ce siècle, et qui, voyant partout des inconvénients, se borne, par sagesse, à ne faire ni bien ni mal : j'aime mieux une hardiesse généreuse qui, pour bien faire, secoue quelquefois le puéril joug de la bienséance.

Qu'un zèle indiscret m'abuse peut-être ; que, prenant mes erreurs pour des vérités utiles, avec les meilleures intentions du monde je puisse faire plus de mal que de bien, je n'ai rien à répondre à cela, si ce n'est qu'une semblable raison devroit retenir tout homme droit, et laisser l'univers à la discrétion du méchant et de l'étourdi, parce que les objections tirées de la seule foiblesse de la nature ont force contre quelque homme que ce soit, et qu'il n'y a personne qui ne dût être suspect à soi-même, s'il ne se reposoit de la justesse de ses lumières sur la droiture de son cœur : c'est ce que je dois pouvoir faire sans témérité, parce que, isolé parmi les hommes, ne tenant à rien dans la société, dépouillé de toute espèce de prétention, et ne cherchant mon bonheur même que dans celui des autres, je crois du moins être exempt de ces préjugés d'état qui font plier le jugement des plus sages aux maximes qui leur sont avantageuses. Je pourrois, il est vrai, consulter des gens plus habiles que moi, et je le ferois volontiers, si je ne savois que leur intérêt me conseillera toujours avant leur raison. En un mot, pour parler ici sans détour, je me fie encore plus à mon désintéressement qu'aux lumières de qui que ce puisse être.

Quoique en général je fasse très-peu de cas des étiquettes de procédés, et que j'en aie depuis long-temps secoué le joug plus pesant qu'utile, je pense avec vous qu'il auroit convenu d'obtenir l'agrément de la république ou du conseil, comme c'est assez l'usage en pareil cas; et j'étois si bien de cet avis, que mon voyage fut fait en partie dans l'intention de solliciter cet agrément; mais il me fallut peu de temps et d'observations pour reconnoître l'impossibilité de l'obtenir; je sentis que demander une telle permission, c'étoit vouloir un refus, et qu'alors ma démarche, qui pèche tout au plus contre une certaine bienséance dont plusieurs se sont dispensés, seroit par là devenue une désobéissance condamnable si j'avois persisté; ou l'étourderie d'un sot si j'eusse abandonné mon dessein; car ayant appris que dès le mois de mai dernier, il s'étoit fait, à mon insu, des copies de l'ouvrage et de la dédicace, dont je n'étois plus le maître de prévenir l'abus; je vis que je ne l'étois pas non plus de renoncer à mon projet, sans m'exposer à le voir exécuter par d'autres.

Votre lettre m'apprend elle-même que vous ne sentez pas moins que moi toutes les difficultés que j'avois prévues; or vous savez qu'à force de se rendre difficile sur les permissions indifférentes, on invite les hommes à s'en passer. C'est ainsi que l'excessive circonspection du feu chancelier sur l'impression des meilleurs livres fit enfin qu'on ne lui présentoit plus de manuscrits, et que les livres ne s'imprimoient pas moins, quoique cette impression, faite contre les lois, fût réellement criminelle, au lieu qu'une dédicace non communiquée n'est tout au plus qu'une impolitesse; et loin qu'un tel procédé soit blamable par sa nature, il est, au fond, plus conforme à l'honnêteté que l'usage établi; car il y a je ne sais quoi de lâche à demander aux gens la permission de les louer, et d'indécent à l'accorder. Ne croyez pas non plus qu'une telle conduite soit sans exemple : je puis vous faire voir des livres dédiés à la nation françoise, d'autres au peuple anglois, sans qu'on ait fait un crime aux auteurs de n'avoir eu pour cela ni le consentement de la nation, ni celui du prince, qui sûrement leur eût été refusé; parce que, dans toute monarchie, le roi veut être l'état, lui tout seul, et ne prétend pas que le peuple soit quelque chose.

Au reste, si j'avois eu à m'ouvrir à quelqu'un sur cette affaire, ç'auroit été à M. le premier moins qu'à qui que ce soit au monde. J'honore et j'aime trop ce premier et digne magistrat pour avoir voulu le compromettre en la moindre chose, et l'exposer au chagrin de déplaire peut-être à beaucoup de gens, en favorisant mon projet, ou d'être forcé peut-être à le blâmer contre son propre sentiment. Vous pouvez croire qu'ayant réfléchi long-temps sur les matières du gouvernement, je n'ignore pas la force de ces petites maximes d'état qu'un sage magistrat est obligé de suivre, quoiqu'il en sente lui-même toute la frivolité.

Vous conviendrez que je ne pouvois obtenir l'aveu du Conseil sans que mon ouvage fût examiné ; or pensez-vous que j'ignore ce que c'est que ces examens, et combien l'amour-propre des censeurs les mieux intentionnés, et les préjugés des plus éclairés, leur font mettre d'opiniâtreté et de hauteur à la place de la raison, et leur font rayer d'excellentes choses, uniquement parce qu'elles ne sont pas dans leur manière de penser, et qu'ils ne les ont pas méditées aussi profondément que l'auteur ? N'ai-je pas eu ici mille altercations avec les miens ? Quoique gens d'esprit et d'honneur, ils m'ont toujours désolé par de misérables chicanes, qui n'avoient pas le sens commun, ni d'autre cause qu'une vile pusillanimité, ou la vanité de vouloir tout savoir mieux qu'un autre. Je n'ai jamais cédé, parce que je ne cède qu'à la raison ; le magistrat a été notre juge, et il s'est toujours trouvé que les censeurs avoient tort. Quand je répondis au roi de Pologne, je devois, selon eux, lui envoyer mon manuscrit, et ne le publier qu'avec son agrément : c'étoit, prétendoient-ils, manquer de respect au père de la reine que de l'attaquer publiquement, surtout avec la fierté qu'ils trouvoient dans ma réponse, et ils ajoutoient même que ma sûreté exigeoit des précautions ; je n'en ai pris aucune ; je n'ai point envoyé mon manuscrit au prince ; je me suis fié à l'honnêteté publique, comme je fais encore aujourd'hui, et l'évènement a prouvé que j'avois raison. Mais à Genève il n'en iroit pas comme ici ; la dérision de mes censeurs seroit sans appel : je me verrois réduit à me taire, ou à donner sous mon nom le sentiment d'autrui ; et je ne veux faire ni l'un ni l'autre. Mon expérience m'a donc fait prendre la ferme résolution d'être désormais mon unique censeur ; je n'en aurois jamais de plus sévère, et mes principes n'en ont pas besoin d'autre, non plus que mes mœurs : puisque tous ces gens-là regardent toujours à mille choses étrangères dont je ne me soucie point, j'aime mieux m'en rapporter à ce juge intérieur et incorruptible qui ne passe rien de mauvais, et ne condamne rien de bon, et qui ne trompe jamais quand on le consulte de bonne foi. J'espère que vous trouverez qu'il n'a pas mal fait son devoir dans l'ouvrage en question, dont tout le monde sera content, et qui n'auroit pourtant obtenu l'approbation de personne.

Vous devez sentir encore que l'irrégularité qu'on peut trouver dans mon procédé est toute à mon préjudice et à l'avantage du gouvernement. S'il y a quelque chose de bon dans mon ouvrage, on pourra s'en prévaloir; s'il y a quelque chose de mauvais, on pourra le désavouer; on pourra m'approuver ou me blâmer selon les intérêts particuliers, ou le jugement du public : on pourroit même proscrire mon livre, si l'auteur et l'état avoient ce malheur que le Conseil n'en fût pas content : toutes choses qu'on ne pourroit plus faire, après en avoir approuvé la dédicace. En un mot, si j'ai bien dit en l'honneur de ma patrie, la gloire en sera pour elle ; si j'ai mal dit, le blâme en retombera sur moi seul. Un bon citoyen peut-il se faire un scrupule d'avoir à courir de tels risques?

Je supprime toutes les considérations personnelles qui peuvent me regarder, parce qu'elles ne doivent jamais entrer dans les motifs d'un homme de bien, qui travaille pour l'utilité publique. Si le détachement d'un cœur qui ne tient ni à la gloire, ni à la fortune, ni même à la vie, peut le rendre digne d'annoncer la vérité, j'ose me croire appelé à cette vocation sublime : c'est pour faire aux hommes du bien selon mon pouvoir que je m'abstiens d'en recevoir d'eux, et que je chéris ma pauvreté et mon indépendance. Je ne veux point supposer que de tels sentiments puissent jamais me nuire auprès de mes concitoyens; et c'est sans le prévoir ni le craindre que je prépare mon ame à cette dernière épreuve, la seule à laquelle je puisse être sensible; croyez que je veux être, jusqu'au tombeau, honnête, vrai, et citoyen zélé, et que s'il falloit me priver, à cette occasion, du doux séjour de la patrie, je couronnerois ainsi les sacrifices que j'ai faits à l'amour des hommes et de la vérité par celui de tous qui coûte le plus à mon cœur, et qui par conséquent m'honore le plus.

Vous comprendrez aisément que cette lettre est pour vous seul : j'aurois pu vous en écrire une, pour être vue, dans un style fort différent; mais, outre que ces petites adresses répugnent à mon caractère, elles ne répugneroient pas moins à ce que je connois du vôtre, et je me saurai gré, toute ma vie, d'avoir profité de cette occasion de m'ouvrir à vous sans réserve, et de me confier à la discrétion d'un homme de bien qui a de l'amitié pour moi. Bonjour, monsieur; je vous embrasse de tout mon cœur avec attendrissement et respect [1].

[1] Voyez la lettre du 6 juillet 1755, adressée à M. Vernes.

LETTRE LXXVI.

A MADAME LA MARQUISE DE MENARS.

Paris, le 20 décembre 1754.

Madame,

Si vous prenez la peine de lire l'incluse, vous verrez pourquoi j'ai l'honneur de vous l'adresser. Il s'agit d'un paquet que vous avez refusé de recevoir, parce qu'il n'étoit pas pour vous, raison qui n'a pas paru si bonne à monsieur votre gendre. En confiant la lettre à votre prudence, pour en faire l'usage que vous trouverez à propos, je ne puis m'empêcher, madame, de vous faire réfléchir au hasard qui fait que cette affaire parvient à vos oreilles. Combien d'injustices se font tous les jours à l'abri du rang et de la puissance, et qui restent ignorées, parce que le cri des opprimés n'a pas la force de se faire entendre ! C'est surtout, madame, dans votre condition qu'on doit apprendre à écouter la plainte du pauvre, et la voix de l'humanité, de la commisération, ou du moins celle de la justice.

Vous n'avez pas besoin, sans doute, de ces réflexions, et ce n'est pas à moi qu'il conviendroit de vous les proposer ; mais ce sont des avis qui, de votre part, ne sont peut-être pas inutiles à vos enfants.

Je suis avec respect, etc.

LETTRE LXXVII.

A M. LE COMTE DE LASTIC.

(INCLUSE DANS LA PRÉCÉDENTE.)

Paris, le 20 décembre 1754.

Sans avoir l'honneur, monsieur, d'être connu de vous, j'espère qu'ayant à vous offrir des excuses et de l'argent, ma lettre ne sauroit être mal reçue.

J'apprends que mademoiselle de Cléry a envoyé de Blois un panier à une bonne vieille femme, nommée madame Le Vasseur, et si pauvre qu'elle demeure chez moi ; que ce panier contenoit, entre autres choses, un pot de vingt livres de beurre ; que le tout est parvenu, je ne sais comment, dans votre cuisine ; que la bonne vieille, l'ayant appris, a eu la simplicité de vous envoyer sa fille, avec la lettre d'avis, vous redemander son beurre, ou le prix qu'il a coûté ; et qu'après vous être moqués d'elle, selon l'usage, vous et madame votre épouse, vous avez, pour toute réponse, ordonné à vos gens de la chasser.

J'ai tâché de consoler la bonne femme affligée, en lui expliquant les règles du grand monde et de la grande éducation; je lui ai prouvé que ce ne seroit pas la peine d'avoir des gens, s'ils ne servoient à chasser le pauvre, quand il vient réclamer son bien; et, en lui montrant combien *justice* et *humanité* sont des mots roturiers, je lui ai fait comprendre, à la fin, qu'elle est trop honorée qu'un comte ait mangé son beurre. Elle me charge donc, monsieur, de vous témoigner ma reconnoissance de l'honneur que vous lui avez fait, son regret de l'importunité qu'elle vous a causée, et le désir qu'elle auroit que son beurre vous eût paru bon.

Que si par hasard il vous en a coûté quelque chose pour le port du paquet à elle adressé, elle offre de vous le rembourser, comme il est juste. Je n'attends là-dessus que vos ordres pour exécuter ses intentions, et vous supplie d'agréer les sentiments avec lesquels j'ai l'honneur d'être, etc [1].

---

[1]* Cette lettre et la précédente pourront expliquer une petite note de l'*Héloïse,* adressée à l'*Homme au beurre.* (*Note de du Peyrou.*)

LETTRE LXXVIII.

A MADAME D'ÉPINAY.

Ce jeudi matin (20 décembre 1754).

Il faut faire, madame, ce que vous voulez. Les lettres ne seront point envoyées, et M. le comte de Lastic peut désormais voler le beurre de toutes les bonnes femmes de Paris sans que je m'en fâche. Laissons donc là M. le comte, et parlons de votre santé, qu'il ne faut pas mettre en jeu pour si peu de chose; je ne sais que vous dire des ordonnances de M. Tronchin: votre expérience me les rend furieusement suspectes; il a tant de réputation, qu'il pourroit bien n'être qu'un charlatan. Cependant je vous avoue que j'y tiens encore, et que j'attribue le malentendu, s'il y en a, à l'inconvénient de l'éloignement. Quoi qu'il en soit, j'approuve beaucoup le parti que vous avez pris de vous en tenir à son régime, et de laisser ses drogues : c'est en général tout l'usage que vous devriez faire de la médecine; mais il faut choisir un régime et s'y tenir. Donnez-moi de vos nouvelles et de celles de madame d'Esclavelles. Bonjour, madame.

LETTRE LXXIX.

A M. VERNES.

Paris, le 2 avril 1755.

Pour le coup, monsieur, voici bien du retard; mais, outre que je ne vous ai point caché mes défauts, vous devez songer qu'un ouvrier et un malade ne disposent pas de leur temps comme ils aimeroient mieux. D'ailleurs, l'amitié se plaît à pardonner, et l'on n'y met guère la sévérité qu'à la place du sentiment. Ainsi je crois pouvoir compter sur votre indulgence.

Vous voilà donc, messieurs, devenus auteurs périodiques. Je vous avoue que ce projet ne me rit pas autant qu'à vous: j'ai du regret de voir des hommes faits pour élever des monuments se contenter de porter des matériaux, et d'architectes se faire manœuvres. Qu'est-ce qu'un livre périodique? un ouvrage éphémère, sans mérite et sans utilité, dont la lecture, négligée et méprisée par des gens de lettres, ne sert qu'à donner aux femmes et aux sots de la vanité sans instruction, et dont le sort, après avoir brillé le matin sur la toilette, est de mourir le soir dans la garde-robe. D'ailleurs, pouvez-vous vous résoudre à prendre des pièces dans les journaux, et jusque dans le

Mercure, et à compiler des compilations? S'il n'est pas impossible qu'il s'y trouve quelque bon morceau, il est impossible que, pour le déterrer, vous n'ayez le dégoût d'en lire toujours une multitude de détestables. La philosophie du cœur coûtera cher à l'esprit, s'il faut le remplir de tous ces fatras. Enfin, quand vous auriez assez de zèle pour soutenir l'ennui de toutes ces lectures, qui vous répondra que votre choix sera fait comme il doit l'être, que l'attrait de vos vues particulières ne l'emportera pas souvent sur l'utilité publique, ou que, si vous ne songez qu'à cette utilité, l'agrément n'en souffrira point? Vous n'ignorez pas qu'un bon choix littéraire est le fruit du goût le plus exquis; et qu'avec tout l'esprit et toutes les connoissances imaginables, le goût ne peut assez se perfectionner dans une petite ville, pour y acquérir cette sûreté nécessaire à la formation d'un recueil. Si le vôtre est excellent, qui le sentira? S'il est médiocre, et par conséquent détestable, aussi ridicule que le *Mercure suisse*, il mourra de sa mort naturelle, après avoir amusé pendant quelques mois les caillettes du pays de Vaud. Croyez-moi, monsieur, ce n'est point cette espèce d'ouvrage qui nous convient. Des ouvrages graves et profonds peuvent nous honorer; tout le colifichet de cette petite philosophie à la mode nous va fort mal. Les grands objets, tels que la vertu et la liberté, étendent et fortifient l'esprit; les petits, tels que la poésie et les beaux-arts, lui donnent plus de délicatesse et de subtilité. Il faut un télescope pour les uns, et un microscope pour les autres; et les hommes accoutumés à mesurer le ciel ne sauroient disséquer des mouches : voilà pourquoi Genève est le pays de la sagesse et de la raison, et Paris le siége du goût. Laissons-en donc le raffinement à ces myopes de la littérature, qui passent leur vie à regarder des cirons au bout de leur nez; sachons être plus fiers du goût qui nous manque, qu'eux de celui qu'ils ont; et, tandis qu'ils feront des journaux et des brochures pour les ruelles, tâchons de faire des livres utiles et dignes de l'immortalité.

Après vous avoir tenu le langage de l'amitié, je n'en oublierai pas les procédés, et, si vous persistez dans votre projet, je ferai de mon mieux un morceau tel que vous le souhaiterez pour y remplir un vide tant bien que mal.

LETTRE LXXX.

A MADAME D'ÉPINAY.

.....1755.

Pour Dieu ! madame, ne m'envoyez plus M. Maloin. Je ne me porte pas assez bien pour l'entendre bavarder avec plaisir. J'ai tremblé hier toute la journée de le voir arriver ; délivrez-moi de la crainte d'en être réduit, peut-être, à brusquer un honnête homme que j'aime, et qui me vient de votre part; et ne vous joignez pas à ces importuns amis qui, pour me faire vivre à leur mode, me feront mourir de chagrin. En vérité, je voudrois être au fond d'un désert quand je suis malade.

Autre chose : accablé de visites importunes et de gens incommodes, je respirois en voyant arriver M. de Saint-Lambert, et je lui contois mes peines par cette sorte de confiance que j'ai d'abord pour les gens que j'estime et respecte ; n'a-t-il pas été prendre cela pour lui ? Du moins, je dois le croire par ce qu'il me dit en me quittant, et par ce qu'il m'a fait dire par son laquais. Ainsi, j'ai le bonheur de rassembler autour de moi tout ce que je voudrois fuir, et d'écarter tout ce que je voudrois voir : cela n'est assurément ni fort heureux ni fort adroit. Au reste, je n'ai pas même entendu parler de Diderot. Que de vocation pour ma solitude et pour ne plus voir que vous ! Bonjour, madame. J'envoie savoir des nouvelles de la santé de Grimm et de la vôtre. J'ai peur que vous ne deviniez trop l'état de la mienne par le ton de ce billet. J'ai passé une mauvaise nuit, durant laquelle la bile a fomenté, comme vous voyez. Je suis mieux ce matin. Je vous écris, et tout se calme insensiblement.

LETTRE LXXXI.

A LA MÊME.

....1755 [1].

J'ai lu avec grande attention, madame, vos lettres à monsieur votre fils; elles sont bonnes, excellentes, mais elles ne valent rien pour lui. Permettez-moi de vous le dire avec la franchise que je vous dois. Malgré la douceur et l'onction dont vous croyez parer vos avis, le ton de ces lettres, en général, est trop sérieux; il annonce votre projet; et, comme vous l'avez dit vous-même, si vous voulez qu'il réussisse, il ne faut pas que l'enfant puisse s'en douter. S'il avoit vingt ans, elles ne seroient peut-être pas trop fortes, mais peut-être seroient-elles encore trop sèches. Je crois que l'idée de lui écrire est très-heureusement trouvée, et peut lui former le cœur et l'esprit, mais il faut deux conditions : c'est qu'il puisse vous entendre et qu'il puisse vous répondre. Il faut que ces lettres ne soient faites que pour lui,

[1] Madame d'Épinay avoit formé le projet d'écrire à son fils, âgé de douze à treize ans, une suite de lettres propres à le diriger dans ses sentiments et dans sa conduite sous tous les rapports. Déjà elle avoit, dans cette idée, écrit deux lettres qu'elle communiqua à Rousseau pour qu'il lui en donnât son avis.

et les deux que vous m'avez envoyées seroient bonnes pour tout le monde, excepté pour lui. Croyez-moi, gardez-les pour un âge plus avancé : faites-lui des contes, faites-lui des fables dont il puisse lui-même tirer la morale, et surtout qu'il puisse se les appliquer. Gardez-vous des généralités; on ne fait rien que de commun et d'inutile en mettant des maximes à la place des faits; c'est de tout ce qu'il aura remarqué, en bien ou en mal, qu'il faut partir. A mesure que ses idées commenceront à se développer, et que vous lui aurez appris à réfléchir, à comparer, vous proportionnerez le ton de vos lettres à ses progrès et aux facultés de son esprit. Mais si vous dites à monsieur votre fils que vous vous appliquez à former son cœur et son esprit, que c'est en l'amusant que vous lui montrerez la vérité et ses devoirs, il va être en garde contre tout ce que vous lui direz; il croira toujours voir sortir une leçon de votre bouche; tout, jusqu'à sa toupie, lui deviendra suspect. Agissez ainsi, mais gardez-en bien le secret.

A quoi sert-il, par exemple, de l'instruire des devoirs de votre état de mère? Pourquoi lui faire retentir toujours à l'oreille les mots soumission, devoirs, vigilance, raison? Tout cela a un son effrayant à son âge. C'est avec les actions qui résultent de ces termes qu'il faut l'apprivoiser; laissez-lui ignorer leurs qualifications jusqu'à ce que vous puissiez les lui apprendre par la conduite qu'il aura tenue ; et encore faites-lui bien sentir, avant tout, l'avantage et l'agrément qu'il en aura recueilli, afin de lui montrer qu'un acte de soumission et de devoir n'est pas une chose si effrayante qu'il pourroit se l'imaginer.

Quant à la seconde lettre, si elle ne renferme pas des choses si contraires à votre but, elle est au moins remplie d'idées et d'images trop fortes, non seulement pour l'âge de monsieur votre fils, mais même pour un âge beaucoup au-dessus du sien. Votre définition de la politesse est juste et délicate, mais il faut y penser à deux fois pour en sentir toute la finesse [1]. Sait-il ce que c'est que l'estime, que la bienveillance ? Est-il en état de distinguer l'expression volontaire ou involontaire d'un cœur sensible ? Comment lui ferez-vous entendre que le corps ne doit point courir après l'ombre, et que l'ombre ne peut exister sans le corps qui la produit ?

Prenez garde, madame, qu'en présentant de trop bonne heure aux enfants des idées fortes et compliquées, ils sont obligés de recourir à la défi-

---

[1] * Voici quelle étoit cette définition : « La politesse est dans un « cœur sensible une expression douce, vraie et volontaire du sen- « timent de l'estime et de la bienveillance. » Plus loin madame d'Épinay disoit à son fils : « La louange suit la vertu comme « l'ombre suit le corps ; mais le corps ne doit point courir après « l'ombre, et l'ombre ne peut exister sans le corps qui la pro- « duit. »

nition de chaque mot. Cette définition est presque toujours plus compliquée, plus vague que la pensée même; ils en font une mauvaise application, et il ne leur reste que des idées fausses dans la tête. Il en résulte un autre inconvénient, c'est qu'ils répètent en perroquets de grands mots auxquels ils n'attachent point de sens, et qu'à vingt ans ils ne sont que de grands enfants ou de plats importants.

Vous m'avez demandé mon avis par écrit : madame, le voilà. Je désire que vous vous en accommodiez, mais il ne m'est pas possible de vous en donner un autre. Si je ne me suis pas trompé sur votre compte, vous me pardonnerez ma brutalité, et vous recommencerez votre besogne avec plus de courage et de succès que jamais.

LETTRE LXXXII.

A M. VERNES.

Paris, le 6 juillet 1755.

Voici, monsieur, une longue interruption; mais comme je n'ignore pas mes torts, et que vous n'ignorez pas notre traité, je n'ai rien de nouveau à vous dire pour mon excuse, et j'aime mieux reprendre notre correspondance tout uniment que de recommencer à chaque fois mon apologie ou mes inutiles excuses.

Je suppose que vous avez vu actuellement l'écrit pour lequel vous aviez marqué de l'empressement. Il y en a des exemplaires entre les mains de M. Chappuis. J'ai reçu, à Genève, tant d'honnêtetés de tout le monde, que je ne saurois là-dessus donner des préférences, sans donner en même temps des exclusions offensantes; mais il y auroit à voler M. Chappuis une honnêteté dont l'amitié seule est capable, et que j'ai quelque droit d'attendre de ceux qui m'en ont témoigné autant que vous. Je ne puis exprimer la joie avec laquelle j'ai appris que le Conseil avoit agréé, au nom de la république, la dédicace de cet ouvrage, et je sens parfaitement tout ce qu'il y a d'indulgence et de grâce dans cet aveu. J'ai toujours espéré qu'on ne pourroit méconnoître, dans cette épître, les sentiments qui l'ont dictée, et qu'elle seroit approuvée de tous ceux qui les partagent; je compte donc sur votre suffrage, sur celui de votre respectable père, et de tous mes bons concitoyens. Je me soucie très-peu de ce qu'en pourra penser le reste de l'Europe. Au reste, on avoit affecté de répandre des bruits terribles sur la violence de cet ouvrage, et il n'avoit pas tenu à mes ennemis de me faire des affaires avec le gouvernement; heureusement l'on ne m'a point condamné sans me lire, et, après l'examen, l'entrée a été permise sans difficulté.

Donnez-moi des nouvelles de votre journal. Je n'ai point oublié ma promesse : ma copie me presse si fort depuis quelque temps, qu'elle ne me donne pas le loisir de travailler. D'ailleurs, je ne veux rien vous donner que j'aie pû faire mieux : mais je vous tiendrai parole, comptez-y, et le pis aller sera de vous porter moi-même, le printemps prochain, ce que je n'aurai pu vous envoyer plus tôt : si je connois bien votre cœur, je crois qu'à ce prix vous ne serez pas fâché du retard.

Bonjour, monsieur; préparez-vous à m'aimer plus que jamais, car j'ai bien résolu de vous y forcer à mon retour.

LETTRE LXXXIII.

A MADAME LA MARQUISE DE CRÉQUI.

Épinay, 8 septembre 1755.

Je vois, madame, que la bienveillance dont vous m'honorez vous cause de l'inquiétude sur le sort dont quelques gens, tout au moins fort indiscrets, aiment à me menacer. De grâce, que ma tranquillité ne vous alarme point, quand on vous annonceroit ma détention comme prochaine. Si je ne fais rien pour la prévenir, c'est que, n'ayant rien fait pour la mériter, je croirois offenser l'hospitalité de la nation françoise, et l'équité du prince qui la gouverne, en me précautionnant contre une injustice.

Si j'ai écrit, comme on le prétend, sur une question de droit politique proposée par l'académie de Dijon, j'y étois autorisé par le programme; et puisqu'on n'a point fait un crime à cette académie de proposer cette question, je ne vois pas pourquoi l'on m'en feroit un de la résoudre. Il est vrai que j'ai dû me contenir dans les bornes d'une discussion générale et purement philosophique, sans personnalités et sans application; mais pourriez-vous croire, madame, vous dont j'ai l'honneur d'être connu, que j'aie été capable de m'oublier un moment là-dessus? Quand la prudence la plus commune ne m'auroit point interdit toute licence à cet égard, j'aime trop la franchise et la vérité pour ne pas abhorrer les libelles et la satire; et si je mets si peu de précaution dans ma conduite, c'est que mon cœur me répond toujours que je n'en ai pas besoin. Soyez donc bien assurée, je vous supplie, qu'il n'est jamais rien sorti et ne sortira jamais rien de ma plume qui puisse m'exposer au moindre danger sous un gouvernement juste.

Quand je serois dans l'erreur sur l'utilité de mes maximes, n'a-t-on pas, en France, des formes prescrites pour la publication des ouvrages qu'on y fait paroître? et quand je pourrois m'écarter impunément de ces formes, mon seul respect pour les lois ne suffiroit-il pas pour m'en empêcher? Vous savez, madame, à quel point j'ai toujours porté le scrupule à cet égard; vous n'ignorez pas que mes écrits les plus hardis, sans excepter cette effroyable Lettre sur la musique, n'ont jamais vu le jour qu'avec approbation et permission. C'est ainsi que je continuerai d'en user toute ma vie; et jamais, durant mon séjour en France, aucun de mes ouvrages n'y paroîtra de mon aveu qu'avec celui du magistrat.

Mais, si je sais quels sont mes devoirs, je n'ignore pas non plus quels sont mes droits : je n'ignore pas qu'en obéissant fidèlement aux lois du pays où je vis, je ne dois compte à personne de ma religion ni de mes sentiments, qu'aux magistrats de l'état dont j'ai l'honneur d'être membre. Ce seroit établir une loi bien nouvelle, de vouloir qu'à chaque fois qu'on met le pied dans un état on fût obligé d'en adopter toutes les maximes, et qu'en voyageant d'un pays à l'autre il fallût changer d'inclinations et de principes, comme de langage et de logement. Partout où l'on est, on doit respecter le prince et se soumettre à la loi; mais on ne leur doit rien de plus, et le cœur doit toujours être pour la patrie. Quand donc il seroit vrai qu'ayant en vue le bonheur de la mienne j'eusse avancé, hors du royaume, des principes plus convenables au gouvernement républicain qu'au monarchique, où seroit mon crime?

Qui jamais ouït dire que le droit des gens, qu'on se vante si fort de respecter en France, permît de punir un étranger pour avoir osé préférer, en pays étranger, le gouvernement de son pays à tout autre?

On dit, il est vrai, que cette occasion ne sera qu'un prétexte, à la faveur duquel on me punira de mon mépris pour la musique françoise. Comment, madame, punir un homme de son mépris pour la musique! Ouïtes-vous jamais rien de pareil? Une injustice s'excuse-t-elle par une injustice encore plus criante? et dans le temps de cette horrible fermentation, digne de la plume de Tacite, n'eût-il pas été moins odieux de m'opprimer sur ce grave sujet que d'y revenir après coup sur un sujet encore moins raisonnable?

Quant à ce que vous me dites, madame, qu'il n'est pas question du bien ou du mal qu'on fait, mais seulement des amis ou des ennemis qu'on a, malgré la mauvaise opinion que j'ai de mon siècle, je ne puis croire que les choses en soient encore tout-à-fait à ce point. Mais, quand cela seroit, quels ennemis puis-je avoir? Content de ma situation, je ne cours ni les pensions, ni les emplois, ni les honneurs littéraires. Loin de vouloir du mal à personne, je ne cherche pas même à me venger de celui qu'on me fait. Je ne refuse point mes services aux autres, et ne leur en demande jamais. Je ne suis point flatteur, il est vrai, mais aussi je ne suis pas trompeur, et ma franchise n'est point satirique : toutes personnalités odieuses sont bannies de ma bouche et de mes écrits, et si je maltraite les vices, c'est en respectant les hommes.

Ne craignez donc rien pour moi, madame, puisque je ne crains rien et que je ne dois rien craindre. Si l'on jugeoit mon ouvrage sur les bruits répandus par la calomnie, je serois, je l'avoue, en fort grand danger; mais, dans un gouvernement sage, on ne dispose pas si légèrement du sort des hommes; et je sais bien que je n'ai rien à craindre, si l'on ne me juge qu'après m'avoir lu. Mes sentiments, ma conduite et la justice du roi sont la sauvegarde en qui je me fie : je demeure au milieu de Paris, dans la sécurité qui convient à l'innocence, et sous la protection des lois que je n'offensai jamais. Les cris des bateleurs ne seront pas plus écoutés qu'ils ne l'ont été. Si j'ai tort, on me réfutera peut-être ; peut-être même si j'ai raison : mais un homme irréprochable ne sera point traité comme un scélérat pour avoir honoré sa patrie, et pour avoir dit que les François ne chantoient pas bien. Enfin, quand même il pourroit m'arriver un malheur que l'honnêteté ne me permet pas de prévoir, j'aurois peine à me repentir d'avoir jugé plus favorablement du gouvernement sous lequel j'avois à vivre que les gens qui cherchent à m'effrayer.

Je suis avec respect, etc.

LETTRE LXXXIV.

A M. DE VOLTAIRE.

Paris, le 10 septembre 1755.

C'est à moi, monsieur, de vous remercier à tous égards. En vous offrant l'ébauche de mes tristes rêveries, je n'ai point cru vous faire un présent digne de vous, mais m'acquitter d'un devoir et vous rendre un hommage que nous vous devons tous comme à notre chef. Sensible, d'ailleurs, à l'honneur que vous faites à ma patrie, je partage la reconnoissance de mes concitoyens, et j'espère qu'elle ne fera qu'augmenter encore, lorsqu'ils auront profité des instructions que vous pouvez leur donner. Embellissez l'asile que vous avez choisi; éclairez un peuple digne de vos leçons; et vous, qui savez si bien peindre les vertus et la liberté, apprenez-nous à les chérir dans nos murs comme dans vos écrits. Tout ce qui vous approche doit apprendre de vous le chemin de la gloire.

Vous voyez que je n'aspire pas à nous rétablir dans notre bêtise, quoique je regrette beaucoup,

pour ma part, le peu que j'en ai perdu. A votre
égard, monsieur, ce retour seroit un miracle si
grand à la fois et si nuisible, qu'il n'appartiendroit
qu'à Dieu de le faire, et qu'au diable de le vouloir.
Ne tentez donc pas de retomber à quatre pates;
personne au monde n'y réussiroit moins que vous.
Vous nous redressez trop bien sur nos deux pieds
pour cesser de vous tenir sur les vôtres.

Je conviens de toutes les disgrâces qui pour-
suivent les hommes célèbres dans les lettres; je
conviens même de tous les maux attachés à l'humanité, et qui semblent indépendants de nos vaines
connoissances. Les hommes ont ouvert sur eux-
mêmes tant de sources de misères, que quand le
hasard en détourne quelqu'une, ils n'en sont guère
moins inondés. D'ailleurs, il y a, dans le progrès
des choses, des liaisons cachées que le vulgaire
n'aperçoit pas, mais qui n'échapperont point à
l'œil du sage, quand il voudra y réfléchir. Ce n'est
ni Térence, ni Cicéron, ni Virgile, ni Sénèque,
ni Tacite; ce ne sont ni les savants, ni les poètes,
qui ont produit les malheurs de Rome et les crimes
des Romains : mais sans le poison lent et secret
qui corrompit peu à peu le plus vigoureux gouvernement dont l'histoire ait fait mention, Cicéron,
ni Lucrèce, ni Salluste, n'eussent point existé, ou
n'eussent point écrit. Le siècle aimable de Lélius
et de Térence amenoit de loin le siècle brillant
d'Auguste et d'Horace, et enfin les siècles hor-

ribles de Sénèque et de Néron, de Domitien et de Martial. Le goût des lettres et des arts naît chez un peuple d'un vice intérieur qu'il augmente; et s'il est vrai que tous les progrès humains sont pernicieux à l'espèce, ceux de l'esprit et des connoissances, qui augmentent notre orgueil et multiplient nos égaremens, accélèrent bientôt nos malheurs. Mais il vient un temps où le mal est tel que les causes mêmes qui l'ont fait naître sont nécessaires pour l'empêcher d'augmenter; c'est le fer qu'il faut laisser dans la plaie, de peur que le blessé n'expire en l'arrachant.

Quant à moi, si j'avois suivi ma première vocation, et que je n'eusse ni lu ni écrit, j'en aurois sans doute été plus heureux. Cependant, si les lettres étoient maintenant anéanties, je serois privé du seul plaisir qui me reste. C'est dans leur sein que je me console de tous mes maux : c'est parmi ceux qui les cultivent que je goûte les douceurs de l'amitié, et que j'apprends à jouir de la vie sans craindre la mort. Je leur dois le peu que je suis; je leur dois même l'honneur d'être connu de vous. Mais consultons l'intérêt dans nos affaires et la vérité dans nos écrits. Quoiqu'il faille des philosophes, des historiens, des savants, pour éclairer le monde et conduire ses aveugles habitants, si le sage Memnon m'a dit vrai, je ne connois rien de si fou qu'un peuple de sages.

Convenez-en, monsieur, s'il est bon que les

grands génies instruisent les hommes, il faut que le vulgaire reçoive leurs instructions : si chacun se mêle d'en donner, qui les voudra recevoir? « Les « boiteux, dit Montaigne, sont mal propres aux « exercices du corps, et aux exercices de l'esprit « les ames boiteuses. » Mais en ce siècle savant, on ne voit que boiteux vouloir apprendre à marcher aux autres.

Le peuple reçoit les écrits des sages pour les juger, non pour s'instruire. Jamais on ne vit tant de Dandins. Le théâtre en fourmille, les cafés retentissent de leurs sentences, ils les affichent dans les journaux, les quais sont couverts de leurs écrits, et j'entends critiquer *l'Orphelin*, parce qu'on l'applaudit, à tel grimaud si peu capable d'en voir les défauts, qu'à peine en sent-il les beautés.

Recherchons la première source des désordres de la société, nous trouverons que tous les maux des hommes leur viennent de l'erreur bien plus que de l'ignorance, et que ce que nous ne savons point nous nuit beaucoup moins que ce que nous croyons savoir. Or quel plus sûr moyen de courir d'erreurs en erreurs que la fureur de savoir tout ? Si l'on n'eût prétendu savoir que la terre ne tournoit pas, on n'eût point puni Galilée pour avoir dit qu'elle tournoit. Si les seuls philosophes en eussent réclamé le titre, *l'Encyclopédie* n'eût point eu de persécuteurs. Si cent mirmidons n'aspiroient à la gloire, vous jouiriez en paix de la vôtre, ou du moins vous n'auriez que des rivaux dignes de vous.

Ne soyez donc pas surpris de sentir quelques épines inséparables des fleurs qui couronnent les grands talents. Les injures de vos ennemis sont les acclamations satiriques qui suivent le cortège des triomphateurs : c'est l'empressement du public pour tous vos écrits qui produit les vols dont vous vous plaignez : mais les falsifications n'y sont pas faciles, car le fer ni le plomb ne s'allient pas avec l'or. Permettez-moi de vous le dire, par l'intérêt que je prends à votre repos et à notre instruction : méprisez de vaines clameurs par lesquelles on cherche moins à vous faire du mal qu'à vous détourner de bien faire. Plus on vous critiquera, plus vous devez vous faire admirer. Un bon livre est une terrible réponse à des injures imprimées ; et qui vous oseroit attribuer des écrits que vous n'aurez point faits, tant que vous n'en ferez que d'inimitables ?

Je suis sensible à votre invitation ; et si cet hiver me laisse en état d'aller, au printemps, habiter ma patrie, j'y profiterai de vos bontés. Mais j'aimerois mieux boire de l'eau de votre fontaine que du lait de vos vaches ; et quant aux herbes de votre verger, je crains bien de n'y en trouver d'autres que le lotos, qui n'est pas la pâture des bêtes, et le moly, qui empêche les hommes de le devenir.

Je suis de tout mon cœur et avec respect, etc.

LETTRE LXXXV.

AU MÊME.

Paris, le 20 septembre 1755.

En arrivant, monsieur, de la campagne où j'ai passé cinq ou six jours, je trouve votre billet qui me tire d'une grande perplexité; car ayant communiqué à M. de Gauffecourt, notre ami commun, votre lettre et ma réponse, j'apprends à l'instant qu'il les a lui-même communiquées à d'autres, et qu'elles sont tombées entre les mains de quelqu'un qui travaille à me réfuter, et qui se propose, dit-on, de les insérer à la fin de sa critique. M. Bouchaud, agrégé en droit, qui vient de m'apprendre cela, n'a pas voulu m'en dire davantage; de sorte que je suis hors d'état de prévenir les suites d'une indiscrétion que, vu le contenu de votre lettre, je n'avois eue que pour une bonne fin. Heureusement, monsieur, je vois par votre projet que le mal est moins grand que je n'avois craint. En approuvant une publication qui me fait honneur et qui peut vous être utile, il me reste une excuse à vous faire sur ce qu'il peut y avoir eu de ma faute dans la promptitude avec laquelle ces lettres ont couru sans votre consentement ni le mien.

Je suis avec les sentiments du plus sincère de vos admirateurs, monsieur, etc.

P. S. Je suppose que vous avez reçu ma réponse du 10 de ce mois.

LETTRE LXXXVI.

A MADAME D'ÉPINAY,

.... 1755.

Il s'en faut bien que mon affaire avec M. Tronchin ne soit faite, et votre amitié pour moi y met un obstacle qui me paroît plus que jamais difficile à surmonter. Mais vous avez plus consulté votre cœur que votre fortune et mon humeur dans l'arrangement que vous me proposez ; cette proposition m'a glacé l'ame. Que vous entendez mal vos intérêts de vouloir faire un valet d'un ami, et que vous me pénétrez mal si vous croyez que de pareilles raisons puissent me déterminer ! Je ne suis point en peine de vivre ni de mourir : mais le doute qui m'agite cruellement, c'est celui du parti qui, durant ce qui me reste à vivre, peut m'assurer la plus parfaite indépendance. Après avoir tout fait pour elle, je n'ai pu la trouver à Paris. Je la cherche avec plus d'ardeur que jamais ; et ce qui m'afflige cruellement depuis plus d'un an est de ne pouvoir démêler où je la trouverai le plus assurée. Cependant les plus grandes probabilités sont pour mon pays, mais je vous avoue que je la trouverois plus douce auprès de vous. La violente perplexité où je me trouve ne peut durer encore long-temps; mon parti sera pris dans sept ou huit jours; mais soyez bien sûre que ce ne seront pas des raisons d'intérêt qui me détermineront, parce que je n'ai jamais craint que le pain vînt à me manquer, et qu'au pis aller je sais comment on s'en passe.

Je ne refuse pas, au reste, d'écouter ce que vous avez à me dire, pourvu que vous vous souveniez que je ne suis pas à vendre, et que mes sentiments, au-dessus maintenant de tout le prix qu'on y peut mettre, se trouveroient bientôt au-dessous de celui qu'on y auroit mis. Oublions donc l'un et l'autre qu'il ait même été question de cet article.

Quant à ce qui vous regarde personnellement, je ne doute pas que votre cœur ne sente le prix de l'amitié; mais j'ai lieu de croire que la vôtre m'est bien plus nécessaire qu'à vous la mienne, car vous avez des dédommagements qui me manquent et auxquels j'ai renoncé pour jamais[1].

Bonjour, madame: voilà encore un livre à vendre. Envoyez-moi mon opéra.

[1*] Tronchin, alors à Paris, et d'accord avec quelques membres du conseil à Genève, avoit proposé à Rousseau la place de biblio-

LETTRE LXXXVII.

A LA MÊME.

....1755.

Je me hâte de vous écrire deux mots, parce que je ne puis souffrir que vous me croyiez fâché, ni que vous preniez le change sur mes expressions.

Je n'ai pris le mot de valet que pour l'avilissement où l'abandon de mes principes jetteroit nécessairement mon ame; j'ai cru que nous nous entendions mieux que nous ne faisons: est-ce entre gens qui pensent et sentent comme vous et moi

---

thécaire, avec un traitement de douze cents francs. C'étoit un bienfait déguisé; le traitement ordinaire affecté à cette place étoit bien inférieur à cette somme. Rousseau avoit consulté sur cela madame d'Épinay, et, soupçonnant un but caché dans la proposition qui lui étoit faite, montroit une incertitude dont il étoit fort tourmenté.

Témoin de ses inquiétudes, madame d'Épinay lui avoit écrit qu'elle se chargeroit de la mère Le Vasseur et de sa fille, dans le cas où il se décideroit pour Genève, jusqu'à ce qu'il eût vu s'il pouvoit s'y accoutumer et s'y fixer. Dans la même lettre, elle lui renouveloit la proposition d'habiter l'Ermitage; et se rappelant lui avoir entendu dire que s'il avoit cent pistoles de rente il ne choisiroit pas d'autre habitation, elle lui offroit d'ajouter à la vente de son dernier ouvrage ce qui lui manquoit de fonds pour compléter ce revenu. La lettre à madame d'Épinay est la réponse à cette proposition.

qu'il faut expliquer ces choses-là? L'indépendance que j'entends n'est pas celle du travail; je veux bien gagner mon pain, j'y trouve du plaisir; mais je ne veux être assujetti à aucun autre devoir, si je puis.

J'attendrai volontiers vos propositions, mais attendez-vous d'avance à mon refus, car ou elles sont gratuites, ou elles ont des conditions, et je ne veux ni de l'une ni de l'autre. Je n'engagerai jamais aucune portion de ma liberté, ni pour ma subsistance, ni pour celle de personne. Je veux travailler, mais à ma fantaisie, et même ne rien faire, quand il me plaira, sans que personne le trouve mauvais, hors mon estomac.

Je n'ai plus rien à dire sur les dédommagements; tout s'éteint une fois, mais la véritable amitié reste; et c'est alors qu'elle a des douceurs sans amertume et sans fin. Apprenez mieux mon dictionnaire, ma bonne amie, si vous voulez que nous nous entendions. Croyez que mes termes ont rarement le sens ordinaire; c'est toujours mon cœur qui s'entretient avec vous, et peut-être connoîtrez-vous quelque jour qu'il ne parle pas comme un autre. A demain.

LETTRE LXXXVIII.

A M. DE BOISSI, DE L'ACADÉMIE FRANÇOISE,

AUTEUR DU MERCURE DE FRANCE.

Paris, le 4 novembre 1755.

Quand je vis, monsieur, paroître dans le *Mercure*, sous le nom de M. de Voltaire, la lettre que j'avois reçue de lui, je supposai que vous aviez obtenu pour cela son consentement; et, comme il avoit bien voulu me demander le mien pour la faire imprimer, je n'avois qu'à me louer de son procédé, sans avoir à me plaindre du vôtre. Mais que puis-je penser du galimatias que vous avez inséré dans le *Mercure* suivant, sous le titre de ma réponse? Si vous me dites que votre copie étoit incorrecte, je me demanderai qui vous forçoit d'employer une lettre visiblement incorrecte, qui n'est remarquable que par son absurdité. Vous abstenir d'insérer dans votre ouvrage des écrits ridicules est un égard que vous devez sinon aux auteurs, du moins au public.

Si vous avez cru, monsieur, que je consentirois à la publication de cette lettre, pourquoi ne pas me communiquer votre copie pour la revoir? Si vous ne l'avez pas cru, pourquoi l'imprimer sous mon nom? S'il est peu convenable d'imprimer les lettres d'autrui sans l'aveu des auteurs, il l'est beaucoup moins de les leur attribuer sans être sûr qu'ils les avouent, ou même qu'elles soient d'eux, et bien moins encore lorsqu'il est à croire qu'ils ne les ont pas écrites telles qu'on les a. Le libraire de M. de Voltaire, qui avoit à cet égard plus de droit que personne, a mieux aimé s'abstenir d'imprimer la mienne, que de l'imprimer sans mon consentement, qu'il avoit eu l'honnêteté de me demander. Il me semble qu'un homme aussi justement estimé que vous ne devroit pas recevoir d'un libraire des leçons de procédés. J'ai d'autant plus, monsieur, à me plaindre du vôtre en cette occasion, que, dans le même volume où vous avez mis sous mon nom un écrit aussi mutilé, vous craignez, avec raison, d'imputer à M. de Voltaire des vers qui ne soient pas de lui. Si un tel égard n'étoit dû qu'à la considération, je me garderois d'y prétendre; mais il est un acte de justice, et vous la devez à tout le monde.

Comme il est bien plus naturel de m'attribuer une sotte lettre qu'à vous un procédé peu régulier, et que par conséquent je resterois chargé du tort de cette affaire si je négligeois de m'en justifier, je vous supplie de vouloir bien insérer ce désaveu dans le prochain *Mercure*, et d'agréer, monsieur, mon respect et mes salutations.

LETTRE LXXXIX.

A M. VERNES.

Paris, le 23 novembre 1755.

Que je suis touché de vos tendres inquiétudes ! je ne vois rien de vous qui ne me prouve de plus en plus votre amitié pour moi, et qui ne vous rende de plus en plus digne de la mienne. Vous avez quelque raison de me croire mort, en ne recevant de moi nul signe de vie ; car je sens bien que ce ne sera qu'avec elle que je perdrai les sentiments que je vous dois. Mais, toujours aussi négligent que ci-devant, je ne vaux pas mieux que je ne faisois, si ce n'est que je vous aime encore davantage ; et si vous saviez combien il est difficile d'aimer les gens avec qui l'on a tort, vous sentiriez que mon attachement pour vous n'est pas tout-à-fait sans prix.

Vous avez été malade, et je n'en ai rien su : mais je savois que vous étiez surchargé de travail ; je crains que la fatigue n'ait épuisé votre santé, et que vous ne soyez encore prêt à la reperdre de même : ménagez-la, je vous prie, comme un bien qui n'est pas à vous seul, et qui peut contribuer à la consolation d'un ami qui a pour jamais perdu la sienne. J'ai eu cet été une rechute assez vive ;

l'automne a été très-bien; mais les approches de l'hiver me sont cruelles : j'ignore ce que je pourrai vous dire de celles du printemps.

Le cinquième volume de l'*Encyclopédie* paroît depuis quinze jours; comme la lettre E n'y est pas même achevée, votre article n'y a pu être employé; j'ai même prié M. Diderot de n'en faire usage qu'autant qu'il en sera content lui-même. Car, dans un ouvrage fait avec autant de soin que celui-là, il ne faut pas mettre un article foible, quand on n'en met qu'un. L'article *Encyclopédie*, qui est de Diderot, fait l'admiration de tout Paris, et ce qui augmentera la vôtre, quand vous le lirez, c'est qu'il l'a fait étant malade.

Je viens de recevoir d'un noble vénitien une épître italienne, où j'ai lu avec plaisir ces trois vers en l'honneur de ma patrie :

> Deh! cittadino di città ben retta
> E compugno e fratel d'ottime genti
> Ch' amor del giusto ha ragunato insieme, etc.

Cet éloge me paroît simple et sublime, et ce n'est pas d'Italie que je l'aurois attendu. Puissions-nous le mériter!

Bonjour, monsieur; il faut nous quitter, car la copie me presse. Mes amitiés, je vous prie, à toute votre aimable famille; je vous embrasse de tout mon cœur.

LETTRE XC.

A UN ANONYME,

PAR LA VOIE DU MERCURE DE FRANCE.

Paris, le 29 novembre 1755.

J'ai reçu le 26 de ce mois une lettre anonyme, datée du 28 octobre dernier, qui, mal adressée, après avoir été à Genève, m'est revenue à Paris franche de port. A cette lettre étoit joint un écrit pour ma défense, que je ne puis donner au *Mercure,* comme l'auteur le désire, par des raisons qu'il doit sentir, s'il a réellement pour moi l'estime qu'il m'y témoigne. Il peut donc le faire retirer de mes mains, au moyen d'un billet de la même écriture; sans quoi, sa pièce restera supprimée.

L'auteur ne devoit pas croire si facilement que celui qu'il réfute fût citoyen de Genève, quoiqu'il se donne pour tel; car il est aisé de dater de ce pays-là : mais tel se vante d'en être qui dit le contraire sans y penser. Je n'ai ni la vanité ni la consolation de croire que tous mes concitoyens pensent comme moi; mais je connois la candeur de leurs procédés : si quelqu'un d'eux m'attaque, ce sera hautement et sans se cacher; ils m'estimeront assez en me combattant, ou du moins s'estimeront assez eux-mêmes, pour me rendre la franchise dont j'use envers tout le monde. D'ailleurs eux, pour qui cet ouvrage est écrit, eux, à qui il est dédié, eux, qui l'ont honoré de leur approbation, ne me demanderont point à quoi il est utile : ils ne m'objecteront point, avec beaucoup d'autres, que quand tout cela seroit vrai, je n'aurois pas dû le dire, comme si le bonheur de la société étoit fondé sur les erreurs des hommes. Ils y verront, j'ose le croire, de fortes raisons d'aimer leur gouvernement, des moyens de le conserver, et, s'ils y trouvent les maximes qui conviennent au bon citoyen, ils ne mépriseront point un écrit qui respire partout l'humanité, la liberté, l'amour de la patrie, et l'obéissance aux lois.

Quant aux habitants des autres pays, s'ils ne trouvent dans cet ouvrage rien d'utile ni d'amusant, il seroit mieux, ce me semble, de leur demander pourquoi ils le lisent, que de leur expliquer pourquoi il est écrit. Qu'un bel esprit de Bordeaux m'exhorte gravement à laisser les discussions politiques pour faire des opéra, attendu que lui, bel esprit, s'amuse beaucoup plus à la représentation du *Devin du village* qu'à la lecture du *Discours sur l'Inégalité*, il a raison sans doute, s'il est vrai qu'en écrivant aux citoyens de Genève je sois obligé d'amuser les bourgeois de Bordeaux [1].

[1] * Voyez ci-après la lettre à M. de Boissi, du 24 janvier 1756.

Quoi qu'il en soit, en témoignant ma reconnoissance à mon défenseur, je le prie de laisser le champ libre à mes adversaires, et j'ai bien du regret moi-même au temps que je perdois autrefois à leur répondre. Quand la recherche de la vérité dégénère en disputes et querelles personnelles, elle ne tarde pas à prendre les armes du mensonge; craignons de l'avilir ainsi. De quelque prix que soit la science, la paix de l'ame vaut encore mieux. Je ne veux point d'autre défense pour mes écrits que la raison et la vérité, ni pour ma personne que ma conduite et mes mœurs : si ces appuis me manquent, rien ne me soutiendra; s'ils me soutiennent, qu'ai-je à craindre?

LETTRE XCI.

A M. LE COMTE DE TRESSAN.

Paris, le 26 décembre 1755.

Je vous honorois, monsieur, comme nous faisons tous; il m'est doux de joindre la reconnoissance à l'estime, et je remercierois volontiers M. Palissot de m'avoir procuré, sans y songer, des témoignages de vos bontés, qui me permettent de vous en donner de mon respect. Si cet auteur a manqué à celui qu'il devoit et que doit toute la terre au prince qu'il vouloit amuser, qui plus que moi doit le trouver inexcusable? Mais si tout son crime est d'avoir exposé mes ridicules, c'est le droit du théâtre; je ne vois rien en cela de répréhensible pour l'honnête homme, et j'y vois pour l'auteur le mérite d'avoir su choisir un sujet très-riche. Je vous prie donc, monsieur, de ne pas écouter là-dessus le zèle que l'amitié et la générosité inspirent à M. d'Alembert; et de ne point chagriner, pour cette bagatelle, un homme de mérite qui ne m'a fait aucune peine, et qui porteroit avec douleur la disgrâce du roi de Pologne et la vôtre.

Mon cœur est ému des éloges dont vous honorez ceux de mes concitoyens qui sont sous vos ordres. Effectivement le Génevois est naturellement bon, il a l'âme honnête, il ne manque pas de sens; et il ne lui faut que de bons exemples pour se tourner tout-à-fait au bien. Permettez-moi, monsieur, d'exhorter ces jeunes officiers à profiter du vôtre, à se rendre dignes de vos bontés, et à perfectionner sous vos yeux les qualités qu'ils vous doivent peut-être, et que vous attribuez à leur éducation. Je prendrai volontiers pour moi, quand vous viendrez à Paris, le conseil que je leur donne. Ils étudieront l'homme de guerre; moi le philosophe : notre étude commune sera l'homme de bien, et vous serez toujours notre maître.

Je suis avec respect, etc.

LETTRE XCII.

A M. D'ALEMBERT.

Ce 27 décembre.

Je suis sensible, mon cher monsieur, à l'intérêt que vous prenez à moi ; mais je ne puis approuver le zèle qui vous fait poursuivre ce pauvre M. Palissot, et j'aurois grand regret aux moments que tout cela vous a fait perdre, sans le témoignage d'amitié qui en résulte en ma faveur. Laissez donc là cette affaire, je vous en prie derechef; je vous en suis aussi obligé que si elle étoit terminée, et je vous assure que l'expulsion de Palissot, pour l'amour de moi, me feroit plus de peine que de plaisir. A l'égard de Fréron, je n'ai rien à dire de mon chef, parce que la cause est commune; mais ce qu'il y a de bien certain, c'est que votre mépris l'eût plus mortifié que vos poursuites, et que, quel qu'en soit le succès, elles lui feront toujours plus d'honneur que de mal.

J'ai écrit à M. de Tressan pour le remercier et le prier d'en rester là. Je vous montrerai ma réponse avec sa lettre à notre première entrevue. Je ne puis douter que je ne vous doive tous les témoignages d'estime dont elle est remplie. Tout compté, tout rabattu, il se trouve que je gagne à tous égards dans cette affaire. Pourquoi rendrons-nous du mal à ce pauvre homme pour du bien réel qu'il m'a fait? Je vous remercie et vous embrasse de tout mon cœur.

LETTRE XCIII.

A M. LE COMTE DE TRESSAN.

Paris, le 7 janvier 1756.

Quelque danger, monsieur, qu'il y ait de me rendre importun, je ne puis m'empêcher de joindre aux remerciements que je vous dois des remarques sur l'enregistrement de l'affaire de M. Palissot; et je prendrai d'abord la liberté de vous dire que mon admiration même pour les vertus du roi de Pologne ne me permet d'accepter le témoignage de bonté dont sa majesté m'honore en cette occasion, qu'à condition que tout soit oublié. J'ose dire qu'il ne lui convient pas d'accorder une grâce incomplète, et qu'il n'y a qu'un pardon sans réserve qui soit digne de sa grande ame. D'ailleurs est-ce faire grâce que d'éterniser la punition? et les registres d'une académie ne doivent-ils pas plutôt pallier que relever les petites fautes de ses membres? Enfin, quelque peu d'estime que je fasse de nos contemporains, à Dieu ne plaise que nous les avilissions à ce point, d'inscrire comme un acte de vertu ce qui n'est qu'un procédé des plus simples, que tout homme de lettres n'eût pas manqué d'avoir à ma place.

Achevez donc, monsieur, la bonne œuvre que vous avez si bien commencée, afin de la rendre digne de vous. Qu'il ne soit plus question d'une bagatelle qui a déjà fait plus de bruit et donné plus de chagrin à M. Palissot que l'affaire ne le méritoit. Qu'aurons-nous fait pour lui, si le pardon lui coûte aussi cher que la peine?

Permettez-moi de ne point répondre aux extrêmes louanges dont vous m'honorez; ce sont des leçons sévères dont je ferai mon profit : car je n'ignore pas, et cette lettre en fait foi, qu'on loue avec sobriété ceux qu'on estime parfaitement. Mais, monsieur, il faut renvoyer ces éclaircissements à nos entrevues; j'attends avec empressement le plaisir que vous me promettez, et vous verrez que, de manière ou d'autre, vous ne me louerez plus lorsque nous nous connoîtrons.

Je suis avec respect, etc.

LETTRE XCIV.

A M. PERDRIAU.

Paris, 18 janvier 1756.

Je ne sais, monsieur, pourquoi je suis toujours si fort en arrière avec vous, car je m'occupe fort agréablement en vous écrivant. Mais ce n'est pas en cela seul que je m'aperçois combien le tempérament l'emporte souvent sur l'inclination, et l'habitude sur le plaisir même.

Je commence par ce qui m'a le plus touché dans votre lettre après les témoignages d'amitié que vous m'y donnez, et qui me deviennent plus chers de jour en jour : c'est l'espèce de défiance où vous me paroissez être de vous-même, à l'entrée de la nouvelle carrière qui se présente à vous[1]. Je ne puis vous parler de vos études et de vos connoissances, parce que je ne suis rien moins que juge dans ces matières; mais j'oserai vous parler de l'instrument qui fait valoir tout cela, et dont je trouve que vous vous servez à merveille. Vous avez de la finesse dans l'esprit; c'est ce que j'ai

---

[1] * M. Perdriau avoit été reçu ministre du saint Évangile en 1738. Il fut élu professeur de belles-lettres en 1756; il en remplit les fonctions jusqu'en 1775, qu'il se démit pour exercer celles de pasteur de la cathédrale.

remarqué chez beaucoup de nos compatriotes : mais vous y joignez le naturel plus rare, qui lui donne des grâces. Je trouve dans toutes vos lettres une élégante simplicité qui va au cœur; rien de la sécheresse des lettres de pur bel esprit, et tout l'agrément qui manque souvent à celles où le sentiment seul s'épanche avec un ami. J'ai trouvé la même chose dans votre conversation; et moi qui ne crains rien tant que les gens d'esprit, je me suis, sans y songer, attaché à vous par le tour du vôtre. Avec de telles dispositions, il ne faut point que vous vous embarrassiez des caprices de votre mémoire : vous aurez peu besoin de ses ressources pour figurer dans le monde littéraire. La lecture des anciens ne vous attachera point au fatras de l'érudition; vous y prendrez cet intérêt de l'ame que la méthode et le compas ont chassés de nos écrits modernes. Si vous n'éclaircissez point quelque texte obscur, vous ferez sentir les vraies beautés de ceux qui s'entendent, et vous ferez dire à vos auditeurs qu'il vaut encore mieux imiter les anciens que les expliquer. Voilà, monsieur, ce que j'augure de vos talents, appliqués à l'étude des belles-lettres. Les inquiétudes que vous témoignez, et la manière dont vous les exprimez, m'apprennent que la seule faculté qui vous manque est le courage de mettre à profit celles que vous possédez. Il me seroit fort doux, et il ne vous seroit peut-être pas inutile en cette occasion, que la confiance que vous devez à ma sincérité vous en donnât un peu dans vos forces.

Je pense qu'il ne faut pas trop chercher de précision dans les mots *modus, numerus*, employés par Horace, non plus que dans tous les termes techniques qu'on trouve dans les poètes. Le seul endroit d'Horace où il paroisse avoir choisi les termes propres, et qu'aussi les seuls ignorants entendent et expliquent, est le *sonante mistum*, etc., de la neuvième épode. Dans tout le reste, il prend vaguement un instrument pour la musique, le nombre pour la poésie; etc.; et c'est faute d'avoir fait cette réflexion très-simple que tant de commentateurs se sont si ridiculement tourmentés sur tout cela.

Quant au sens précis des deux mots en question, c'est dans Boëce et Martianus Capella[1] qu'il faut le chercher; car ils sont, parmi les anciens, les seuls Latins dont les écrits sur la musique nous soient parvenus. Vous y trouverez que *numerus* est pris pour l'exécution du rhythme, c'est-à-dire, en fait de musique, pour la division régulière des temps et des valeurs. A l'égard du mot *modus*, il s'applique aux règles particulières de la mélodie, et surtout à celles qui constituent le mode ou le ton. Ainsi le mode faisant sur les intervalles ou degrés des sons ce que faisoit le nombre sur la durée des temps, la marche du chant, selon le premier sens,

[1] On y peut, si l'on veut, ajouter saint Augustin.

procédoit *per acutum et grave*, et, selon le second, *per arsin et thesin*.

A propos de chant, j'oubliois depuis long-temps de vous parler d'une observation que j'ai faite sur celui des psaumes dans nos temples; chant dont je loue beaucoup l'antique simplicité, mais dont l'exécution est choquante aux oreilles délicates par un défaut facile à corriger. Ce défaut est que le chantre se trouvant fort éloigné de certaines parties du temple, et le son parcourant assez lentement ces grands intervalles, sa voix se fait à peine entendre aux extrémités, qu'il a déjà changé de ton, et commencé d'autres notes; ce qui devient d'autant plus choquant en certains points que, le son arrivant beaucoup plus tard encore d'une extrémité à l'autre que du milieu où est le chantre, la masse d'air qui remplit le temple se trouve partagée à la fois en divers sons fort discordants, qui enjambent sans cesse les uns sur les autres, et choquent fortement une oreille exercée; défaut que l'orgue même ne fait qu'augmenter, parce qu'au lieu d'être au milieu de l'édifice, comme le chantre, il ne donne le ton que d'une extrémité.

Or le remède à cet inconvénient me paroît très-facile; car, comme les rayons visuels se communiquent à l'instant de l'objet à l'œil, ou du moins avec une vitesse incomparablement plus grande que celle avec laquelle le son se transmet du corps sonore à l'oreille, il suffit de substituer l'un à l'autre pour avoir, dans toute l'étendue du temple, un chant simultané et parfaitement d'accord. Il ne faut, pour cela, que placer le chantre, ou quelqu'un chargé de cette partie de sa fonction, de manière qu'il soit à la vue de tout le monde, et qu'il se serve d'un bâton de mesure dont le mouvement s'aperçoive aisément de loin, tel, par exemple, qu'un rouleau de papier. Car alors, avec la précaution de prolonger assez la première note pour que l'intonation en soit partout entendue avant de continuer, tout le reste du chant marchera bien ensemble, et la discordance observée disparoîtra infailliblement. On pourroit même, au lieu d'un homme, employer un chronomètre, dont le mouvement seroit encore plus égal.

Il résulteroit de là deux autres avantages : l'un, que, sans presque altérer le chant des psaumes, on pourra lui donner un peu de rhythme ou de quantité, et y observer du moins les longues et les brèves les plus sensibles ; l'autre, que ce qu'il a de langueur et de monotonie pourra être relevé par une harmonie juste, mâle et majestueuse, en y ajoutant la basse et les parties, selon la première intention de l'auteur, qui n'étoit pas un harmoniste à mépriser. Voilà, monsieur, ce me semble, un usage important de l'*arsis et thesis*, et du nombre. Mais je n'en puis dire davantage, et le papier me manque plutôt que l'envie de m'entretenir avec vous. Bonjour, monsieur, je vous embrasse avec respect et de tout mon cœur.

LETTRE XCV.

A M. LE COMTE DE TRESSAN.

Paris, le 23 janvier 1756.

J'apprends, monsieur, avec une vive satisfaction que vous avez entièrement terminé l'affaire de M. Palissot, et je vous en remercie de tout mon cœur. Je ne vous dirai rien du petit déplaisir qu'elle a pu vous occasioner, car ceux de cette espèce ne sont guère sensibles à l'homme sage, et d'ailleurs vous savez mieux que moi que dans les chagrins qui peuvent suivre une bonne action, le prix en efface toujours la peine. Après avoir heureusement achevé celle-ci, il ne nous reste plus rien à désirer, à vous et à moi, que de n'en plus entendre parler [1].

Je suis avec respect, etc.

---

[1] Voyez la lettre au même, du 7 janvier.

LETTRE XCVI.

A M. DE BOISSI,

En lui renvoyant la Lettre d'un bourgeois de Bordeaux, qu'il n'avoit voulu imprimer dans le *Mercure* qu'avec mon consentement, et après les retranchements que je jugerois à propos d'y faire.

Paris, le 24 janvier 1756.

Je remercie très-humblement M. de Boïssi de la bonté qu'il a eue de me communiquer cette pièce. Elle me paroît agréablement écrite, assaisonnée de cette ironie fine et plaisante qu'on appelle, je crois, *de la politesse*, et je ne m'y trouve nullement offensé. Non seulement je consens à sa publication, mais je désire même qu'elle soit imprimée dans l'état où elle est, pour l'instruction du public et pour la mienne. Si la morale de l'auteur paroît plus saine que sa logique, et si ses avis sont meilleurs que ses raisonnements, ne seroit-ce point que les défauts de ma personne se voient bien mieux que les erreurs de mon livre? Au reste, toutes les horribles choses qu'il y trouve lui montrent plus que jamais qu'il ne devroit pas perdre son temps à le lire.

LETTRE XCVII.

A MADAME D'ÉPINAY.

Mars 1756.

Enfin, madame, j'ai pris mon parti, et vous vous doutez bien que vous l'emportez; j'irai donc passer les fêtes de Pâques à l'Ermitage, et j'y resterai tant que je m'y trouverai bien et que vous voudrez m'y souffrir; mes projets ne vont pas plus loin que cela. Je vous irai voir demain, et nous en causerons; mais toujours le secret; je vous en prie. Voilà maintenant un déménagement et des embarras qui me font trembler. Oh! qu'on est malheureux d'être si riche! Il faudra que je laisse la moitié de moi-même à Paris, même quand vous n'y serez plus; cette moitié sera des chaises, des tables, des armoires, et tout ce qu'il ne faudra pas ajouter à ce que vous aurez mis à mon château. A demain.

LETTRE XCVIII.

A LA MÊME.

.... 1756.

Voilà mon maître et consolateur Plutarque; gardez-le sans scrupule aussi long-temps que vous le lirez¹; mais ne le gardez pas pour n'en rien faire, et surtout ne le prêtez à personne; car je ne veux m'en passer que pour vous. Si vous pouvez faire donner à mademoiselle Le Vasseur l'argent de sa robe, vous lui ferez plaisir; car elle a de petites emplettes à faire avant notre départ. Faites-moi dire si vous êtes délivrée de votre colique et de vos tracas domestiques, et comment vous avez passé la nuit. Bonjour, madame et amie.

LETTRE XCIX.

A M. VERNES.

Paris, le 28 mars 1756.

Recevez, mon cher concitoyen, une lettre très-courte, mais écrite avec la tendre amitié que j'ai

---

¹ * Madame d'Épinay l'avoit prié de lui prêter le quatrième volume des *Hommes illustres*.

pour vous. C'est à regret que je vois prolonger le temps qui doit nous rapprocher; mais je désespère de pouvoir m'arracher d'ici cette année : quoi qu'il en soit, ou je ne serai plus en vie, ou vous m'embrasserez au printemps 57. Voilà une résolution inébranlable.

Vous êtes content de l'article *Économie* : je le crois bien; mon cœur me l'a dicté et le vôtre l'a lu. M. Labat m'a dit que vous aviez dessein de l'employer dans votre *Choix littéraire* : n'oubliez pas de consulter l'*errata*. J'avois fait quelque chose que je vous destinois; mais ce qui vous surprendra fort, c'est que cela s'est trouvé si gai et si fou, qu'il n'y a nul moyen de l'employer, et qu'il faut le réserver pour le lire le long de l'Arve avec son ami. Ma copie m'occupe tellement à Paris, qu'il m'est impossible de méditer; il faut voir si le séjour de la campagne ne m'inspirera rien pendant les beaux jours.

Il est difficile de se brouiller avec quelqu'un que l'on ne connoît pas; ainsi il n'y a nulle brouillerie entre M. Palissot et moi. On prétendoit cet hiver qu'il m'avoit joué à Nanci devant le roi de Pologne, et je n'en fis que rire [1]; on ajoutoit qu'il avoit aussi joué feu madame la marquise du Châtelet, femme considérable par son mérite personnel et par sa grande naissance, considérée

---

[1]* Voyez la lettre au comte de Tressan, en date du 7 janvier 1756.

principalement en Lorraine comme étant de l'une
des grandes maisons de ce pays-là, et à la cour du
roi de Pologne, où elle avoit beaucoup d'amis, à
commencer par le roi même. Il me parut que tout
le monde étoit choqué de cette imprudence, que
l'on appeloit impudence. Voilà ce que j'en savois
quand je reçus une lettre du comte de Tressan,
qui en occasiona d'autres dont je n'ai jamais parlé
à personne, mais dont je crois vous devoir envoyer copie sous le secret, ainsi que de mes réponses; car, quelque indifférence que j'aie pour
les jugements du public, je ne veux pas qu'ils
abusent mes vrais amis. Je n'ai jamais eu sur le
cœur la moindre chose contre M. Palissot; mais
je doute qu'il me pardonne aisément le service
que je lui ai rendu.

Bonjour, mon bon et cher concitoyen; soyons
toujours gens de bien, et laissons bavarder les
hommes. Si nous voulons vivre en paix, il faut
que cette paix vienne de nous-mêmes.

LETTRE C.

A MADAME D'ÉPINAY.

Ce jeudi 1756.

J'avois oublié que j'allois dîner aujourd'hui chez le baron, et que par conséquent je ne puis m'aller promener avec vous cet après-midi.

Occupé des moyens de vivre tranquillement dans ma solitude, je cherche à convertir en argent tout ce qui m'est inutile, et ma musique me l'est encore plus que mes livres; de sorte que si vous n'êtes pas excédée des embarras que je vous donne, j'ai envie de vous l'envoyer toute. Vous y choisirez tout ce dont vous pourrez me défaire, et je tâcherai de mon côté de me défaire du reste. Je ne puis vous dire avec combien de plaisir je m'occupe de l'idée de ne plus voir que vous.

LETTRE CI.

A LA MÊME.

Ce samedi 1756.

J'ai passé hier au soir chez vous; vous étiez déjà sortie : vous m'aviez promis de m'envoyer dire de vos nouvelles, et je n'ai vu personne : cela m'inquiète, et je vous prie de me tirer de peine. Ayez la bonté de me renvoyer aussi ce qui vous reste de livres et de musique à moi. Bonjour, madame; je ne puis vous en dire davantage pour ce matin, car je suis horriblement occupé de mon déménagement : ce qui n'arriveroit pas s'il étoit composé d'objets plus considérables, et que soixante bras s'en occupassent pour moi. Soit dit en réponse à votre étonnement.

LETTRE CII.

A LA MÊME.

Mars 1756.

J'ai vu M. Deleyre, et nous sommes convenus qu'il acheveroit le mois commencé, et qu'il vous prieroit de remercier M. de Saint-Lambert pour la suite; au surplus, je pense qu'il n'y a que la présence de Conti qui l'ait empêché de profiter de votre offre, et qu'il en profitera si vous la renouvelez.

Quoique mon parti soit bien pris, je suis jusqu'à mon délogement dans un état de crise qui me tourmente; je désire passionnément de pouvoir aller m'établir de samedi en huit. Si cette accélération demande des frais, trouvez bon que je les supporte ; je n'en ai jamais fait de meilleur cœur, ni de plus utiles à mon repos.

Faites-moi donner des nouvelles de votre santé. J'irai vous voir ce soir ou demain.

LETTRE CIII.

A LA MÊME.

Mars 1756.

Voici de la musique que j'ai retrouvée encore. Ne vous fatiguez pas cependant pour chercher à me défaire de tout cela ; car je trouverai à débiter de mon côté tout ce qui vous sera resté en livres et en musique, que j'enverrai chercher pour cela dans une huitaine de jours. Faites-moi dire comment vous vous trouvez de vos fatigues d'hier. Je sais que l'amitié vous les rendoit douces ; mais je crains bien que le corps ne paie un peu les plaisirs du cœur, et que l'un ne fasse quelquefois souffrir l'autre. Pour moi, je suis déjà, par la pensée, établi dans mon château, pour n'en plus sortir que quand vous habiterez le vôtre. Bonjour, ma bonne amie. Ne croyez pas pourtant que je veuille employer ce mot en formule ; il ne faut pas qu'il soit écrit, mais gravé, et vous y donnez tous les jours quelque coup de burin qui rendra bientôt la plume inutile, ou plutôt superflue.

LETTRE CIV.

A LA MÊME [1].

Quoique le temps me contrarie depuis mon arrivée ici, je viens de passer les trois jours les plus tranquilles et les plus doux de ma vie; ils le seront encore plus quand les ouvriers qu'occupe mon luxe ou votre sollicitude seront partis. Ainsi je ne serai proprement dans ma solitude que d'ici à deux ou trois jours; en attendant, je m'arrange, non selon la morale turque, qui veut qu'on ne s'établisse ici-bas aucun domicile durable, mais selon la mienne, qui me porte à ne jamais quitter celui que j'occupe. Vous me trouverez rangé délicieusement, à la magnificence près que vous y avez mise, et qui, toutes les fois que j'entre dans ma chambre, me fait chercher respectueusement l'habitant d'un lieu si bien meublé. Au surplus, je ne vous conseille pas beaucoup de compter sur des compliments à notre première entrevue; je vous réserve, au contraire, une censure griève

[1] * Cette lettre n'est point datée : mais comme elle fut écrite *trois jours après* son arrivée à l'Ermitage, elle doit être du 12 avril 1756.

d'être venue malade et souffrante m'installer ici sans égard pour vous ni pour moi. Hâtez-vous de me rassurer sur les suites de cette indiscrétion, et souvenez-vous, une fois pour toutes, que je ne vous pardonnerai jamais d'oublier ainsi mes intérêts en songeant aux vôtres.

J'ai trouvé deux erreurs dans le compte joint à l'argent que vous m'avez remis; toutes deux sont à votre préjudice, et me font soupçonner que vous pourriez bien en avoir fait d'autres de même nature, ce qui ne vous réussiroit pas long-temps; l'une est de quatorze livres, en ce que vous payez sept mains de papier de Hollande à cinq livres cinq sous au lieu de trois livres cinq sous qu'il m'a coûté, et que je vous ai marquées; l'autre est de six livres, pour un Racine que je n'ai jamais eu, et que par conséquent vous ne pouvez avoir vendu à mon profit; ce sont donc vingt francs dont vous êtes créditée sur ma caisse. Soit dit sur l'argent, et revenons à nous.

Je n'ai songé qu'à moi ces jours-ci; je savourois les beautés de mon habitation et les charmes d'une entière liberté; mais en me promenant ce matin dans un lieu délicieux, j'y ai mis mon ancien ami Diderot à côté de moi, et, en lui faisant remarquer les agréments de la promenade, je me suis aperçu qu'ils s'augmentoient pour moi-même. Je ne sais si je pourrai jamais jouir réellement de cette augmentation; si cela peut se faire un jour, ce ne sera guère que par le crédit de mon ancien ami Grimm : peut-être pourra-t-il et voudra-t-il bien me procurer une visite de l'ami que je lui ai procuré, et partager avec moi le plaisir que j'aurai de le recevoir. Ce n'est pas encore le temps de parler de tout cela ; mais vous, quand vous verra-t-on, vous en santé, et votre sauveur[1] sans affaire ? Il m'a promis de venir, et le fera sans doute. Quant à vous, ma bonne amie, quelque envie que j'aie de vous voir, si vous venez sans lui, ne venez pas du moins sans sa permission. Bonjour ; malgré la barbe de l'ermite et la fourrure de l'ours, trouvez bon que je vous embrasse ; et portez aux pieds du seigneur de la case les hommages de son très-dévoué sujet et fontainier honoraire[2].

Les gouverneuses veulent que je vous supplie d'agréer leurs très-humbles respects ; elles s'accoutument ici presque aussi bien que moi, et beaucoup mieux que mon chat.

[1]* Il désigne par cette expression Tronchin, alors à Paris, et que madame d'Épinay consultoit sur l'état de sa santé.
[2]* Le réservoir des eaux du parc de la Chevrette étoit à l'Ermitage.

LETTRE CV.

A LA MÊME.

L'Ermitage, mai 1756.

Je commence à être bien inquiet de vous, madame : voici la quatrième fois de suite que je vous écris sans réponse ; et moi, qui n'ai jamais manqué de vous répondre depuis votre retour à Paris, je ne mérite ni cette négligence de votre part, ni le reproche que vous m'avez fait de la mienne. Tranquillisez-moi, je vous en prie, et faites-moi dire, au moins, que vous vous portez bien, afin que je ne sois pas alarmé, et que je me contente d'être en colère.

Je rouvre ma lettre écrite et cachetée en recevant la vôtre et le moulin. Vous m'apaisez aux dépens de ma tranquillité. J'aurois bien des choses à vous dire, mais vos exprès m'obligent de renvoyer tout cela à un autre temps. Je vous jure que je vous ferois volontiers mettre à la Bastille si j'étois sûr d'y pouvoir passer six mois avec vous tête à tête ; je suis persuadé que nous en sortirions tous deux plus vertueux et plus heureux.

Ne comptez pas sur moi pour le dîner de mardi ; si Diderot me tient parole, je ne pourrois vous la tenir. Je ne suis pas non plus décidé sur le voyage de Genève. Si vous couchez à la Chevrette, j'irai sûrement vous y voir le lendemain pour peu que le temps soit supportable ; là nous causerons, sinon je vous écrirai plus amplement.

Voilà une lettre de Tronchin au commencement de laquelle je ne comprends rien, parce que je ne suis point au fait. Lisez-la, et faites-la remettre ensuite à Deleyre, ou copie de ce qui regarde son ami. Ne vous tracassez point l'esprit de chimères. Livrez-vous aux sentiments honnêtes de votre bon cœur, et en dépit de vos systèmes vous serez heureuse ; les maladies même ne vous en empêcheront pas. Adieu.

Voilà encore une lettre de Romilly [1]. Je ne connois point M. de Silhouette ; peut-être que si Grimm vouloit se mêler de cette affaire, ou vous dire ce qu'il faut faire, vous pourriez servir cet honnête homme et obliger votre ami.

---

[1] Célèbre horloger de Genève qui s'établit à Paris. Il est auteur des articles de l'Encyclopédie relatifs à son art. M. de Corancez devint son gendre.

LETTRE CVI.

A LA MÊME.

L'Ermitage, mai 1756.

Je voulois vous aller voir jeudi, mais le temps qu'il fait gâta tellement les chemins qu'ils ne sont pas encore essuyés; je compte pourtant, s'il fait beau, tenter demain le voyage. En attendant, faites-moi donner de vos nouvelles, car je suis inquiet de votre situation de corps et d'esprit. Bonjour, madame et amie; j'aspire à ces moments de tranquillité où vous aurez le temps de m'aimer un peu.

Voilà vos deux livres dont je vous remercie.

LETTRE CVII.

A LA MÊME.

L'Ermitage, mai 1756.

Vous serez bien aise, madame, d'apprendre que mon séjour me charme de plus en plus; vous ou moi nous changerons beaucoup, ou je n'en sortirai jamais. Vous goûterez, conjointement avec

M. d'Épinay, le plaisir d'avoir fait un homme heureux. C'est de quoi n'avoir pas regret à l'échange de manteau dont vous m'offrez la moitié[1].

Il me reste une petite épine à tirer, c'est le reste de mon délogement. Il faudra, madame, que vous acheviez, s'il vous plaît, de me tirer de cet embarras. Pour cela je voudrois...; mais allons un peu par ordre, car je voudrois tant de choses qu'il me faut des *primo* et des *secundo*.

1° Payer à madame Sabi 39 liv. 16 s. pour loyer et capitation, selon la note que j'en ai faite sur le petit livre ci-joint.

2° Recevoir quittance de l'un et de l'autre sur ledit livre.

3° Donner congé pour la fin de ce terme.

4° Faire aujourd'hui démonter le lit et la tapisserie de l'alcôve, si cela se peut.

5° Charger l'un et l'autre sur la voiture du jardinier, avec les matelas et ce qu'on y pourra joindre de poterie et menus ustensiles.

6° Il faudroit, pour cela, envoyer quelqu'un d'entendu avec le garçon jardinier, qui pût démonter et emballer le tout sans rien gâter.

7° Il restera, pour un autre voyage, un lit de

---

[1]* Allusion à ce que lui avoit dit madame d'Épinay dans une conversation précédente. « Faites comme moi, mon ami. Si ceux « que j'ai crus mes amis sont faux, méchants et injustes, je les « laisse, je les plains, et je m'enveloppe de mon manteau. En vou- « lez-vous la moitié ? »

camp qui est dans le grenier, une quarantaine de bouteilles qui sont encore à la cave, et l'armoire, avec les brochures et paperasses qu'elle contient, et pour le transport desquelles j'enverrai d'ici une malle, avec une lettre pour prier M. Deleyre de présider à ce dépaperassement.

Il faut ajouter à cela la petite précaution de commencer par payer madame Sabi, afin qu'elle ne s'effarouche pas de voir achever de vider mon appartement sans faire mention du terme commencé, et par conséquent dû.

Tout ceci suppose que le déménagement de madame d'Esclavelles est achevé, et afin que la voiture du jardinier ne revienne pas à vide tant qu'il y a des choses à rapporter. Au surplus, ma grande prudence, qui a fait tous ces arrangements avec beaucoup d'effort, ne laisse pas de s'en remettre à la vôtre sur les changements qu'il pourroit être à propos de faire à ce projet.

Recevez les très-humbles remerciements de mademoiselle Le Vasseur. Vous aviez donc deviné que la bouteille à l'encre avoit été très-exactement répandue de la Chevrette ici sur tout le linge des bonnes gens, dont à peine une seule pièce est restée intacte? Il semble que vous ayez, ainsi que les dieux, une providence prévoyante et bienfaisante; c'est à peu près ce qui a été dit en recevant votre présent. Le temps ne se raccommode point encore, et votre maison ne s'achève point. Ce n'est pas de quoi se rapprocher sitôt. Ce que vous avez à faire pour mettre cet intervalle à profit, c'est de continuer à raffermir tellement votre santé, que, quand vous serez à la Chevrette, vous puissiez venir fréquemment à l'Ermitage chercher un ami et la solitude. Je vous montrerai des promenades délicieuses, que j'en aimerai davantage encore quand une fois vous les aimerez.

Votre conseil est bon, et j'en userai désormais. J'aimerai mes amis sans inquiétude, mais sans froideur; je les verrai avec transport, mais je saurai me passer d'eux. Je sens qu'ils ne cesseront jamais de m'être également chers, et je n'ai perdu pour eux que cette délicatesse excessive qui me rendoit quelquefois incommode et presque toujours mécontent. Au surplus, je n'ai jamais douté des bonnes résolutions de Diderot; mais il y a loin de sa porte à la mienne, et bien des gens à gratter en chemin. Je suis perdu s'il s'arrange pour me venir voir; cent fois il en fera le projet, et je ne le verrai pas une. C'est un homme qu'il faudroit enlever de chez lui, et le prendre par force pour lui faire faire ce qu'il veut.

Bonjour, ma bonne amie, et non pas madame, quoique je l'aie mis deux fois par inadvertance au commencement de ce griffonnage. Mais pourquoi ce correctif, et que fait la différence des mots quand le cœur leur donne à tous le même sens?

LETTRE CVIII.

A LA MÊME.

Ce jeudi 1756 [1].

Vous verrez, madame, par le billet ci-joint, que madame de Chenonceaux voudroit avoir pour une heure ou deux le poème de la *Religion naturelle*, et comme, dans l'affliction de cette pauvre femme, les moindres services sont des actes d'humanité, j'espère que vous m'aiderez avec plaisir dans celui-ci, en me prêtant le poème en question, que je me charge de remettre ce soir ou demain matin à votre laquais si vous voulez bien me l'envoyer. J'ai déjà marqué à madame de Chenonceaux que quant aux vers sur le tremblement de terre, je ne savois où les trouver.

Voici votre air; je vous prie de vouloir bien rembourser à M. Linant ce que je lui dois, jusqu'à ce que je puisse vous rembourser moi-même, ce que je crains bien de ne pouvoir faire samedi, car je ne me sens pas en état de sortir.

Faites-moi dire de vos nouvelles, je vous supplie, et recevez avec la révérence de l'ours les respects de l'amitié.

[1] Le poème de la *Religion naturelle*, de Voltaire, dont il est question, sert à donner une date à cette lettre : il parut en 1756.

LETTRE CIX.

A LA MÊME.

1756.

Je suis inquiet, madame, de l'état où je vous ai laissée hier; faites-moi donner des nouvelles de votre santé. Efforcez-vous de la rétablir pour l'amour de vous et de moi, et croyez, malgré toute la maussaderie de votre sauvage, que vous trouverez difficilement un plus véritable ami que lui.

LETTRE CX.

A M. DE SCHEYB,

SECRÉTAIRE DES ÉTATS DE LA BASSE-AUTRICHE.

A l'Ermitage, le 15 juillet 1756.

Vous me demandez, monsieur, des louanges pour vos augustes souverains et pour les lettres qu'ils font fleurir dans leurs états. Trouvez bon que je commence par louer en vous un zélé sujet de l'impératrice et un bon citoyen de la république des lettres. Sans avoir l'honneur de vous connoître, je dois juger, à la ferveur qui vous anime, que vous vous acquittez parfaitement vous-même des devoirs que vous imposez aux autres, et que vous exercez à la fois les fonctions d'homme d'état au gré de leurs majestés, et celles d'auteur au gré du public.

A l'égard des soins dont vous me chargez, je sais bien, monsieur, que je ne serois pas le premier républicain qui auroit encensé le trône, ni le premier ignorant qui chanteroit les arts; mais je suis si peu propre à remplir dignement vos intentions, que mon insuffisance est mon excuse, et je ne sais comment les grands noms que vous citez vous ont laissé songer au mien. Je vois d'ailleurs, au ton dont la flatterie usa de tout temps avec les princes vulgaires, que c'est honorer ceux qu'on estime que de les louer sobrement; car on sait que les princes loués avec le plus d'excès sont rarement ceux qui méritent le mieux de l'être. Or il ne convient à personne de se mettre sur les rangs avec le projet de faire moins que les autres, surtout quand on doit craindre de faire moins bien. Permettez-moi donc de croire qu'il n'y a pas plus de vrai respect pour l'empereur et l'impératrice-reine dans les écrits des auteurs célèbres dont vous me parlez, que dans mon silence, et que ce seroit une témérité de le rompre à leur exemple, à moins que d'avoir leurs talents.

Vous me pressez aussi de vous dire si leurs majestés impériales ont bien fait de consacrer de magnifiques établissements et des sommes immenses à des leçons publiques dans leur capitale ; et, après la réponse affirmative de tant d'illustres auteurs, vous exigez encore la mienne. Quant à moi, monsieur, je n'ai pas les lumières nécessaires pour me déterminer aussi promptement ; et je ne connois pas assez les mœurs et les talents de vos compatriotes pour en faire une application sûre à votre question. Mais voici là-dessus le précis de mon sentiment, sur lequel vous pourrez, mieux que moi, tirer la conclusion.

Par rapport aux mœurs. Quand les hommes sont corrompus, il vaut mieux qu'ils soient savants qu'ignorants ; quand ils sont bons, il est à craindre que les sciences ne les corrompent.

Par rapport aux talents. Quand on en a, le savoir les perfectionne et les fortifie ; quand on en manque, l'étude ôte encore la raison, et fait un pédant et un sot d'un homme de bon sens et de peu d'esprit.

Je pourrois ajouter à ceci quelques réflexions. Qu'on cultive ou non les sciences, dans quelque siècle que naisse un grand homme, il est toujours un grand homme ; car la source de son mérite n'est pas dans les livres, mais dans sa tête, et souvent les obstacles qu'il trouve et qu'il surmonte ne font que l'élever et l'agrandir encore. On peut acheter la science et même les savants ; mais le génie, qui rend le savoir utile, ne s'achète point; il ne connoît ni l'argent, ni l'ordre des princes; il ne leur appartient point de le faire naître, mais seulement de l'honorer; il vit et s'immortalise avec la liberté qui lui est naturelle, et votre illustre Métastase lui-même étoit déjà la gloire de l'Italie avant d'être accueilli de Charles VI. Tâchons donc de ne pas confondre le vrai progrès des talents avec la protection que les souverains peuvent leur accorder. Les sciences règnent pour ainsi dire à la Chine depuis deux mille ans, et n'y peuvent sortir de l'enfance, tandis qu'elles sont dans leur vigueur en Angleterre, où le gouvernement ne fait rien pour elles. L'Europe est vainement inondée de gens de lettres, les gens de mérite y sont toujours rares; les écrits durables le sont encore plus, et la postérité croira qu'on fit bien peu de livres dans ce même siècle où l'on en fait tant.

Quant à votre patrie en particulier, il se présente, monsieur, une observation bien simple: l'impératrice et ses augustes ancêtres n'ont pas eu besoin de gagner des historiens et des poètes pour célébrer les grandes choses qu'ils vouloient faire; mais ils ont fait de grandes choses, et elles ont été consacrées à l'immortalité comme celles de cet ancien peuple qui savoit agir et n'écrivoit point. Peut-être manquoit-il à leurs travaux le plus digne de les couronner, parce qu'il est le plus difficile; c'est de soutenir, à l'aide des lettres, tant de gloire acquise sans elles.

Quoi qu'il en soit, monsieur, assez d'autres donneront aux protecteurs des sciences et des arts des éloges que leurs majestés impériales partageront avec la plupart des rois : pour moi, ce que j'admire en elles, et qui leur est plus véritablement propre, c'est leur amour constant pour la vertu et pour tout ce qui est honnête. Je ne nie pas que votre pays n'ait été long-temps barbare; mais je dis qu'il étoit plus aisé d'établir les beaux-arts chez les Huns, que de faire de la plus grande cour de l'Europe une école de bonnes mœurs[1].

Au reste, je dois vous dire que votre lettre ayant été adressée à Genève avant de venir à Paris, elle a resté près de six semaines en route, ce qui m'a privé du plaisir d'y répondre aussitôt que je l'aurois voulu.

Je suis, autant qu'un honnête homme peut l'être d'un autre, monsieur, etc.

[1] Dans cette lettre, qu'un mélange de persiflage et de philosophie rend très-remarquable, Rousseau résume son opinion sur la querelle littéraire élevée à l'occasion de son premier discours. Quand il dit qu'il vaut *mieux que les hommes corrompus soient savants qu'ignorants*, il fait voir combien on avoit dénaturé cette opinion. En demandant des louanges pour ses souverains, M. Scheyb s'adressoit à quelqu'un qui n'en étoit pas prodigue. (Note de M. Musset-Pathay.)

LETTRE CXI.

A MADAME D'ÉPINAY.

L'Ermitage, août 1756.

Je suis arrivé saucé, et à une heure de nuit, mais du reste sans accident, et je vous remercie de votre inquiétude.

Votre jardinier a encore emporté ce matin des pêches au marché de Montmorency. On ne peut rien ajouter à l'effronterie qu'il met dans ses vols; et bien loin que ma présence ici le retienne, je vois très-évidemment qu'elle lui sert de raison pour porter chez vous encore moins de fruits qu'à l'ordinaire. Il n'y aura de long-temps rien à faire à votre jardin; vous épargneriez les restes de votre fruit si vous lui donniez congé plus tôt que plus tard : bien entendu que vous m'aurez fait avertir d'avance, et que vous vous ferez rendre en même temps la clef de la maison. A l'égard du lit et de ce qui est dans sa chambre, comme j'ignore ce qui est à vous ou à lui, je ne lui laisserai rien emporter sans un ordre de votre part. Il est inutile que personne couche ici, et si cela est nécessaire, je pourrai y faire coucher quelqu'un du voisinage sur qui je compte, et à qui d'ailleurs je ne confierai pas la clef : en attendant vous aurez le temps de faire chercher un jardinier. La seule précaution dont j'aurois besoin pour le repos des gouverneuses, ce seroit un fusil ou des pistolets pour cet hiver; mais je ne trouve personne qui m'en veuille prêter, et il ne seroit pas raisonnable d'en acheter. Au fond, je vois que nous sommes ici en parfaite sûreté et sous la protection des voisins. Je suis obligé de vous écrire tout ceci, car il est difficile d'avoir de conversation tranquille dans les courts intervalles que j'ai à passer près de vous. Bonjour, madame; on va d'abord se mettre à votre ouvrage, et il se fera sans interruption. Mes respects à madame d'Esclavelles, et mes amitiés au tyran[1] et à vos enfants. Mon pied va mieux, malgré la fatigue.

LETTRE CXII.

A M. DE VOLTAIRE.

Le 18 août, 1756.

Vos deux derniers poèmes, monsieur[2], me sont parvenus dans ma solitude, et quoique tous mes

---

[1] C'est ainsi qu'il appeloit Grimm. Comme il se peignoit le visage, on le nommoit *Tyran-le-Blanc*.

[2] Celui sur le Désastre de Lisbonne, et celui sur la Loi naturelle.

amis connoissent l'amour que j'ai pour vos écrits, je ne sais de quelle part ceux-ci me pourroient venir, à moins que ce ne soit de la vôtre. Ainsi je crois devoir vous remercier à la fois de l'exemplaire et de l'ouvrage. J'y ai trouvé le plaisir avec l'instruction, et reconnu la main du maître. Je ne vous dirai pas que tout m'en paroisse également bon; mais les choses qui m'y déplaisent ne font que m'inspirer plus de confiance pour celles qui me transportent : ce n'est pas sans peine que je défends quelquefois ma raison contre les charmes de votre poésie; mais c'est pour rendre mon admiration plus digne de vos ouvrages que je m'efforce de n'y pas tout admirer [1].

Je ferai plus, monsieur, je vous dirai sans détour non les beautés que j'ai cru sentir dans ces deux poèmes, la tâche effraieroit ma paresse, ni même les défauts qu'y remarqueront peut-être de plus habiles gens que moi, mais les déplaisirs qui troublent en cet instant le goût que je prenois à vos leçons; et je vous les dirai, encore attendri d'une première lecture où mon cœur écoutoit avidement le vôtre, vous aimant comme mon frère, vous honorant comme mon maître, me flattant enfin que vous reconnoîtrez dans mes intentions la franchise d'une ame droite, et dans mes discours le ton d'un ami de la vérité qui parle à un philosophe. D'ailleurs, plus votre second poème

---

[1] * M. de La Harpe trouva ce langage peu respectueux.

m'enchante, plus je prends librement parti contre le premier ; car, si vous n'avez pas craint de vous opposer à vous-même, pourquoi craindrois-je d'être de votre avis ? Je dois croire que vous ne tenez pas beaucoup à des sentiments que vous réfutez si bien.

Tous mes griefs sont donc contre votre *Poëme sur le désastre de Lisbonne*, parce que j'en attendois des effets plus dignes de l'humanité qui paroît vous l'avoir inspiré. Vous reprochez à Pope et à Leibnitz d'insulter à nos maux en soutenant que tout est bien, et vous chargez tellement le tableau de nos misères, que vous en aggravez le sentiment : au lieu des consolations que j'espérois, vous ne faites que m'affliger ; on diroit que vous craignez que je ne voie pas assez combien je suis malheureux, et vous croiriez, ce semble, me tranquilliser beaucoup en me prouvant que tout est mal.

Ne vous y trompez pas, monsieur, il arrive tout le contraire de ce que vous vous proposez. Cet optimisme, que vous trouvez si cruel, me console pourtant dans les mêmes douleurs que vous me peignez comme insupportables. Le poème de Pope adoucit mes maux et me porte à la patience ; le vôtre aigrit mes peines, m'excite aux murmures, et m'ôtant tout, hors une espérance ébranlée, il me réduit au désespoir. Dans cette étrange opposition qui règne entre ce que vous prouvez et ce que j'éprouve, calmez la perplexité qui m'agite, et dites-moi qui s'abuse du sentiment ou de la raison.

« Homme, prends patience, me disent Pope et « Leibnitz, les maux sont un effet nécessaire de la « nature et de la constitution de cet univers. L'Être « éternel et bienfaisant qui le gouverne eût voulu « t'en garantir : de toutes les économies possibles, « il a choisi celle qui réunissoit le moins de mal et « le plus de bien; ou, pour dire la même chose « encore plus crûment s'il le faut, s'il n'a pas mieux « fait, c'est qu'il ne pouvoit mieux faire. »

Que me dit maintenant votre poème? « Souffre « à jamais, malheureux. S'il est un Dieu qui t'ait « créé, sans doute il est tout-puissant, il pouvoit « prévenir tous tes maux : n'espère donc jamais « qu'ils finissent; car on ne sauroit voir pourquoi « tu existes, si ce n'est pour souffrir et mourir. » Je ne sais ce qu'une pareille doctrine peut avoir de plus consolant que l'optimisme et que la fatalité même; pour moi, j'avoue qu'elle me paroît plus cruelle encore que le manichéisme. Si l'embarras de l'origine du mal vous forçoit d'altérer quelqu'une des perfections de Dieu, pourquoi vouloir justifier sa puissance aux dépens de sa bonté? S'il faut choisir entre deux erreurs, j'aime encore mieux la première.

Vous ne voulez pas, monsieur, qu'on regarde votre ouvrage comme un poème contre la Providence ; et je me garderai bien de lui donner ce nom, quoique vous ayez qualifié de livre contre le genre humain un écrit [1] où je plaidois la cause du genre humain contre lui-même. Je sais la distinction qu'il faut faire entre les intentions d'un auteur et les conséquences qui peuvent se tirer de sa doctrine. La juste défense de moi-même m'oblige seulement à vous faire observer qu'en peignant les misères humaines mon but étoit excusable et même louable, à ce que je crois ; car je montrois aux hommes comment ils faisoient leurs malheurs eux-mêmes, et par conséquent comment ils les pouvoient éviter.

Je ne vois pas qu'on puisse chercher la source du mal moral ailleurs que dans l'homme libre, perfectionné, partant corrompu ; et quant aux maux physiques, si la matière sensible et impassible est une contradiction, comme il me le semble, ils sont inévitables dans tout système dont l'homme fait partie ; et alors la question n'est point pourquoi l'homme n'est pas parfaitement heureux, mais pourquoi il existe. De plus, je crois avoir montré qu'excepté la mort, qui n'est presque un mal que par les préparatifs dont on la fait précéder, la plupart de nos maux physiques sont encore notre ouvrage. Sans quitter votre sujet de Lisbonne, convenez, par exemple, que la nature n'avoit point rassemblé là vingt mille maisons de

[1] Le discours sur l'origine de l'inégalité.

six à sept étages, et que si les habitants de cette grande ville eussent été dispersés plus également et plus légèrement logés, le dégât eût été beaucoup moindre, et peut-être nul. Tout eût fui au premier ébranlement, et on les eût vus le lendemain à vingt lieues de là, tout aussi gais que s'il n'étoit rien arrivé. Mais il faut rester, s'opiniâtrer autour des masures, s'exposer à de nouvelles secousses, parce que ce qu'on laisse vaut mieux que ce qu'on peut emporter. Combien de malheureux ont péri dans ce désastre pour vouloir prendre l'un ses habits, l'autre ses papiers, l'autre son argent! Ne sait-on pas que la personne de chaque homme est devenue la moindre partie de lui-même, et que ce n'est presque pas la peine de la sauver quand on a perdu tout le reste.

Vous auriez voulu que le tremblement se fût fait au fond d'un désert plutôt qu'à Lisbonne. Peut-on douter qu'il ne s'en forme aussi dans les déserts? Mais nous n'en parlons point, parce qu'ils ne font aucun mal aux messieurs des villes, les seuls hommes dont nous tenions compte. Ils en font peu même aux animaux et aux sauvages qui habitent épars ces lieux retirés, et qui ne craignent ni la chute des toits, ni l'embrasement des maisons. Mais que signifieroit un pareil privilège? Seroit-ce donc à dire que l'ordre du monde doit changer selon nos caprices, que la nature doit être soumise à nos lois, et que, pour lui interdire un tremblement de terre en quelque lieu, nous n'avons qu'à y bâtir une ville?

Il y a des évènements qui nous frappent souvent plus ou moins, selon les faces par lesquelles on les considère, et qui perdent beaucoup de l'horreur qu'ils inspirent au premier aspect, quand on veut les examiner de près. J'ai appris dans *Zadig*, et la nature me confirme de jour en jour qu'une mort accélérée n'est pas toujours un mal réel, et qu'elle peut quelquefois passer pour un bien relatif. De tant d'hommes écrasés sous les ruines de Lisbonne, plusieurs, sans doute, ont évité de plus grands malheurs; et malgré ce qu'une pareille description a de touchant et fournit à la poésie, il n'est pas sûr qu'un seul de ces infortunés ait plus souffert que si, selon le cours ordinaire des choses, il eût attendu dans de longues angoisses la mort qui l'est venu surprendre. Est-il une fin plus triste que celle d'un mourant qu'on accable de soins inutiles, qu'un notaire et des héritiers ne laissent pas respirer, que les médecins assassinent dans son lit à leur aise, et à qui des prêtres barbares font avec art savourer la mort? Pour moi, je vois partout que les maux auxquels nous assujettit la nature sont moins cruels que ceux que nous y ajoutons.

Mais, quelque ingénieux que nous puissions être à fomenter nos misères à force de belles institutions, nous n'avons pu jusqu'à présent nous perfectionner au point de nous rendre généralement la vie à charge, et de préférer le néant à notre existence, sans quoi le découragement et le désespoir se seroient bientôt emparés du plus grand nombre, et le genre humain n'eût pu subsister long-temps. Or, s'il est mieux pour nous d'être que de n'être pas, c'en seroit assez pour justifier notre existence, quand même nous n'aurions aucun dédommagement à attendre des maux que nous avons à souffrir, et que ces maux seroient aussi grands que vous les dépeignez. Mais il est difficile de trouver sur ce point de la bonne foi chez les hommes, et de bons calculs chez les philosophes, parce que ceux-ci, dans la comparaison des biens et des maux, oublient toujours le doux sentiment de l'existence indépendant de toute autre sensation, et que la vanité de mépriser la mort engage les autres à calomnier la vie, à peu près comme ces femmes qui, avec une robe tachée et des ciseaux, prétendent aimer mieux des trous que des taches.

Vous pensez, avec Érasme, que peu de gens voudroient renaître aux mêmes conditions qu'ils ont vécu; mais tel tient sa marchandise fort haut, qui en rabattroit beaucoup s'il avoit quelque espoir de conclure le marché. D'ailleurs, qui dois-je croire que vous avez consulté sur cela? Des riches, peut-être, rassasiés de faux plaisirs, mais ignorant les véritables, toujours ennuyés de la vie, et toujours tremblants de la perdre; peut-être des gens de lettres, de tous les ordres d'hommes le plus sédentaire, le plus malsain, le plus réfléchissant, et par conséquent le plus malheureux. Voulez-vous trouver des hommes de meilleure composition, ou du moins, communément plus sincères, et qui, formant le plus grand nombre, doivent au moins pour cela être écoutés par préférence; consultez un honnête bourgeois qui aura passé une vie obscure et tranquille, sans projets et sans ambition; un bon artisan qui vit commodément de son métier; un paysan même, non de France, où l'on prétend qu'il faut les faire mourir de misère afin qu'ils nous fassent vivre, mais du pays, par exemple, où vous êtes, et généralement de tout pays libre. J'ose poser en fait qu'il n'y a peut-être pas dans le Haut-Valais un seul montagnard mécontent de sa vie presque automate, et qui n'acceptât volontiers, au lieu même du paradis qu'il attend et qui lui est dû, le marché de renaître sans cesse pour végéter ainsi perpétuellement. Ces différences me font croire que c'est souvent l'abus que nous faisons de la vie qui nous la rend à charge; et j'ai bien moins bonne opinion de ceux qui sont fâchés d'avoir vécu, que de celui qui peut dire avec Caton : *Nec me vixisse pœnitet, quoniam ita vixi ut frustra me natum non existimem.* Cela n'empêche pas que le sage ne puisse quelquefois déloger volontairement, sans murmure et sans désespoir, quand la nature ou la fortune lui porte bien distinctement l'ordre de mourir. Mais, selon le cours ordinaire des choses, de quelques maux que soit semée la vie humaine, elle n'est pas, à tout prendre, un mauvais présent; et si ce n'est pas toujours un mal de mourir, c'en est un fort rarement de vivre.

Nos différentes manières de penser sur tous ces points m'apprennent pourquoi plusieurs de vos preuves sont peu concluantes pour moi : car je n'ignore pas combien la raison humaine prend plus facilement le moule de nos opinions que celui de la vérité, et qu'entre deux hommes d'avis contraire ce que l'un croit démontré n'est souvent qu'un sophisme pour l'autre.

Quand vous attaquez, par exemple, la chaîne des êtres si bien décrite par Pope, vous dites qu'il n'est pas vrai que si l'on ôtoit un atome du monde, le monde ne pourroit subsister. Vous citez là-dessus M. de Crousaz[1]; puis vous ajoutez que la nature n'est asservie à aucune mesure précise ni à aucune forme précise; que nulle planète ne se meut dans une courbe absolument régulière; que nul être connu n'est d'une figure précisément mathématique; que nulle quantité précise n'est requise pour nulle opération; que la nature n'agit jamais rigoureusement, qu'ainsi on n'a aucune raison

[1] *Examen de l'Essai sur l'Homme*, par Crousaz. Lausanne, 1737, in-12.

d'assurer qu'un atome de moins sur la terre seroit la cause de la destruction de la terre. Je vous avoue que sur tout cela, monsieur, je suis plus frappé de la force de l'assertion que de celle du raisonnement, et qu'en cette occasion je céderois avec plus de confiance à votre autorité qu'à vos preuves.

A l'égard de M. Crousaz, je n'ai point lu son écrit contre Pope, et ne suis peut-être pas en état de l'entendre; mais ce qu'il y a de très-certain, c'est que je ne lui céderai pas ce que je vous aurai disputé, et que j'ai tout aussi peu de foi à ses preuves qu'à son autorité. Loin de penser que la nature ne soit point asservie à la précision des quantités et des figures, je croirois, tout au contraire, qu'elle seule suit à la rigueur cette précision, parce qu'elle seule sait comparer exactement les fins et les moyens, et mesure la force à la résistance. Quant à ses irrégularités prétendues, peut-on douter qu'elles n'aient toutes leur cause physique; et suffit-il de ne la pas apercevoir pour nier qu'elle existe? Ces apparentes irrégularités viennent sans doute de quelques lois que nous ignorons, et que la nature suit tout aussi fidèlement que celles qui nous sont connues; de quelque agent que nous n'apercevons pas, et dont l'obstacle ou le concours a des mesures fixes dans toutes ses opérations; autrement il faudroit dire nettement qu'il y a des actions sans principe et des effets sans cause, ce qui répugne à toute philosophie..

Supposons deux poids en équilibre et pourtant inégaux; qu'on ajoute au plus petit la quantité dont ils diffèrent: ou les deux poids resteront encore en équilibre, et l'on aura une cause sans effet; ou l'équilibre sera rompu, et l'on aura un effet sans cause : mais si les poids étoient de fer, et qu'il y eût un grain d'aimant caché sous l'un des deux, la précision de la nature lui ôteroit alors l'apparence de la précision, et à force d'exactitude elle paroîtroit en manquer. Il n'y a pas une figure, pas une opération, pas une loi dans le monde physique à laquelle on ne puisse appliquer quelque exemple semblable à celui que je viens de proposer sur la pesanteur [1].

Vous dites que nul être connu n'est d'une figure

[1] M. de Voltaire ayant avancé que la nature n'agit jamais rigoureusement, que nulle quantité précise n'est requise pour nulle opération, il s'agissoit de combattre cette doctrine, et d'éclaircir mon raisonnement par un exemple. Dans celui de l'équilibre entre deux poids, il n'est pas nécessaire, selon M. de Voltaire, que ces deux poids soient rigoureusement égaux pour que cet équilibre ait lieu. Or je lui fais voir que, dans cette supposition, il y a nécessairement effet sans cause, ou cause sans effet. Puis, ajoutant la seconde supposition des deux poids de fer et du grain d'aimant, je lui fais voir que, quand on feroit dans la nature quelque observation semblable à l'exemple supposé, cela ne prouveroit encore rien en sa faveur, parce qu'il ne sauroit s'assurer que quelque cause naturelle ou secrète ne produit pas en cette occasion l'apparente irrégularité dont il accuse la nature.

précisément mathématique; je vous demande, monsieur, s'il y a quelque figure qui ne le soit pas, et si la courbe la plus bizarre n'est pas aussi régulière aux yeux de la nature qu'un cercle parfait aux nôtres. J'imagine, au reste, que si quelque corps pouvoit avoir cette apparente régularité, ce ne seroit que l'univers même, en le supposant plein et borné; car les figures mathématiques, n'étant que des abstractions, n'ont de rapport qu'à elles-mêmes, au lieu que toutes celles des corps naturels sont relatives à d'autres corps et à des mouvements qui les modifient; ainsi cela ne prouveroit encore rien contre la précision de la nature, quand même nous serions d'accord sur ce que vous entendez par ce mot de *précision*.

Vous distinguez les évènements qui ont des effets de ceux qui n'en ont point : je doute que cette distinction soit solide. Tout évènement me semble avoir nécessairement quelque effet, ou moral, ou physique, ou composé des deux, mais qu'on n'aperçoit pas toujours, parce que la filiation des évènements est encore plus difficile à suivre que celle des hommes. Comme en général on ne doit pas chercher des effets plus considérables que les évènements qui les produisent, la petitesse des causes rend souvent l'examen ridicule, quoique les effets soient certains; et souvent aussi plusieurs effets presque imperceptibles se réunissent pour produire un évènement considérable. Ajoutez que tel effet ne laisse pas d'avoir lieu, quoiqu'il agisse hors du corps qui l'a produit. Ainsi, la poussière qu'élève un carrosse peut ne rien faire à la marche de la voiture, et influer sur celle du monde : mais comme il n'y a rien d'étranger à l'univers, tout ce qui s'y fait agit nécessairement sur l'univers même.

Ainsi, monsieur, vos exemples me paroissent plus ingénieux que convaincants. Je vois mille raisons plausibles pourquoi il n'étoit peut-être pas indifférent à l'Europe qu'un certain jour l'héritière de Bourgogne fût bien ou mal coiffée, ni au destin de Rome que César tournât les yeux à droite ou à gauche, et crachât de l'un ou de l'autre côté, en allant au sénat le jour qu'il y fût puni. En un mot, en me rappelant le grain de sable cité par Pascal, je suis, à quelques égards, de l'avis de votre bramine ; et, de quelque manière qu'on envisage les choses, si tous les évènements n'ont pas des effets sensibles, il me paroît incontestable que tous en ont de réels, dont l'esprit humain perd aisément le fil, mais qui ne sont jamais confondus par la nature.

Vous dites qu'il est démontré que les corps célestes font leur révolution dans l'espace non résistant : c'étoit assurément une belle chose à démontrer ; mais, selon la coutume des ignorants, j'ai très-peu de foi aux démonstrations qui passent ma portée. J'imaginerois que pour bâtir celle-ci l'on auroit à peu près raisonné de cette manière. Telle force, agissant selon telle loi, doit donner aux astres tel mouvement dans un milieu non résistant; or les astres ont exactement le mouvement calculé, donc il n'y a point de résistance. Mais qui peut savoir s'il n'y a pas, peut-être, un million d'autres lois possibles, sans compter la véritable, selon lesquelles les mêmes mouvements s'expliqueroient mieux encore dans un fluide que dans le vide par celle-ci? L'horreur du vide n'a-t-elle pas long-temps expliqué la plupart des effets qu'on a depuis attribués à l'action de l'air? D'autres expériences ayant ensuite détruit l'horreur du vide, tout ne s'est-il pas trouvé plein? N'a-t-on pas rétabli le vide sur de nouveaux calculs? Qui nous répondra qu'un système encore plus exact ne le détruira pas derechef? Laissons les difficultés sans nombre qu'un physicien feroit peut-être sur la nature de la lumière et des espaces éclairés; mais croyez-vous de bonne foi que Bayle, dont j'admire avec vous la sagesse et la retenue en matière d'opinions, eût trouvé la vôtre si démontrée? En général, il semble que les sceptiques s'oublient un peu sitôt qu'ils prennent le ton dogmatique, et qu'ils devroient user plus sobrement que personne du terme de *démontrer*. Le moyen d'être cru quand on se vante de ne rien savoir, en affirmant tant de choses!

Au reste, vous avez fait un correctif très-juste au système de Pope, en observant qu'il n'y a aucune gradation proportionnelle entre les créatures et le Créateur, et que si la chaîne des êtres créés aboutit à Dieu, c'est parce qu'il la tient, et non parce qu'il la termine.

Sur le bien du tout préférable à celui de sa partie, vous faites dire à l'homme : Je dois être aussi cher à mon maître, moi être pensant et sentant, que les planètes, qui probablement ne sentent point. Sans doute cet univers matériel ne doit pas être plus cher à son auteur qu'un seul être pensant et sentant; mais le système de cet univers, qui produit, conserve et perpétue tous les êtres pensants et sentants, lui doit être plus cher qu'un seul de ces êtres; il peut donc, malgré sa bonté, ou plutôt par sa bonté même, sacrifier quelque chose du bonheur des individus à la conservation du tout. Je crois, j'espère valoir mieux aux yeux de Dieu que la terre d'une planète; mais si les planètes sont habitées, comme il est probable, pourquoi vaudrois-je mieux à ses yeux que tous les habitants de Saturne? On a beau tourner ces idées en ridicule, il est certain que toutes les analogies sont pour cette population, et qu'il n'y a que l'orgueil humain qui soit contre. Or, cette population supposée, la conservation de l'univers semble avoir pour Dieu même une moralité qui se multiplie par le nombre des mondes habités.

Que le cadavre d'un homme nourrisse des vers, des loups, ou des plantes, ce n'est pas, je l'avoue, un dédommagement de la mort de cet homme; mais si, dans le système de cet univers, il est nécessaire à la conservation du genre humain qu'il y ait une circulation de substance entre les hommes, les animaux et les végétaux, alors le mal particulier d'un individu contribue au bien général. Je meurs, je suis mangé des vers; mais mes enfants, mes frères, vivront comme j'ai vécu; mon cadavre engraisse la terre dont ils mangeront les productions; et je fais, par l'ordre de la nature et pour tous les hommes, ce que firent volontairement Codrus, Curtius, les Décies, les Philènes, et mille autres, pour une petite partie des hommes.

Pour revenir, monsieur, au système que vous attaquez, je crois qu'on ne peut l'examiner convenablement sans distinguer avec soin le mal particulier, dont aucun philosophe n'a jamais nié l'existence, du mal général qui nie l'optimisme. Il n'est pas question de savoir si chacun de nous souffre ou non, mais s'il étoit bon que l'univers fût, et si nos maux étoient inévitables dans sa constitution. Ainsi, l'addition d'un article rendroit, ce semble, la proposition plus exacte, et, au lieu de *tout est bien*, il vaudroit peut-être mieux dire, *le tout est bien*, ou *tout est bien pour le tout*. Alors il est très-évident qu'aucun homme ne sauroit donner de preuves directes ni pour ni contre ; car ces preuves dépendent d'une connoissance parfaite de la constitution du monde et du but de son auteur, et cette connoissance est incontestablement au-dessus de l'intelligence humaine. Les vrais principes de l'optimisme ne peuvent se tirer ni des propriétés de la matière ni de la mécanique de l'univers, mais seulement par induction des perfections de Dieu qui préside à tout : de sorte qu'on ne prouve pas l'existence de Dieu par le système de Pope, mais le système de Pope par l'existence de Dieu ; et c'est, sans contredit, de la question de la Providence qu'est dérivée celle de l'origine du mal : que si ces deux questions n'ont pas été mieux traitées l'une que l'autre, c'est qu'on a toujours si mal raisonné sur la Providence, que ce qu'on en a dit d'absurde a fort embrouillé tous les corollaires qu'on pouvoit tirer de ce grand et consolant dogme.

. Les premiers qui ont gâté la cause de Dieu sont les prêtres et les dévots, qui ne souffrent pas que rien se fasse selon l'ordre établi, mais font toujours intervenir la justice divine à des évènements purement naturels, et, pour être sûrs de leur fait, punissent et châtient les méchants, éprouvent ou récompensent les bons indifféremment avec des biens ou des maux, selon l'évènement. Je ne sais, pour moi, si c'est une bonne théologie, mais je trouve que c'est une mauvaise manière de rai-

sonner de fonder indifféremment sur le pour et
le contre les preuves de la Providence, et de lui
attribuer, sans choix, tout ce qui se feroit également
sans elle.

Les philosophes, à leur tour, ne me paroissent
guère plus raisonnables, quand je les vois s'en
prendre au ciel de ce qu'ils ne sont pas impassibles, crier que tout est perdu quand ils ont mal
aux dents, ou qu'ils sont pauvres, ou qu'on les
vole, et charger Dieu, comme dit Sénèque, de la
garde de leur valise. Si quelque accident tragique
eût fait périr Cartouche ou César dans leur enfance, on auroit dit : Quels crimes avoient-ils
commis ? Ces deux brigands ont vécu, et nous
disons : Pourquoi les avoir laissés vivre ? Au contraire, un dévot dira, dans le premier cas, Dieu
vouloit punir le père en lui ôtant son enfant; et
dans le second, Dieu conservoit l'enfant pour le
châtiment du peuple. Ainsi, quelque parti qu'ait
pris la nature, la Providence a toujours raison
chez les dévots, et toujours tort chez les philosophes. Peut-être, dans l'ordre des choses humaines, n'a-t-elle ni tort ni raison, parce que tout
tient à la loi commune, et qu'il n'y a d'exception
pour personne. Il est à croire que les évènements
particuliers ne sont rien aux yeux du maître de
l'univers; que sa providence est seulement universelle; qu'il se contente de conserver les genres
et les espèces, et de présider au tout, sans s'in-

quiéter de la manière dont chaque individu passe cette courte vie. Un roi sage, qui veut que chacun vive heureux dans ses états, a-t-il besoin de s'informer si les cabarets y sont bons? Le passant murmure une nuit quand ils sont mauvais, et vit tout le reste de ses jours d'une impatience aussi déplacée. *Commorandi enim natura diversorium nobis, non habitandi dedit.*

Pour penser juste à cet égard, il semble que les choses devroient être considérées relativement dans l'ordre physique et absolument dans l'ordre moral : la plus grande idée que je puis me faire de la Providence est que chaque être matériel soit disposé le mieux qu'il est possible par rapport au tout, et chaque être intelligent et sensible le mieux qu'il est possible par rapport à lui-même ; en sorte que, pour qui sent son existence, il vaille mieux exister que ne pas exister. Mais il faut appliquer cette règle à la durée totale de chaque être sensible, et non à quelque instant particulier de sa durée tel que la vie humaine ; ce qui montre combien la question de la Providence tient à celle de l'immortalité de l'ame, que j'ai le bonheur de croire, sans ignorer que la raison peut en douter, et à celle de l'éternité des peines, que ni vous, ni moi, ni jamais homme pensant bien de Dieu, ne croirons jamais.

Si je ramène ces questions diverses à leur principe commun, il me semble qu'elles se rapportent toutes à celle de l'existence de Dieu. Si Dieu existe, il est parfait; s'il est parfait, il est sage, puissant et juste ; s'il est sage et puissant, tout est bien ; s'il est juste et puissant, mon ame est immortelle ; si mon ame est immortelle, trente ans de vie ne sont rien pour moi, et sont peut-être nécessaires au maintien de l'univers. Si l'on m'accorde la première proposition, jamais on n'ébranlera les suivantes ; si on la nie, il ne faut point disputer sur ses conséquences.

Nous ne sommes ni l'un ni l'autre dans ce dernier cas. Bien loin, du moins, que je puisse rien présumer de semblable de votre part en lisant le recueil de vos œuvres, la plupart m'offrent les idées les plus grandes, les plus douces, les plus consolantes de la divinité ; et j'aime bien mieux un chrétien de votre façon que de celle de la Sorbonne.

Quant à moi, je vous avouerai naïvement que ni le pour ni le contre ne me paroissent démontrés sur ce point par les seules lumières de la raison, et que si le théiste ne fonde son sentiment que sur des probabilités, l'athée, moins précis encore, ne me paroît fonder le sien que sur des possibilités contraires. De plus, les objections de part et d'autre sont toujours insolubles, parce qu'elles roulent sur des choses dont les hommes n'ont point de véritable idée. Je conviens de tout cela, et pourtant je crois en Dieu tout aussi fortement que je crois une autre vérité, parce que croire et ne pas croire sont les choses du monde qui dépendent le moins de moi; que l'état de doute est un état trop violent pour mon ame; que, quand ma raison flotte, ma foi ne peut rester long-temps en suspens, et se détermine sans elle; qu'enfin mille sujets de préférence m'attirent du côté le plus consolant, et joignent le poids de l'espérance à l'équilibre de la raison.

Voilà donc une vérité dont nous partons tous deux, à l'appui de laquelle vous sentez combien l'optimisme est facile à défendre et la Providence à justifier, et ce n'est pas à vous qu'il faut répéter les raisonnements rebattus, mais solides, qui ont été faits si souvent à ce sujet. A l'égard des philosophes qui ne conviennent pas du principe, il ne faut point disputer avec eux sur ces matières, parce que ce qui n'est qu'une preuve de sentiment pour nous ne peut devenir pour eux une démonstration; et que ce n'est pas un discours raisonnable de dire à un homme : *Vous devez croire ceci parce que je le crois.* Eux, de leur côté, ne doivent point non plus disputer avec nous sur ces mêmes matières, parce qu'elles ne sont que des corollaires de la proposition principale qu'un adversaire honnête ose à peine leur opposer, et qu'à leur tour ils auroient tort d'exiger qu'on leur prouvât le corollaire indépendamment de la proposition qui lui sert de base. Je pense qu'ils ne le doivent pas encore par une autre raison : c'est qu'il y a de l'inhumanité à troubler des ames paisibles et à désoler les hommes à pure perte, quand ce qu'on veut leur apprendre n'est ni certain ni utile. Je pense, en un mot, qu'à votre exemple on ne sauroit attaquer trop fortement la superstition qui trouble la société, ni trop respecter la religion qui la soutient.

Mais je suis indigné, comme vous, que la foi de chacun ne soit pas dans la plus parfaite liberté, et que l'homme ose contrôler l'intérieur des consciences où il ne sauroit pénétrer, comme s'il dépendoit de nous de croire ou de ne pas croire dans des matières où la démonstration n'a point lieu, et qu'on pût jamais asservir la raison à l'autorité. Les rois de ce monde ont-ils donc quelque inspection dans l'autre, et sont-ils en droit de tourmenter leurs sujets ici-bas pour les forcer d'aller en paradis? Non, tout gouvernement humain se borne, par sa nature, aux devoirs civils, et, quoi qu'en ait pu dire le sophiste Hobbes, quand un homme sert bien l'état, il ne doit compte à personne de la manière dont il sert Dieu.

J'ignore si cet être juste ne punira point un jour toute tyrannie exercée en son nom; je suis bien sûr au moins qu'il ne la partagera pas, et ne refusera le bonheur éternel à nul incrédule vertueux et de bonne foi. Puis-je, sans offenser sa bonté, et même sa justice, douter qu'un cœur droit ne rachète une erreur involontaire, et que des mœurs irréprochables ne vaillent bien mille cultes bizarres prescrits par les hommes et rejetés par la raison? Je dirai plus : si je pouvois, à mon choix, acheter les œuvres aux dépens de ma foi, et compenser, à force de vertu, mon incrédulité supposée, je ne balancerois pas un instant, et j'aimerois mieux pouvoir dire à Dieu : *J'ai fait, sans songer à toi, le bien qui t'est agréable, et mon cœur suivoit ta volonté sans la connoître*, que de lui dire, comme il faudra que je le fasse un jour : *Je t'aimois, et je n'ai cessé de t'offenser; je t'ai connu, et n'ai rien fait pour te plaire.*

Il y a, je l'avoue, une sorte de profession de foi que les lois peuvent imposer; mais, hors les principes de la morale et du droit naturel, elle doit être purement négative, parce qu'il peut exister des religions qui attaquent les fondements de la société, et qu'il faut commencer par exterminer ces religions pour assurer la paix de l'état. De ces dogmes à proscrire, l'intolérance est sans difficulté le plus horrible; mais il faut la prendre à sa source; car les fanatiques les plus sanguinaires changent de langage selon la fortune, et ne prêchent que patience et douceur quand ils ne sont pas les plus forts. Ainsi j'appelle intolérant par principe tout homme qui s'imagine qu'on ne peut être homme de bien sans croire tout ce qu'il croit, et damne impitoyablement ceux qui ne pensent point comme lui. En effet, les fidèles sont rarement d'humeur à laisser les réprouvés en paix dans ce monde ; et un saint qui croit vivre avec des damnés anticipe volontiers sur le métier du diable. Quant aux incrédules intolérants qui voudroient forcer le peuple à ne rien croire, je ne les bannirois pas moins sévèrement que ceux qui le veulent forcer à croire tout ce qu'il leur plaît ; car on voit, au zèle de leurs décisions, à l'amertume de leurs satires, qu'il ne leur manque que d'être les maîtres pour persécuter tout aussi cruellement les croyants qu'ils sont eux-mêmes persécutés par les fanatiques. Où est l'homme paisible et doux qui trouve bon qu'on ne pense pas comme lui ? Cet homme ne se trouvera sûrement jamais parmi les dévots, et il est encore à trouver chez les philosophes.

Je voudrois donc qu'on eût dans chaque état un code moral, ou une espèce de profession de foi civile qui contînt positivement les maximes sociales que chacun seroit tenu d'admettre, et négativement les maximes intolérantes qu'on seroit tenu de rejeter, non comme impies, mais comme séditieuses. Ainsi toute religion qui pourroit s'accorder avec le code seroit admise ; toute religion qui ne s'y accorderoit pas seroit proscrite, et chacun seroit libre de n'en avoir point d'autre que le code même. Cet ouvrage, fait avec soin, seroit, ce me semble, le livre le plus utile qui jamais ait été composé, et peut-être le seul nécessaire aux hommes. Voilà, monsieur, un sujet pour vous ; je souhaiterois passionnément que vous voulussiez entreprendre cet ouvrage, et l'embellir de votre poésie, afin que chacun pouvant l'apprendre aisément, il portât dès l'enfance, dans tous les cœurs, ces sentiments de douceur et d'humanité qui brillent dans vos écrits, et qui manquent à tout le monde dans la pratique. Je vous exhorte à méditer ce projet, qui doit plaire à l'auteur d'*Alzire*. Vous nous avez donné, dans votre poème sur la religion naturelle, le catéchisme de l'homme ; donnez-nous maintenant, dans celui que je vous propose, le catéchisme du citoyen. C'est une matière à méditer long-temps, et peut-être à réserver pour le dernier de vos ouvrages, afin d'achever, par un bienfait au genre humain, la plus brillante carrière que jamais homme de lettres ait parcourue.

Je ne puis m'empêcher, monsieur, de remarquer à ce propos une opposition bien singulière entre vous et moi dans le sujet de cette lettre. Rassasié de gloire, et désabusé des vaines grandeurs, vous vivez libre au sein de l'abondance ; bien sûr de votre immortalité, vous philosophez paisiblement sur la nature de l'ame ; et si le corps ou le cœur souffre, vous avez Tronchin pour médecin et pour ami : vous ne trouvez pourtant que mal sur la terre. Et moi, homme obscur, pauvre, et tourmenté d'un mal sans remède, je médite avec plaisir dans ma retraite, et trouve que tout est bien. D'où viennent ces contradictions apparentes? Vous l'avez vous-même expliqué : vous jouissez, mais j'espère; et l'espérance embellit tout.

J'ai autant de peine à quitter cette ennuyeuse lettre que vous en aurez à l'achever. Pardonnez-moi, grand homme, un zèle peut-être indiscret, mais qui ne s'épancheroit pas avec vous si je vous estimois moins. A Dieu ne plaise que je veuille offenser celui de mes contemporains dont j'honore le plus les talents, et dont les écrits parlent le mieux à mon cœur; mais il s'agit de la cause de la Providence, dont j'attends tout. Après avoir si long-temps puisé dans vos leçons des consolations et du courage, il m'est dur que vous m'ôtiez maintenant tout cela pour ne m'offrir qu'une espérance incertaine et vague, plutôt comme un palliatif actuel que comme un dédommagement à venir. Non, j'ai trop souffert en cette vie pour n'en pas attendre une autre. Toutes les subtilités de la métaphysique ne me feront pas douter un moment de l'immortalité de l'ame, et d'une Providence bienfaisante. Je la sens, je la crois, je la veux, je l'espère, je la défendrai jusqu'à mon dernier soupir; et ce sera, de toutes les disputes que j'aurai soutenues, la seule où mon intérêt ne sera pas oublié. Je suis avec respect, monsieur, etc.

LETTRE CXIII.

A M. MONIER, peintre d'avignon,

Qui m'avoit envoyé trois fois la même pièce de vers, demandant instamment une réponse.

A l'Ermitage, le 14 septembre 1756.

Ainsi, monsieur, votre épître et vos louanges sont un expédient que la curiosité vous inspire pour voir une lettre de ma façon : d'où j'infère à quoi j'aurois dû m'attendre si des moyens contraires vous eussent conduit à la même fin.

Pour moi, je trouve qu'on ne doit jamais répondre aux injures, et moins encore aux louanges; car si la vérité les dicte, elle en fait l'excuse ou la récompense; et si c'est le mensonge, il les faut également mépriser.

D'ailleurs, monsieur, que dire à quelqu'un qu'on ne connoît point? Il y a de l'esprit dans vos vers; vous m'y donnez beaucoup d'éloges, et peut-être en méritez-vous à plus juste titre; mais ce sont deux foibles recommandations près de moi que de l'esprit et de l'encens.

Je vois que vous aimez à écrire; en cela je ne vous blâme pas : mais, moi, je n'aime point à répondre, surtout à des compliments, et il n'est pas juste que je sois tyrannisé pour votre plaisir :

non que mon temps soit précieux, comme vous
dites; il se passe à souffrir, ou se perd dans l'oisiveté, et j'avoue qu'on ne peut guère en faire un
moindre usage; mais, quand je ne puis l'employer utilement pour personne, je ne veux pas
qu'on m'empêche de le perdre comme il me plaît.
Une seule minute usurpée est un bien que tous
les rois de l'univers ne me sauroient rendre, et
c'est pour disposer de moi que je fuis les oisifs
des villes, gens aussi ennuyés qu'ennuyeux, qui,
ne sachant que faire de leur temps, abusent de
celui des autres.

Je suis très-parfaitement, etc.

LETTRE CXIV.

A MADAME D'ÉPINAY.

...1756.

Je commence par vous dire que je suis résolu,
déterminé, quoi qu'il arrive, à passer l'hiver à
l'Ermitage; que rien ne me fera changer de résolution, et que vous n'en avez pas le droit vous-
même, parce que telles ont été nos conventions
quand je suis venu; ainsi n'en parlons plus que
pour vous dire en deux mots mes raisons.

Il m'est essentiel d'avoir du loisir, de la tranquillité, et toutes mes commodités pour travailler cet hiver; il s'agit en cela de tout pour moi. Il y a cinq mois que je travaille à pourvoir à tout, afin que nul soin ne vienne me détourner. Je me suis pourvu de bois; j'ai fait mes provisions; j'ai rassemblé, rangé des papiers et des livres pour être commodément sous ma main. J'ai pourvu de loin à toutes mes aises en cas de maladie; je ne puis avoir de loisir qu'en suivant ce projet, et il faudra nécessairement que je donne à m'arranger le temps que je ne puis me dispenser de donner à mon travail. Un déménagement, je le sais par expérience, ne peut se faire, malgré vous-même, sans perte, dégâts et frais de ma part, que je ne puis supporter une seconde fois. Si j'emporte tout, voilà des embarras terribles; si je laisse quelque chose, il me fera faute, ou l'on viendra le voler ici cet hiver; enfin, dans la position où je suis, mon temps et mes commodités me sont plus précieux que ma vie. Mais ne vous imaginez pas que je coure ici aucun risque; je me défendrai toujours aisément de l'ennemi du dehors; c'est au dedans qu'il étoit dangereux. Je vous promets de ne jamais m'éloigner sans précaution. Je ne compte pas même me promener de tout l'hiver ailleurs que dans le jardin : il faudroit faire un siége pour m'attaquer ici. Pour surcroît de précaution, je ferai toujours coucher un voisin dans la maison. Enfin, sitôt que vous m'aurez envoyé des armes, je ne sortirai jamais sans un pistolet en vue, même autour de la maison ; d'ailleurs je compte faire parler à notre homme par M. Matta. Ne m'en parlez donc plus, ma bonne amie ; vous ne feriez que me désoler, et n'obtiendriez rien ; car la contradiction m'est mortelle, et je suis entêté avec raison.

Je vois, par votre billet, que c'est lundi, et non pas dimanche, que vous congédiez notre homme[1] ; ce que je remarque, parce qu'il n'est pas indifférent que je sois instruit exactement du jour. N'oubliez pas de lui donner la note de ce que vous consentez qu'il emporte de la chambre ; sans quoi, ne sachant pas ce qui est à lui, je ne laisserai rien sortir. Je suis touché de vos alarmes et des inquiétudes que je vous donne ; mais comme elles ne sont pas raisonnables, je vous prie de les calmer. Aimez-moi toujours et tout ira bien. Bonjour[2].

[1] Le jardinier.
[2]* Voici le commencement des persécutions dont Rousseau parle dans ses Confessions. On vouloit qu'il rentrât à Paris. La mère de Thérèse s'ennuyoit à l'Ermitage, où sa seule société consistoit dans Thérèse, et dans Jean-Jacques, qu'elle ne comprenoit pas. Comme elle se faisoit faire des cadeaux à l'insu de Rousseau par les amis de celui-ci, l'on sent combien elle étoit contrariée d'être dans une solitude où, pendant l'hiver, on ne voyoit personne.

LETTRE CXV.

A LA MÊME.

Le lundi, septembre 1756.

Il y a un mot dans votre lettre qui me fait beaucoup de peine, et je vois bien que vos chagrins ne sont pas finis[1]; j'irai le plus tôt qu'il me sera possible savoir de quoi il s'agit.

J'ai mieux aimé donner congé à votre jardinier que de vous en laisser le tracas. Cependant cela ne vous l'évite pas; il prétend avoir un autre compte avec vous. Je n'ignore pas ce que vous faites pour moi sans m'en rien dire, et je vous laisse faire, parce que je vous aime et qu'il ne m'en coûte pas de vous devoir ce que je ne peux tenir de moi-même, au moins quant à présent. Il prétend aussi que tous les outils du jardin, de vieux échalas, et les graines, sont à lui : j'ai du penchant à le croire, mais dans l'incertitude je ne laisserai rien sortir sans votre ordre.

Je ne sais si le jour de Diderot est changé : ils

---

[1] * D'après les Mémoires de madame d'Épinay, l'on sait qu'elle avoit des chagrins de deux sortes. Les uns lui venoient de son mari, qui mangeoit sa fortune avec des actrices; et les autres d'elle-même.

ne m'ont rien fait dire, et je les attends. Bonjour, ma bonne amie. J'ai reçu hier une lettre obligeante de Voltaire.

Comme je connois le jardinier pour un insolent, je dois vous prévenir que si j'ai, quant à moi, lieu d'être content de ses services, il ne l'a pas moins de l'être de ma reconnoissance.

LETTRE CXVI.

A LA MÊME.

Dimanche matin, l'Ermitage, octobre 1756.

J'apprends avec plaisir, ma bonne amie, que vous êtes mieux, et madame votre mère aussi; je ne saurois vous en dire autant de moi. Je commence à craindre d'avoir porté mes projets plus loin que mes forces; et si l'état où je suis continue, je doute que je revoie le printemps ni mon pays : au surplus, l'ame est assez tranquille, surtout depuis que j'ai revu mon ami [1].

Je voulois vous aller voir aujourd'hui, mais il faut remettre à demain; encore ne puis-je m'assurer de rien. Ce sera sûrement le premier moment où je me sentirai du courage. Je n'ai point vu mon

---

[1] * Diderot, qui fit dans ce mois une visite à l'Ermitage.

menaçant compatriote : je vous remercie de votre avis; mais je ne puis m'empêcher de rire de vos alarmes. A demain.

LETTRE CXVII.

À LA MÊME.

L'Ermitage, octobre 1756.

Quelque impatience que j'aie de sortir pour aller vous quereller, il faut, madame, que je garde encore la chambre malgré moi pour une maudite fluxion sur les dents, qui me désole. Faites-moi donc dire de vos nouvelles, puisque je n'en saurois encore aller savoir moi-même; mais croyez que je ne laisserai pas échapper pour cela le premier jour de relâche. J'espère vous voir tout-à-fait rétablie, et vous retrouver cet air et ces yeux qui mettent M. de Saint-J. et bien d'autres si mal à leur aise.

LETTRE CXVIII.

A LA MÊME.

L'Ermitage, novembre 1759.

Je suis beaucoup mieux aujourd'hui; mais je ne pourrai cependant vous voir que la semaine prochaine, et j'irai fièrement à pied; car cet appareil de carrosse me fait mal à l'imagination, comme si je pouvois manquer de jambes pour vous aller voir. Vous ne m'avez rien dit de vous; j'espère que mademoiselle Le Vasseur m'en rapportera de bonnes nouvelles. Bonjour, madame.

LETTRE CXIX.

A LA MÊME.

L'Ermitage, ce mardi soir 1756.

J'envoie, ma bonne amie, savoir de vos nouvelles par Damour, qui va à Paris se présenter pour une bonne condition qui, j'espère, ne lui fera pas quitter la vôtre; et quand elle la lui feroit quitter, vos principes et les miens sont qu'il ne faut nuire à personne pour notre intérêt; ainsi je lui ai donné un certificat en votre nom, tel que le peut comporter le peu de temps qu'il y a qu'il est à votre service.

Je vous prie de lui donner l'adresse de M. de Gauffecourt, afin qu'il aille de ma part en savoir des nouvelles, car j'en suis fort en peine : faites-moi dire des vôtres et de tout ce qui vous intéresse. Je ne puis vous écrire plus au long; madame de Chenonceaux a passé ici la journée; elle vient de partir au flambeau. Il est tard à l'Ermitage, et je vais me coucher. Adieu.

Je ne sais toujours point ce que signifient les douze francs de M. Grimm.

LETTRE CXX.

A LA MÊME.

L'Ermitage, décembre 1756.

Les chemins sont si mauvais, que je prends le parti de vous écrire par la poste, et vous pourrez en faire de même, car on m'apporte mes lettres de Montmorency jusqu'ici, et je suis à cet égard comme au milieu de Paris.

Il fait ici un froid rigoureux qui vient altérer un peu de bonne heure ma provision de bois, mais qui me montre, par l'image prématurée de l'hiver, que, quoi qu'on en dise, cette saison n'est plus

terrible ici qu'ailleurs que par l'absence des amis ;
mais on se console par l'espoir de les retrouver au
printemps, ou du moins de les revoir ; car il y a
long-temps que vous me faites connoître qu'on les
retrouve au besoin dans toutes les saisons.

Pour Dieu, gardez bien cette chère imbécillité,
trésor inattendu dont le ciel vous favorise et dont
vous avez grand besoin ; car si c'est un rhumatisme
pour l'esprit, c'est au corps un très-bon emplâtre
pour la santé : il vous faudroit bien de pareils rhu-
matismes pour vous rendre impotente ; et j'aimerois mieux que vous ne pussiez remuer ni pied ni
pate, c'est-à-dire n'écrire ni vers ni comédie,
que de vous savoir la migraine.

Je dois une réponse à M. de Gauffecourt ; mais
je compte toujours qu'il viendra la recevoir. En attendant les bouts-rimés, il peut prier M. Chapuis
d'envoyer un double du mémoire que je lui ai
laissé. Si tout ceci vous paroît clair, le rhumatisme
vous tient bien fort.

A propos de M. de Gauffecourt, et son manuscrit, quand voulez-vous me le renvoyer ? Savez-
vous qu'il y a quatre ans que je travaille à pouvoir
le lire, sans avoir pu en venir à bout ? Bonjour,
madame ; touchez pour moi la pate à toute la société[1].

---

[1] Madame d'Épinay appeloit ses *ours* plusieurs personnes de sa
société : il y avoit déjà long-temps qu'elle donnoit ce nom à
Rousseau.

LETTRE CXXI.

A LA MÊME.

Le 13 décembre 1756.

Ma chère amie, il faudra que j'étouffe, si je ne verse pas mes peines dans le sein de l'amitié. Diderot m'a écrit une lettre qui me perce l'âme. Il me fait entendre que c'est par grâce qu'il ne me regarde pas comme un scélérat, et *qu'il y auroit bien à dire là-dessus,* ce sont ses termes; et cela, savez-vous pourquoi ? parce que madame Le Vasseur est avec moi. Eh! bon Dieu, que diroit-il de plus si elle n'y étoit pas? Je les ai recueillis dans la rue, elle et son mari, dans un âge où ils n'étoient plus en état de gagner leur vie. Elle ne m'a jamais rendu que trois mois de service. Depuis dix ans je m'ôte pour elle le pain de la bouche; je la mène dans un bon air, où rien ne lui manque; je renonce pour elle au séjour de ma patrie; elle est sa maîtresse absolue; va, vient sans compte rendre; j'en ai autant de soin que de ma propre mère : tout cela n'est rien, et je ne suis qu'un scélérat si je ne lui sacrifie encore mon bonheur et ma vie, et si je ne vais mourir de désespoir à Paris pour son amusement. Hélas! la pauvre femme ne le désire point; elle ne se plaint point; elle est très-contente. Mais je vois ce que c'est ; M. Grimm ne sera pas content lui-même qu'il ne m'ait ôté tous les amis que je lui ai donnés. Philosophes des villes, si ce sont là vos vertus, vous me consolez bien de n'être qu'un méchant ! J'étois heureux dans ma retraite ; la solitude ne m'est point à charge ; je crains peu la misère ; l'oubli du monde m'est indifférent ; je porte mes maux avec patience : mais aimer, et ne trouver que des cœurs ingrats ; ah ! voilà le seul qui me soit insupportable ! Pardon, ma chère amie ; j'ai le cœur surchargé d'ennuis, et les yeux gonflés de larmes qui ne peuvent sortir. Si je pouvois vous voir un moment et pleurer, que je serois soulagé ! Mais je ne remettrai de ma vie les pieds à Paris ; pour le coup, je l'ai juré.

J'oubliois de vous dire qu'il y a même de la plaisanterie dans la lettre du philosophe ; il devient barbare avec légèreté : on voit qu'il se civilise.

LETTRE CXXII.

A LA MÊME.

Janvier 1757.

Tenez, madame, voilà les lettres de Diderot et ma dernière réponse ; lisez et jugez-nous, car pour moi je suis trop aigri, trop violemment indigné, pour avoir de la raison.

Je viens de déclarer à madame Le Vasseur que, quelque plaisir que nous eussions tous deux à vivre ensemble, mes amis jugeoient qu'elle étoit trop mal ici pour une femme de son âge; qu'il falloit qu'elle allât à Paris vivre avec ses enfants, et que je leur donnerois tout ce que j'avois au monde, à elle et à sa fille. Là-dessus la fille s'est mise à pleurer, et, malgré la douleur de se séparer de sa mère, elle a protesté qu'elle ne me quitteroit point, et en vérité les philosophes auront beau dire, je ne l'y contraindrai pas. Il faut donc que je me réserve quelque chose pour la nourrir aussi bien que moi. J'ai donc dit à madame Le Vasseur que je lui ferois une pension qui lui seroit payée aussi long-temps que je vivrois, et c'est ce qui sera exécuté. Je lui ai dit encore que je vous prierois d'en régler la somme, et je vous en prie, ne craignez point de la faire trop forte, j'y gagnerai toujours beaucoup, ne fût-ce que ma liberté personnelle.

Ce qu'il y a de plus affreux pour moi, c'est que la bonne femme s'est mis en tête que tout cela est un jeu joué entre Diderot, moi et sa fille, et que c'est un moyen que j'ai imaginé pour me défaire d'elle. Elle m'a représenté là-dessus une chose très-juste, savoir, qu'ayant passé une partie de l'hiver ici, il lui est bien dur d'en partir à l'approche du printemps; je lui ai dit qu'elle avoit raison, mais que s'il venoit à lui arriver le moindre malheur durant l'été, on ne manqueroit pas de m'en rendre responsable. Ce ne sera pas le public, ai-je ajouté, qui dira cela, ce seront mes amis, et je n'ai pas le courage de m'exposer à passer chez eux pour un assassin.

Il y a quinze jours que nous vivions paisiblement ici, et dans une concorde parfaite. Maintenant nous voilà tous alarmés, agités, pleurant, forcés de nous séparer. Je vous assure que cet exemple m'apprendra à ne me mêler jamais qu'avec connoissance de cause et beaucoup de circonspection des affaires domestiques de mes amis, et je suis très-incertain même si je dois écrire à M. d'Épinay en faveur de ce pauvre Cahouet [1].

Comme Diderot me marque qu'il viendra samedi, il est important de lui envoyer sur-le-champ sa lettre. S'il vient, il sera reçu avec honnêteté, mais mon cœur se fermera devant lui, et je sens que nous ne nous reverrons jamais. Peu lui importe, ce ne sera pour lui qu'un ami de moins. Mais moi, je perdrai tout, je serai tourmenté le reste de ma vie. Un autre exemple m'a trop appris que je n'ai point un cœur qui sache oublier ce qui lui fut cher. Évitons, s'il se peut, une rupture irréconciliable. Je suis si cruellement tourmenté, que j'ai jugé à propos de vous envoyer cet

[1] Secrétaire de M. d'Épinay.

exprès, afin d'avoir réponse à point nommé. Servez-vous-en pour l'envoyer porter la lettre à Diderot, et me répondez sur-le-champ, si vous avez quelque pitié de moi.

P. S. Il faut que je vous ajoute que madame Le Vasseur me fait à présent de violents reproches : elle me les fait durement, avec hauteur, et du ton de quelqu'un qui se sent bien appuyé. Je ne réponds rien non plus que sa fille ; nous nous contentons de gémir en silence : je vois que les vieillards sont durs, sans pitié, sans entrailles, et n'aiment plus rien qu'eux-mêmes. Vous voyez que je ne peux plus éviter d'être un monstre. J'en suis un aux yeux de M. Diderot, si madame Le Vasseur reste ici; j'en suis un à ses yeux, si elle n'y reste pas. Quelque parti que je prenne, me voilà méchant malgré moi.

LETTRE CXXIII.

A LA MÊME.

1757.

Je reçois votre lettre, ma bonne amie, une heure après que je vous ai envoyé un exprès avec celles que vous me demandez. Je ne suis pas homme à précautions, et surtout avec mes amis, et je n'ai gardé aucune copie de mes lettres. Vous avez bien prévu que la vôtre m'attendriroit. Je vous jure, ma bonne amie, que votre amitié m'est plus chère que la vie, et qu'elle me console de tout.

Je n'ai rien à répondre à ce que vous me marquez des bonnes intentions de Diderot, qu'une seule chose; mais pesez-la bien. Il connoît mon caractère emporté et la sensibilité de mon ame. Posons que j'aie eu tort, certainement il étoit l'agresseur; c'étoit donc à lui à me ramener par les voies qu'il y savoit propres: un mot, un seul mot de douceur, me faisoit tomber la plume de la main, les larmes des yeux, et j'étois aux pieds de mon ami. Au lieu de cela, voyez le ton de sa seconde lettre, voyez comment il raccommode la dureté de la première; s'il avoit formé le projet de rompre avec moi, comment s'y seroit-il pris autrement? Croyez-moi, ma bonne amie, Diderot est maintenant un homme du monde. Il fut un temps où nous étions tous deux pauvres et ignorés, et nous étions amis. J'en puis dire autant de Grimm; mais ils sont devenus tous deux des gens importants....J'ai continué d'être ce que j'étois, et nous ne nous convenons plus.

Au reste, je suis porté à croire que j'ai fait injustice à ce dernier, et même que ce n'est pas la seule; mais si vous vouliez connoître quelles ont été toujours pour lui mes dispositions intérieures, je vous renvoie à un mot du billet que vous avez dû recevoir aujourd'hui, et qui ne vous aura pas échappé. Mais tous ces gens-là sont si hauts, si maniérés, si secs; le moyen d'oser les aimer encore? Non, ma bonne amie, mon temps est passé. Hélas! je suis réduit à désirer pour eux que nous ne redevenions jamais amis. Il n'y a plus que l'adversité qui puisse leur rendre la tendresse qu'ils ont eue pour moi. Jugez si votre amitié m'est chère, à vous qui n'avez pas eu besoin de ce moyen cruel d'en connoître le prix.

Surtout que Diderot ne vienne pas.... Mais je devrois me rassurer, il a promis de venir.

LETTRE CXXIV.

A LA MÊME.

...1757.

Madame Le Vasseur doit vous écrire, ma bonne amie; je l'ai priée de vous dire sincèrement ce qu'elle pense. Pour la mettre bien à son aise; je lui ai déclaré que je ne voulois pas voir sa lettre, et je vous prie de ne me rien dire de ce qu'elle contient.

Je n'enverrai pas la mienne à Diderot, puisque

vous vous y opposez. Mais, me sentant très-grièvement offensé, il y auroit à convenir d'un tort que je n'ai pas une bassesse et une fausseté que je ne saurois me permettre, et que vous blâmeriez vous-même sur ce qui se passe au fond de mon cœur. L'Évangile ordonne bien à celui qui reçoit un soufflet d'offrir l'autre joue, mais non pas de demander pardon. Vous rappelez-vous cet homme de comédie qui crie au meurtre en donnant des coups de bâton? Voilà le rôle du philosophe.

N'espérez pas l'empêcher de venir par le temps qu'il fait : il seroit très-fâché qu'il fût plus beau. La colère lui donnera le loisir et les forces que l'amitié lui refuse : il s'excédera pour venir à pied me répéter les injures qu'il me dit dans ses lettres; je ne les endurerai rien moins que patiemment; il s'en retournera être malade à Paris, et moi, je paroîtrai à tout le monde un homme fort odieux. Patience! il faut souffrir. N'admirez-vous pas la raison de cet homme, qui me vouloit venir prendre à Saint-Denis, en fiacre, y dîner, et me remmener en fiacre, et à qui, huit jours après, sa fortune ne permet plus d'aller à l'Ermitage autrement qu'à pied? Pour parler son langage, il n'est pas absolument impossible que ce soit là le ton de la bonne foi; mais, dans ce cas, il faut qu'en huit jours il soit arrivé d'étranges révolutions dans sa fortune. O la philosophie!

Je prends part au chagrin que vous donne la

maladie de madame votre mère ; mais croyez que votre peine ne sauroit approcher de la mienne : on souffre moins encore de voir malades les personnes qu'on aime qu'injustes et cruelles.

Adieu, ma bonne amie; voici la dernière fois que je vous parlerai de cette malheureuse affaire.

Vous me parlez d'aller à Paris avec un sang-froid qui me réjouiroit dans tout autre temps. Je me tiens pour bien dites toutes les belles choses qu'il y auroit à dire là-dessus ; mais avec tout cela, je n'irai de ma vie à Paris, et je bénis le ciel de m'avoir fait ours, ermite, et têtu, plutôt que philosophe.

LETTRE CXXV.

A LA MÊME.

De l'Ermitage, à dix heures du matin, 1757.

Quand j'avois un almanach et point de pendule, je datois du quantième ; maintenant que j'ai une pendule et point d'almanach, je date de l'heure. Je suis obligé de vous dire, à cause du rhumatisme, que c'est une manière de vous demander un almanach pour mes étrennes.

Le lieutenant criminel [1] vous supplie d'agréer

---

[1] * Mademoiselle Le Vasseur.

ses respects. La maman n'en peut faire autant, attendu qu'elle est à Paris et malade d'un gros rhume; elle compte pourtant revenir lundi, et j'espère qu'elle me rapportera de vos nouvelles.

Je reçois à l'instant votre lettre et vos paquets. Je n'ai pas bien entendu les géants du Nord, et la glacière, et les lutins, et les tasses à la crème, etc.; ce qui me fait comprendre que vous m'avez avec tout cela inoculé de votre rhumatisme : ainsi vous faites bien de m'envoyer en même temps votre cotillon pour m'en guérir [1]. J'ai pourtant quelque peur qu'il ne me tienne un peu trop chaud, car je n'ai pas accoutumé d'être si bien fourré.

LETTRE CXXVI.

A LA MÊME.

Passe pour le cotillon; mais le sel! jamais femme donna-t-elle à la fois de la chaleur et de la prudence? A la fin vous me ferez mettre mon bonnet de travers, et je ne le redresserai plus. N'avez-vous pas assez fait pour vous? Faites maintenant quelque chose pour moi, et laissez-vous aimer à ma guise.

Oh! que vous êtes bonne avec vos explications! Ah! ce cher rhumatisme! Maintenant que vous

---

[1] * Voyez *Confessions*, livre IX.

m'avez expliqué votre billet, expliquez-moi le commentaire ; car cette glacière où je ne comprends rien y revient encore, et pour moi, je ne vous connois pas d'autre glacière qu'un recueil de musique françoise.

Enfin, vous avez vu l'homme [1]. C'est toujours autant de pris, car je suis de votre avis, et je crois que c'est tout ce que vous en aurez. Je me doute pourtant bien de ce qu'un ours musqué [2] devroit vous dire sur l'effet de ce premier entretien ; mais quant à moi, je pense que le Diderot du matin

---

[1]* C'étoit Diderot, dont Grimm n'avoit pu vaincre les préventions contre madame d'Épinay, et qui se refusoit absolument à la voir. — Pour la parfaite intelligence de cette lettre, il faut rapporter ici un passage de la lettre de madame d'Épinay à laquelle celle-ci sert de réponse.

« J'ai vu M. Diderot, et si je n'étois pas une imbécile, il auroit certainement dîné chez moi ; mais je crois que le pauvre Gauffecourt m'avoit inoculé sa goutte ou son rhumatisme sur l'esprit ; et puis, je ne sais point tirailler ni violenter les gens ; au moyen de quoi je suis très-persuadée que je ne le reverrai pas, malgré toutes les assurances qu'il m'a données de venir me voir. Mais encore faut-il vous dire comment cette entrevue s'est passée. J'étois en peine de notre ami que j'avois laissé en mauvais état hier au soir ; je me levai ce matin de bonne heure, et je me rendis chez lui avant neuf heures. Le baron d'Holbach et M. Diderot y étoient. Celui-ci voulut sortir dès qu'il me vit ; je l'arrêtai par le bras : Ah ! lui dis-je, le hasard ne me servira pas si bien sans que j'en profite. Il rentra, et je puis assurer que je n'ai de ma vie eu deux heures plus agréables.

« Il y a sans doute dans ce billet bien des fautes d'orthographe, mais vous en trouverez davantage encore dans les plans que je vous fais passer. »

* Grimm, qui se parfumoit, est *l'ours musqué*.

voudra toujours vous aller voir, et que le Diderot du soir ne vous aura jamais vue. Vous savez bien que le rhumatisme le tient aussi quelquefois, et quand il ne plane pas sur ses deux grandes ailes auprès du soleil, on le trouve sur un tas d'herbes, perclus de ses quatre pates. Croyez-moi, si vous avez encore un cotillon de reste, vous ferez bien de le lui envoyer. Je ne savois pas que le papa Gauffecourt fût malade, et l'on m'a même flatté de le voir aujourd'hui; ce que vous m'avez marqué fera que s'il ne vient pas, j'en serai fort en peine.

Encore de nouveaux plans? Diable soit fait des plans, et plan plan relentanplan! C'est sans doute une fort belle chose qu'un plan, mais faites des détails et des scènes théâtrales; il ne faut que cela pour le succès d'une pièce à la lecture, et même quelquefois à la représentation. Que Dieu vous préserve d'en faire une assez bonne pour cela.

J'ai relu votre lettre pour y chercher les fautes d'orthographe, et n'y en ai pas su trouver une, quoique je ne doute pas qu'elles n'y soient. Je ne vous sais pas mauvais gré de les avoir faites, mais bien de les avoir remarquées. Moi, j'en voulois faire exprès pour vous faire honte, et n'y ai plus songé en vous écrivant.

Bonjour, mon amie du temps présent, et bien plus encore du temps à venir. Vous ne me dites rien de votre santé, ce qui me fait augurer qu'elle est bonne.

A propos de santé, je ne sais s'il y a de l'orthographe dans ce chiffon, mais je trouve qu'il n'y a pas grand sens; ce qui me fait croire que je n'aurois pas mal fait de me faire de votre cotillon une bonne calotte bien épaisse, au lieu d'un gilet, car je sens que le rhumatisme ne me tient pas au cœur, mais à la cervelle.

Je vous prie de vouloir bien demander au tyran [1] ce que signifie un paquet qu'il m'a fait adresser, contenant deux écus de six francs : cela me paroît un à-compte un peu fort sur les parties d'échecs qu'il doit perdre avec moi.

Diderot sort d'ici; je lui ai montré votre lettre et la mienne. Je vous l'ai dit, il a conçu une grande estime pour vous, et ne vous verra point. Vous en avez assez fait, même pour lui. Croyez-moi, laissez-le aller. La maman Le Vasseur se porte un peu mieux.

[1] * Sobriquet donné à Grimm.

LETTRE CXXVII.

A LA MÊME.

Voilà, madame, un emploi vacant à Grenoble, comme vous verrez ci-derrière; mais j'ignore et dans quel département, et si l'emploi n'est point trop important; ce que je sais, c'est que le gendre de madame Sabi, mon hôtesse, qui est dans le pays, donneroit une pension à madame Le Vasseur, si elle pouvoit le lui faire obtenir; que le père du prétendant est très-solvable, et que les cautions ne lui manqueroient pas. Consultez donc là-dessus M. d'Epinay, si vous le jugez à propos; puisque vous avez donné à madame Le Vasseur la commission de vous informer des emplois vacants, nous vous parlons de celui-ci à tout hasard, sauf à retirer bien vite notre proposition si elle est indiscrète, comme j'en ai peur.

Faites-moi dire comment vous êtes aujourd'hui. Je vous recommande toujours le ménagement; car je trouve qu'en général on prend trop de précautions dans les autres temps, et jamais assez dans les convalescences. Pour moi, je ne vaux pas la peine qu'on en parle; quand j'aurai de meilleures nouvelles, soyez sûre que j'irai vous le dire moi-même. Bonjour, madame et bonne amie.

LETTRE CXXVIII.

A LA MÊME.*

A l'Ermitage, janvier 1757.

Nous sommes ici trois malades, dont je ne suis pas celui qui auroit le moins besoin d'être gardé. Je laisse en plein hiver, au milieu des bois, les personnes que j'y ai amenées sous promesse de ne les y point abandonner. Les chemins sont affreux, et l'on enfonce de toutes parts jusqu'au jarret. De plus de deux cents amis qu'avoit M. Gauffecourt à Paris, il est étrange qu'un pauvre infirme, accablé de ses propres maux, soit le seul dont il ait besoin. Je vous laisse réfléchir sur tout cela; je vais donner encore ces deux jours à ma santé et aux chemins pour se raffermir. Je compte partir vendredi s'il ne pleut ni ne neige; mais je suis tout-à-fait hors d'état d'aller à pied jusqu'à Paris, ni même jusqu'à Saint-Denis, et le pis est que le carrosse ne peut manquer de me faire beaucoup de mal dans l'état où je suis. Cependant si le vôtre se trouve, en cas de temps passable, vendredi à onze heures précises devant la grille de M. de Luxembourg, j'en profiterai, sinon je continuerai ma route comme je pourrai, et j'arriverai quand il

* Au château de Montmorency.

plaira à Dieu. Au reste, je veux que mon voyage me soit payé; je demande une épingle pour ma récompense; si vous ne me la faites pas avoir, vous qui pouvez tout, je ne vous le pardonnerai jamais.

Je choisis d'aller dîner avec vous, et coucher chez Diderot. Je sens aussi, parmi tous mes chagrins, une certaine consolation à passer encore quelques soirées paisibles avec notre pauvre ami. Quant aux affaires, je n'y entends du tout rien; je n'en veux entendre parler d'aucune espèce, à quelque prix que ce soit; arrangez-vous là-dessus. Voilà un paquet et une lettre que je vous prie de faire porter chez Diderot. Bonjour, ma bonne amie; tout en vous querellant, je vous plains, vous estime, et ne songe point sans attendrissement au zèle et à la constance dont vous avez besoin, toujours environnée d'amis malades ou chagrins qui ne tirent leur courage et leur consolation que de vous.

LETTRE CXXIX.

A M. DIDEROT.

Ce mercredi soir, 1757.

Quand vous prenez des engagements, vous n'ignorez pas que vous avez femme, enfant, domestique, etc.; cependant vous ne laissez pas de les prendre comme si rien ne vous forçoit d'y manquer : j'ai donc raison d'admirer votre courage. Il est vrai que, quand vous avez promis de venir, je murmure de vous attendre toujours vainement; et quand vous me donnez des rendez-vous, de vous voir manquer à tous sans exception; voilà, je pense, le plus grand des maux que je vous ai faits en ma vie.

Vous n'avez pas changé. Ne vous flattez pas de cela. Si vous eussiez toujours été ce que vous êtes, j'ai bien de la peine à croire que je fusse devenu votre ami; je suis bien sûr au moins que vous ne seriez pas devenu le mien.

Vous voulez venir à l'Ermitage samedi? Je vous prie de n'en rien faire; je vous en prie instamment. Dans la disposition où nous sommes tous deux, il ne convient pas de se voir si tôt; car il y a bien de l'apparence que ce seroit notre dernière entrevue, et je ne veux pas exposer une amitié qui m'est chère à cette crise. Il n'est pas question de mon ouvrage, et je ne suis plus en état d'en parler, ni d'y penser. Mais peut-être serez-vous bien aise de gagner une maladie, pour avoir le plaisir de me la reprocher, et de me chagriner doublement. Dans nos altercations, vous avez toujours été l'agresseur. Je suis très-sûr de ne vous avoir jamais fait d'autre mal que de ne pas endurer assez patiemment celui que vous aimez à me faire, et en cela je conviens que j'avois tort. J'étois heureux dans ma solitude; vous avez pris à tâche d'y troubler mon bonheur, et vous la remplissez fort bien. D'ailleurs, vous avez dit qu'il n'y a que le méchant qui soit seul; et, pour justifier votre sentence, il faut bien, à quelque prix que ce soit, faire en sorte que je le devienne. Philosophes! philosophes!

Non, je ne reprocherai point au ciel de m'avoir donné des amis; mais sans madame d'Épinay, j'ai bien peur que je n'eusse à lui reprocher de ne m'en avoir point donné. Au reste, je ne conviens pas de leur inutilité; ils servoient ci-devant à me rendre la vie agréable, et servent maintenant à m'en détacher.

Quant au sophisme inhumain que vous me reprochez, vous avez raison d'en parler bien bas; vous ne sauriez en parler assez bas pour votre honneur. Que Dieu vous préserve d'avoir un cœur qui voie ainsi ceux de vos amis! Je commence à être de votre avis sur madame Le Vasseur; elle sera mieux à Paris : malheureusement je ne puis l'y tenir dans l'aisance; mais je lui donnerai tout ce que j'ai, je vendrai tout; si je puis gagner quelque chose, le produit sera pour elle. Elle a des enfants à Paris qui peuvent la soigner : s'ils ne suffisent pas, sa fille la suivra. En tout cela je ne ferois pas trop pour mon cœur, ni assez pour mes amis. Mais, quoi qu'il en puisse arriver, je ne veux pas aliéner la liberté de ma personne, ni devenir son esclave, la philosophie dût-elle me démontrer que je le dois. Je resterai seul ici; je mangerai du pain, je boirai de l'eau; je serai heureux et tranquille : vous aurez madame Le Vasseur, et je serai bientôt oublié.

Je crois avoir répondu au Lettré¹, c'est-à-dire au fils d'un fermier général, que je ne plaignois pas les pauvres qu'il avoit aperçus sur le rempart, attendant mon liard; qu'apparemment il les en avoit amplement dédommagés; que je l'établissois mon substitut; que les pauvres de Paris n'auroient pas à se plaindre de cet échange; mais que je ne trouverois pas aisément un si bon substitut pour ceux de Montmorency, qui en avoient beaucoup plus de besoin. Il y a ici un bon vieillard respectable qui a passé sa vie à travailler, et qui, ne le pouvant plus, meurt de faim sur ses vieux jours. Ma conscience est plus contente des deux sous que je lui donne tous les lundis, que de cent liards que j'aurois distribués à tous les gueux du rempart. Vous êtes plaisants, vous autres philosophes, quand vous regardez les habitants des villes comme les seuls hommes auxquels vos devoirs vous lient. C'est à la campagne qu'on apprend à aimer et servir l'humanité; on n'apprend qu'à la mépriser dans les villes. J'ai des devoirs

---

¹ * Nom de plaisanterie donné par Grimm au fils de madame d'Épinay. (*Confessions*, livre IX.)

dont je suis esclave; et c'est pour cela que je ne veux pas m'en imposer d'autres qui m'ôtent le pouvoir de remplir ceux-là.

Je remarque une chose qu'il est important que je vous dise. Je ne vous ai jamais écrit sans attendrissement; et je mouillai de mes larmes ma précédente lettre; mais enfin la sécheresse des vôtres s'étend jusqu'à moi. Mes yeux sont secs, et mon cœur se resserre en vous écrivant. Je ne suis pas en état de vous voir : ne venez pas, je vous en conjure. Je n'ai jamais consulté le temps, ni compté mes pas, quand mes amis ont eu besoin de ma présence. Je puis attendre d'eux le même zèle; mais ce n'est pas ici le cas de l'employer. Si vous avez quelque respect pour une ancienne amitié, ne venez pas l'exposer à une rupture infaillible et sans retour. Je vous envoie cette lettre par un exprès auquel vous pourrez remettre mes papiers cachetés.

LETTRE CXXX.

AU MÊME.

Janvier 1757.

J'ai envie de reprendre en peu de mots l'histoire de nos démêlés. Vous m'envoyâtes votre livre. Je vous écrivis là-dessus un billet le plus tendre et le plus honnête que j'aie écrit de ma vie, et dans lequel je me plaignois, avec toute la douceur de l'amitié, d'une maxime très-louche, et dont on pourroit me faire une application bien injurieuse. Je reçus en réponse une lettre très-sèche, dans laquelle vous prétendez me faire grâce en ne me regardant pas comme un malhonnête homme; et cela, uniquement parce que j'ai chez moi une femme de quatre-vingts ans : comme si la campagne étoit mortelle à cet âge, et qu'il n'y eût de femmes de quatre-vingts ans qu'à Paris. Ma réplique avoit toute la vivacité d'un honnête homme insulté par son ami : vous repartîtes par une lettre abominable. Je me défendis encore, et très-fortement; mais, me défiant de la fureur où vous m'aviez mis, et, dans cet état même, redoutant d'avoir tort avec un ami, j'envoyai ma lettre à madame d'Épinay, que je fis juge de notre différent. Elle me renvoya cette même lettre, en me conjurant de la supprimer, et je la supprimai. Vous m'en écrivez maintenant une autre dans laquelle vous m'appelez méchant, injuste, cruel, féroce. Voilà le précis de ce qui s'est passé dans cette occasion.

Je voudrois vous faire deux ou trois questions très-simples. Quel est l'agresseur dans cette affaire? Si vous voulez vous en rapporter à un tiers, montrez mon premier billet; je montrerai le vôtre.

En supposant que j'eusse mal reçu vos reproches, et que j'eusse tort dans le fond, qui de nous deux étoit le plus obligé de prendre le ton de la raison pour y ramener l'autre? Je n'ai jamais résisté à un mot de douceur. Vous pouvez l'ignorer, mais vous pouvez savoir que je ne cède pas volontiers aux outrages. Si votre dessein, dans toute cette affaire, eût été de m'irriter, qu'eussiez-vous fait de plus?

Vous vous plaignez beaucoup des maux que je vous ai faits. Quels sont-ils donc enfin ces maux? Seroit-ce de ne pas endurer assez patiemment ceux que vous aimez à me faire; de ne pas me laisser tyranniser à votre gré; de murmurer quand vous affectez de me manquer de parole, et de ne jamais venir lorsque vous l'avez promis? Si jamais je vous ai fait d'autres maux, articulez-les. Moi, faire du mal à mon ami! Tout cruel, tout méchant, tout féroce que je suis, je mourrois de douleur, si je croyois jamais en avoir fait à mon plus cruel ennemi autant que vous m'en faites depuis six semaines.

Vous me parlez de vos services; je ne les avois point oubliés; mais ne vous y trompez pas : beaucoup de gens m'en ont rendu, qui n'étoient point mes amis. Un honnête homme, qui ne sent rien, rend service, et croit être ami : il se trompe ; il n'est qu'honnête homme. Tout votre empressement, tout votre zèle pour me procurer des choses dont je n'ai que faire, me touchent peu. Je ne veux que de l'amitié; et c'est la seule chose qu'on me refuse. Ingrat, je ne t'ai point rendu de services, mais je t'ai aimé; et tu ne me paieras de ta vie ce que j'ai senti pour toi durant trois mois. Montre cet article à ta femme, plus équitable que toi, et demande-lui si, quand ma présence étoit douce à ton cœur affligé, je comptois mes pas et regardois au temps qu'il faisoit, pour aller à Vincennes consoler mon ami. Homme insensible et dur! deux larmes versées dans mon sein m'eussent mieux valu que le trône du monde, mais tu me les refuses, et te contentes de m'en arracher. Hé bien! garde tout le reste, je ne veux plus rien de toi.

Il est vrai que j'ai engagé madame d'Épinay à vous empêcher de venir samedi dernier. Nous étions tous deux irrités: je ne sais point mesurer mes paroles; et vous, vous êtes défiant, ombrageux, pesant à la rigueur les mots lâchés inconsidérément, et sujet à donner à mille choses simples un sens subtil auquel on n'a pas songé. Il étoit dangereux en cet état de nous voir. De plus, vous vouliez venir à pied; vous risquiez de vous faire malade, et n'en auriez pas, peut-être, été trop fâché. Je ne me sentois pas le courage de courir tous les dangers de cette entrevue. Cette frayeur ne méritoit assurément pas vos reproches; car, quoi que vous puissiez faire, ce sera toujours un lien sacré pour mon cœur que celui de notre ancienne amitié ; et dussiez-vous m'insulter encore, je vous verrai toujours avec plaisir, quand la colère ne m'aveuglera pas.

A l'égard de madame d'Épinay, je lui ai envoyé vos lettres et les miennes ; je serois étouffé de douleur sans cette communication ; et, n'ayant plus de raison, j'avois besoin de conseils. Vous paroissez toujours si fier de vos procédés dans cette affaire, que vous devez être fort content d'avoir un témoin qui les puisse admirer. Il est vrai qu'elle vous sert bien ; et si je ne connoissois son motif, je la croirois aussi injuste que vous.

Pour moi, plus j'y pense, moins je puis vous comprendre. Comment ? parce qu'à propos je ne sais pas trop de quoi vous avez dit que le méchant est seul, faut-il absolument me rendre méchant, et sacrifier votre ami à votre sentence ? Pour d'autres auteurs, l'alternative seroit dangereuse : mais vous ! D'ailleurs, cette alternative n'est point nécessaire ; votre sentence, quoique obscure et louche, est très-vraie en un sens, et dans ce sens elle ne me fait qu'honneur : car, quoi que vous en disiez, je suis beaucoup moins seul ici que vous au milieu de Paris. Diderot ! Diderot ! je le vois avec une douleur amère : sans cesse au milieu des méchants, vous apprenez à leur ressembler ; votre bon cœur se corrompt parmi eux, et vous forcez le mien de se détacher insensiblement de vous.

LETTRE CXXXI.

A MADAME D'ÉPINAY.

A l'Ermitage, ce jeudi, 1757.

PREMIÈRE RÉDACTION.

Diderot m'a écrit une troisième lettre, en me renvoyant mes papiers. Ma réponse étoit faite quand j'ai reçu la vôtre : il y a trop long-temps que cette tracasserie dure; il faut qu'elle finisse : ainsi n'en parlons plus. Mais où avez-vous pris que je me plaindrai de vous aussi: parce que vous me querellez? Eh! vraiment, vous faites fort bien : j'en ai souvent grand besoin quand j'ai tort; et même à présent que vous me querellez quand j'ai raison, je ne laisse pas de vous en savoir gré; car je vois vos motifs; et tout ce que vous me dites, pour être franc et sincère, n'en a que mieux le ton de l'estime et de l'amitié. Mais vous ne me ferez jamais entendre que vous croyez me faire grâce en parlant bien de moi; vous ne direz jamais: *Encore y auroit-il bien à dire là-dessus.* Vous m'offenseriez vivement, et vous vous outrageriez vous-même; car il ne convient point à d'honnêtes gens d'avoir des amis dont ils pensent mal. Comment, madame, appelez-vous cela une forme, un extérieur?

En qualité de solitaire, je suis plus sensible qu'un autre; en qualité de malade, j'ai droit aux ménagements que l'humanité doit à la foiblesse et à l'humeur d'un homme qui souffre. Je suis pauvre, et il me semble que cet état mérite encore des égards. Que je vous fasse donc ma déclaration sur ce que j'exige de l'amitié, et sur ce que j'y veux mettre. Reprenez librement ce que vous trouverez à blâmer dans mes règles; mais attendez-vous à ne m'en pas voir départir aisément; car elles sont tirées de mon caractère, que je ne puis changer.

Premièrement, je veux que mes amis soient mes amis, et non pas mes maîtres; qu'ils me conseillent, et non pas qu'ils me gouvernent: je veux bien leur aliéner mon cœur; mais non pas ma liberté.

Qu'ils me parlent toujours librement et franchement. Ils peuvent me tout dire: hors le mépris, je leur permets tout. Le mépris des indifférents m'est indifférent; mais si je le souffrois de mes amis, j'en serois digne. S'ils ont le malheur de me mépriser, qu'ils ne me le disent pas; car à quoi cela sert-il? Qu'ils me quittent, c'est leur devoir envers eux-mêmes. A cela près, quand ils me font leurs représentations, de quelque ton qu'ils les fassent, ils usent de leur droit; quand, après les avoir écoutés, je fais ma volonté, j'use du mien ; et je ne veux plus que, quand j'ai pris une fois mon parti, ils y trouvent sans cesse à redire, en m'accablant de criailleries éternelles et tout-à-fait inutiles.

Leurs grands empressements à me rendre mille services dont je ne me soucie point me sont à charge; j'y trouve un certain air de supériorité qui me déplaît : d'ailleurs tout le monde en peut faire autant. J'aime mieux qu'ils m'aiment et se laissent aimer; voilà ce que les amis seuls savent faire. Je m'indigne surtout quand le premier venu les dédommage de moi, tandis que je ne peux souffrir qu'eux seuls au monde. Il n'y a que leurs caresses qui puissent me faire endurer leurs bienfaits; et, quand je fais tant que d'en recevoir d'eux, je veux qu'ils consultent mon goût, et non pas le leur : car nous pensons si différemment sur tant de choses, que souvent ce qu'ils jugent bon me paroît mauvais.

S'il survient une querelle, je dirois bien que c'est à celui qui a tort de revenir le premier ; mais c'est ne rien dire, car chacun croit toujours avoir raison. Tort ou raison, c'est à celui qui a commencé la querelle à la finir. Si je reçois mal sa censure, si je m'aigris sans sujet, si je me mets en colère mal à propos, je ne veux point qu'il s'y mette à son tour. Je veux qu'il me caresse bien, qu'il me baise bien; entendez-vous, madame, en un mot, qu'il commence par m'apaiser, ce qui ne sera pas long; car il n'y a point d'incendie au fond de mon cœur qu'une larme ne puisse éteindre. Alors, quand je serai attendri, calmé, honteux, confus, qu'il me gourmande bien, qu'il me dise bien mon fait; et sûrement il sera content de moi. Voilà ce que je veux que mon ami fasse envers moi quand j'ai tort, et ce que je suis toujours prêt à faire envers lui dans le même cas. S'il est question d'une minutie, qu'on la laisse tomber, et qu'on ne se fasse point un sot point d'honneur d'avoir toujours l'avantage.

Je puis vous citer là-dessus une espèce de petit exemple dont vous ne vous doutez pas, quoiqu'il vous regarde; c'est à l'occasion de ce billet où je vous parlois de la Bastille dans un sens bien différent de celui où vous le prites, et que vous n'entendîtes assurément pas comme je vous l'avois écrit. Vous m'écrivîtes une lettre bien éloignée d'être injurieuse et désobligeante (vous n'en savez point écrire de telles à vos amis), mais où je voyois que vous étiez mécontente de la mienne. J'étois persuadé, comme je le suis encore, qu'en cela vous aviez tort; je vous répliquai: vous aviez établi certaines maximes, qu'il faut aimer les hommes indifféremment; qu'il faut être content des autres, pour l'être de soi; que nous sommes faits pour la société, pour supporter mutuellement nos défauts, pour avoir entre nous une intimité de frères, etc. Vous m'aviez mis précisément sur mon terrain. Ma lettre étoit bonne, du moins je la crus telle, et sûrement vous auriez pris du temps pour y répondre. Prêt à la fermer, je la relus avec plaisir ; elle avoit, n'en doutez pas, le ton de l'amitié, mais une certaine chaleur dont je ne puis me défendre. Je sentis que vous n'en seriez pas plus contente que de la première, et qu'il s'élèveroit entre nous un nuage d'altercation dont je serois la cause. A l'instant je jetai ma lettre au feu, résolu d'en demeurer là. Je ne saurois vous dire avec quel contentement de cœur je vis brûler mon éloquence ; et vous savez que je ne vous en ai plus parlé. Ma chère et bonne amie, Pythagore disoit qu'il ne faut jamais attiser le feu avec une épée; cette sentence me paroît être la plus importante et la plus sacrée des lois de l'amitié.

J'ai bien d'autres prétentions encore avec mes amis, et elles augmentent à mesure qu'ils me sont chers : aussi serai-je de jour en jour plus difficile avec vous. Mais, pour le coup, il faut finir cette lettre.

Je vois, en relisant la vôtre, que vous m'annoncez le paquet de Diderot. L'un et l'autre ne me sont pourtant pas parvenus ensemble, et j'ai reçu le paquet long-temps avant la lettre. Ne vous étonnez pas si je prends Paris toujours plus en haine : il ne m'en vient rien que de chagrinant, hormis vos lettres. Je n'irai jamais. Si vous voulez me faire vos représentations là-dessus, et même aussi vivement qu'il vous plaira, vous en avez le droit : elles seront bien reçues et inutiles ; après cela, vous ne m'en ferez plus.

Faites ce que vous jugerez à propos au sujet du livre de M. d'Holbach ; mais je n'approuve point qu'on se charge d'une édition, et surtout une femme. C'est une manière de faire acheter un livre par force, et de mettre à contribution ses amis ; et je ne veux point de cela. Bonjour, ma bonne amie.

SECONDE RÉDACTION.

Diderot m'a écrit une troisième lettre, en me renvoyant mes papiers. Quoique vous me marquiez par la vôtre que vous m'envoyez ce paquet, elle m'est parvenue plus tard et par une autre voie ; de sorte que, quand je l'ai reçue, ma réponse à Diderot étoit déjà faite. Vous devez être aussi ennuyée de cette longue tracasserie que j'en suis excédé. Ainsi n'en parlons plus, je vous en supplie.

Mais où avez-vous pris que je me plaindrai de vous aussi ? Si j'avois à m'en plaindre, ce seroit parce que vous usez de trop de ménagement avec moi, et me traitez trop doucement. J'ai souvent besoin d'être plus gourmandé que cela ; un ton de gronderie me plaît fort quand je le mérite ; je crois que je serois homme à le regarder quelquefois comme une sorte de cajoterie de l'amitié. Mais on querelle son ami sans le mépriser ; on lui dira fort bien qu'il est une bête ; on ne lui dira pas qu'il est un coquin. Vous ne me ferez jamais entendre *que vous me croyez faire grâce en pensant bien de moi.* Vous ne m'insinuerez jamais *qu'en y regardant de près il y auroit beaucoup d'estime à rabattre.* Vous ne me direz pas : *Encore y auroit-il bien à dire là-dessus.* Ce ne seroit pas seulement m'offenser, ce seroit vous offenser vous-même ; car il ne convient pas à d'honnêtes gens d'avoir des amis dont ils pensent mal ; que s'il m'étoit arrivé de mal interpréter sur ce point un discours de votre part, vous vous hâteriez assurément de m'expliquer votre idée ; et vous garderiez de soutenir durement et sèchement ce même propos dans le mauvais sens où je l'aurois entendu. Comment, madame, appelez-vous cela une forme, un extérieur ?

J'ai envie, puisque nous traitons ce sujet, de vous faire ma déclaration sur ce que j'exige de l'amitié, et sur ce que j'y veux mettre à mon tour. Reprenez librement ce que vous trouverez à blâmer dans mes règles ; mais attendez-vous à ne m'en pas voir départir aisément ; car elles sont tirées de mon caractère, que je ne puis changer.

Premièrement, je veux que mes amis soient mes amis, et non pas mes maîtres; qu'ils me conseillent sans prétendre me gouverner; qu'ils aient toutes sortes de droits sur mon cœur, aucun sur ma liberté. Je trouve très-singuliers les gens qui, sous ce nom, prétendent toujours se mêler de mes affaires sans me rien dire des leurs.

Qu'ils me parlent toujours librement et franchement. Ils peuvent me tout dire : hors le mépris, je leur permets tout. Le mépris d'un indifférent m'est indifférent; mais si je le souffrois d'un ami, j'en serois digne. S'il a le malheur de me mépriser, qu'il ne me le dise pas, qu'il me quitte; c'est son devoir envers lui-même. A cela près, quand il me fait ses représentations, de quelque ton qu'il les fasse, il use de son droit; quand, après l'avoir écouté, je fais ma volonté, j'use du mien, et je trouve mauvais qu'on me rabâche éternellement sur une chose faite.

Leurs grands empressements à me rendre mille services dont je ne me soucie point me sont à charge; j'y trouve un certain air de supériorité qui me déplaît; d'ailleurs tout le monde en peut faire autant. J'aime mieux qu'ils m'aiment et se laissent aimer : voilà ce que les amis seuls peuvent faire. Je m'indigne surtout quand le premier venu les dédommage de moi, tandis que je ne puis souffrir qu'eux seuls au monde. Il n'y a que leurs caresses qui puissent me faire supporter leurs bienfaits; mais quand je fais tant que d'en recevoir d'eux, je veux qu'ils consultent mon goût et non pas le leur; car nous pensons si différemment sur tant de choses, que souvent ce qu'ils estiment bon me paroît mauvais.

S'il survient une querelle, je dirois bien que c'est à celui qui a tort de revenir le premier; mais c'est ne rien dire, car chacun croit toujours avoir raison. Tort ou raison, c'est à celui qui a commencé la querelle à la finir. Si je reçois mal sa censure, si je m'aigris sans sujet, si je me mets en colère mal à propos, il ne doit pas s'y mettre à mon exemple, ou bien il ne m'aime pas. Au contraire, je veux qu'il me caresse bien, qu'il me baise bien; entendez-vous, madame? en un mot, qu'il commence par m'apaiser, ce qui sûrement ne sera pas long; car il n'y eut jamais d'incendie au fond de mon cœur qu'une larme ne pût éteindre. Alors, quand je serai attendri, calmé, honteux, confus, qu'il me gourmande bien, qu'il me dise bien mon fait; et sûrement il sera content de moi. S'il est question d'une minutie qui ne vaille pas l'éclaircissement, qu'on la laisse tomber : que l'agresseur se taise le premier, et ne se fasse point un sot point d'honneur d'avoir toujours l'avantage. Voilà ce que je veux que mon ami fasse envers moi, et que je suis toujours prêt à faire envers lui dans le même cas.

Je pourrois vous citer là-dessus une espèce de

petit exemple dont vous ne vous doutez pas, quoiqu'il vous regarde; c'est au sujet d'un billet que je reçus de vous il y a quelque temps, en réponse à un autre dont je vis que vous n'étiez pas contente, et où vous n'aviez pas, ce me semble, bien entendu ma pensée. Je fis une réplique assez bonne, ou du moins elle me parut telle : elle avoit sûrement le ton de la véritable amitié, mais en même temps une certaine vivacité dont je ne puis me défendre; et je craignis, en la relisant, que vous n'en fussiez pas plus contente que de la première. A l'instant je jetai ma lettre au feu; je ne puis vous dire avec quel contentement de cœur je vis brûler mon éloquence; je ne vous en ai plus parlé, et je crois avoir acquis l'honneur d'être battu : il ne faut quelquefois qu'une étincelle pour allumer un incendie. Ma chère et bonne amie, Pythagore disoit qu'on ne devoit jamais attiser le feu avec une épée; cette sentence me paroît la plus importante et la plus sacrée des lois de l'amitié.

J'exige d'un ami bien plus encore que tout ce que je viens de vous dire; plus même qu'il ne doit exiger de moi, et que je n'exigerois de lui, s'il étoit à ma place, et que je fusse à la sienne. En qualité de solitaire, je suis plus sensible qu'un autre : si j'ai quelque tort avec un ami qui vive dans le monde, il y songe un moment, et mille distractions le lui font oublier le reste de la journée ; mais rien ne me distrait sur les siens ; privé du sommeil, je m'en occupe durant la nuit entière ; seul à la promenade, je m'en occupe depuis que le soleil se lève jusqu'à ce qu'il se couche ; mon cœur n'a pas un instant de relâche, et les duretés d'un ami me donnent dans un seul jour des années de douleur. En qualité de malade, j'ai droit aux ménagements que l'humanité doit à la foiblesse et à l'humeur d'un homme qui souffre. Quel est l'ami, quel est l'honnête homme qui ne doit pas craindre d'affliger un malheureux, tourmenté d'une maladie incurable et douloureuse ? Je suis pauvre, et il me semble que cet état mérite encore des égards. Tous ces ménagements que j'exige, vous les avez eus sans que je vous en parlasse ; et sûrement jamais un véritable ami n'aura besoin que je les lui demande. Mais, ma chère amie, parlons sincèrement ; me connoissez-vous des amis ? Ma foi, bien m'en a pris d'apprendre à m'en passer ; je connois force gens qui ne seroient pas fâchés que je leur eusse obligation, et beaucoup à qui j'en ai en effet ; mais des cœurs dignes de répondre au mien, ah ! c'est bien assez d'en connoître un !

Ne vous étonnez donc pas si je prends Paris toujours plus en haine ; il ne m'en vient rien que de chagrinant, hormis vos lettres : on ne m'y reverra jamais. Si vous voulez me faire vos représentations là-dessus, et même aussi vivement qu'il vous plaira, vous en avez le droit : elles seront bien reçues et inutiles ; après cela, vous n'en ferez plus.

Faites tout ce que vous jugerez à propos au sujet du livre de M. d'Holbach, excepté de vous charger de l'édition ; c'est une manière de faire acheter un livre par force, et de mettre à contribution ses amis : je ne veux point de cela.

Je vous remercie du *Voyage d'Anson*; je vous le renverrai la semaine prochaine.

Pardonnez les ratures ; je vous écris au coin de mon feu, où nous sommes tous rassemblés. Les gouverneuses épuisent avec le jardinier les histoires de tous les pendus du pays, et la gazette d'aujourd'hui est si abondante que je ne sais plus du tout ce que je dis. Bonjour, ma bonne amie.

LETTRE CXXXII.

A LA MÊME.

Ce mardi au soir, l'Ermitage, janvier 1757.

Sans madame d'Houdetot, j'aurois été fort en peine de M. de Gauffecourt, parce que vous m'en aviez promis des nouvelles tous les jours, et que je n'en ai point reçu jusqu'à ce moment. Me voilà rassuré et consolé, puisqu'elles sont bonnes et les vôtres aussi. En attendant que les remèdes de M. Tronchin vous soient utiles, vous ne perdez pas votre temps à les prendre, puisqu'ils sont agréables à prendre : c'est un tour d'ami dont les médecins ne s'avisent guère.

Madame Le Vasseur est mieux, et vous remercie très-humblement, ainsi que sa fille. Moi, je n'ai que mes indispositions coutumières, un peu rengrégées par l'hiver comme tous les ans ; par-dessus tout cela un mal de dents me désole depuis deux jours. Je vous tiendrai au besoin ce que je vous ai promis ; je vous le tiendrois quand je ne vous aurois rien promis ; l'amitié que vous me témoignez est digne de cette confiance : mais je ne suis point dans le cas, et j'espère de n'y jamais être. Bonjour, ma bonne amie.

Voilà deux paires de bas en attendant.

Je vous prie de vouloir bien remercier madame d'Houdetot de son billet ; j'en avois besoin pour me rassurer sur les suites des fatigues excessives qu'elle avoit essuyées en venant.

LETTRE CXXXIII.

A LA MÊME.

L'Ermitage, février 1757.

Il y a si long-temps que je n'ai reçu de vos nouvelles par vous-même, que je serois fort inquiet de votre santé si je ne savois d'ailleurs qu'à votre fluxion près elle a été passable. Je n'ai jamais aimé entre amis la règle de s'écrire exactement, car l'amitié elle-même est ennemie des petites formules; mais la circonstance de ma dernière lettre me donne quelque inquiétude sur l'effet qu'elle aura produit sur vous; et si je n'étois rassuré par mes intentions, je craindrois qu'elle ne vous eût déplu en quelque chose. Soyez bien sûre qu'en pareil cas j'aurois mal expliqué ou vous auriez mal interprété mes sentimens; voulant être estimé de vous, je n'ai prétendu y faire que mon apologie vis-à-vis mon ami Diderot et des autres personnes qui ont autrefois porté ce nom; et qu'hors les témoignages de mon attachement pour vous, il n'y avoit rien dans cette lettre dont j'aie prétendu vous faire la moindre application. Ce qui me rassure aussi bien que mon cœur, c'est le vôtre, qui n'est rien moins que défiant; et je ne puis m'empêcher de croire que, si vous eussiez été mécontente de moi, vous me l'auriez dit; mais, je vous en prie, pour me tranquilliser tout-à-fait, dites-moi que vous ne l'êtes pas. Bonjour, ma bonne amie.

Vous aviez bien raison de vouloir que je visse Diderot; il a passé hier la journée ici. Il y a long-temps que je n'en ai passé d'aussi délicieuse. Il n'y a point de dépit qui tienne contre la présence d'un ami.

LETTRE CXXXIV.

A LA MÊME.

Février 1757.

Vous ne m'avez pas marqué si l'on avoit congédié les médecins. Qui pourroit tenir au supplice de voir assassiner chaque jour son ami[*] sans y pouvoir porter remède ? Eh ! pour l'amour de Dieu, balayez-moi tout cela, et les comtes et les abbés, et les belles dames, et le diable qui les emporte tous. Alors écrivez-moi, et, s'il est nécessaire, je m'offre de ne le plus quitter; mais ne me faites pas venir inutilement. Je veux bien donner ma vie et ma santé, mais je voudrois au moins que ce sacrifice fût bon à quelque chose; car,

[*] M. Gauffecourt.

quant à moi, je suis très-persuadé que je ne retournerai jamais à Paris que pour y mourir. Bonjour, ma bonne amie.

LETTRE CXXXV.

A LA MÊME.

De l'Ermitage, ce je ne sais pas quantième, printemps 1757.

Je voudrois bien, ma bonne amie, que vous eussiez été quitte de votre fluxion aussi facilement que moi de mon rhume; il prenoit un train assez vif, mais il s'en est allé tout d'un coup, sans que je sache ce qu'il est devenu. Que Dieu donne une bonne fois le même caprice à vos migraines!

Je vous remercie; je ne me souviens pas de quoi. Ah! du dinde, dont je ne vous remercie pourtant pas, puisqu'il n'étoit pas pour moi, mais dont j'ai mangé ou mangerai comme si c'étoit à moi d'en remercier.

Ce que vous me recommandez étoit tout-à-fait superflu. Les échos de mes bois sont discrets; j'ai pour l'ordinaire peu de choses à leur dire, et de ce peu je ne leur en dis rien du tout. Le nom de Julie et le vôtre sont les seules choses qu'ils sachent répéter.

Je vous recommande votre santé, votre gaieté,

et vos comédies. Je vous prie de faire ma cour à la parfaite [1], d'embrasser pour moi toute votre famille, et même les ours embrassables : je m'imagine qu'ils le sont tous, hors moi.

J'assure en particulier sa tyrannie [2] de mes respects.

LETTRE CXXXVI.

A LA MÊME.

Ce jeudi, printemps 1757.

Je comptois, madame, vous aller voir au commencement de cette semaine; mais le mauvais temps et le doute si vous ne seriez pas retournée à Paris m'ont retenu, outre que l'ours ne quitte pas volontiers les bois. J'irai demain dîner avec vous s'il ne pleut pas dans l'intervalle, et que vous me fassiez dire que vous y serez et que vous n'aurez point d'étrangers. Bonjour, ma bonne amie; je vous aime dans ma solitude, où je n'ai que cela à faire, et où tout m'avertit que c'est bien fait ; mais vous, au milieu de tant de distractions, songez-vous un peu à moi ?

[1] * Madame d'Houdetot.
[2] * Grimm.

LETTRE CXXXVII.

A LA MÊME.

Ce dimanche matin, avril 1757.

Voilà, madame, les prémices de votre Ermitage, à ce que dit le jardinier. Faites-moi dire, je vous supplie, des nouvelles de votre santé et de vos affaires, en attendant que les fêtes se passent, que les chemins s'essuient et me permettent de vous aller voir. Je fus, mardi, dîner à Eaubonne, et pris, en revenant, de la pluie et d'un dérangement qui l'un et l'autre n'ont pas cessé jusqu'ici. Bonjour, madame, aimez-moi ermite, comme vous m'aimiez ours; autrement je quitte mon froc et reprends ma peau.

LETTRE CXXXVIII.

A M. VERNES.

A l'Ermitage, le 4 avril 1757.

Votre lettre, mon cher concitoyen, est venue me consoler dans un moment où je croyois avoir à me plaindre de l'amitié, et je n'ai jamais mieux senti combien la vôtre m'étoit chère. Je me suis dit : Je gagne un jeune ami; je me survivrai dans lui, il aimera ma mémoire après moi; et j'ai senti de la douceur à m'attendrir dans cette idée.

J'ai lu avec plaisir les vers de M. Roustan; il y en a de très-beaux parmi d'autres fort mauvais; mais ces disparates sont ordinaires au génie qui commence. J'y trouve beaucoup de bonnes pensées et de la vigueur dans l'expression; j'ai grand'-peur que ce jeune homme ne devienne assez bon poète pour être un mauvais prédicateur ; et le métier qu'un honnête homme doit le mieux faire, c'est toujours le sien. Sa pièce peut devenir fort bonne, mais elle a besoin d'être retouchée; et à moins que M. de Voltaire n'en voulût bien prendre la peine, cela ne peut pas se faire ailleurs qu'à Paris; car il y a une certaine pureté de goût, et une correction de style qu'on n'atteint jamais dans la province, quelque effort qu'on fasse pour cela. Je chercherai volontiers quelque ami qui corrige la pièce et ne la gâte pas; c'est la manière la plus honnête et la plus convenable dont je puisse remercier l'auteur : mais son consentement est préalablement nécessaire.

Il est vrai, mon ami, que j'espérois vous embrasser ce printemps, et que je compte avec impatience les minutes qui s'écoulent jusques à ma retraite dans ma patrie, ou du moins à son voisinage. Mais j'ai ici une espèce de petit ménage, une vieille gouvernante de quatre-vingts ans, qu'il m'est impossible d'emmener, et que je ne puis abandonner jusqu'à ce qu'elle ait un asile, ou que Dieu veuille disposer d'elle : je ne vois aucun moyen de satisfaire mon empressement et le vôtre tant que cet obstacle subsistera.

Vous ne me parlez ni de votre santé ni de votre famille : voilà ce que je ne vous pardonne point ; je vous prie de croire que vous m'êtes cher et que j'aime tout ce qui vous appartient. Pour moi, je traîne et souffre plus patiemment dans ma solitude que quand j'étois obligé de grimacer devant les importuns ; cependant je vais toujours, je me promène, je ne manque pas de vigueur, et voici le temps que je vais me dédommager du rude hiver que j'ai passé dans les bois.

Je vous prie instamment de ne point m'adresser de lettres chez madame d'Épinay : cela lui donne des embarras, et multiplie les frais ; il faut écrire, envoyer des exprès ; et l'on évite tout cela en m'écrivant tout bonnement *à l'Ermitage, sous Montmorency, par Paris;* les lettres me sont plus promptement, aussi fidèlement rendues, et à moindres frais pour madame d'Épinay et pour moi. A la vérité quand il est question de paquets un peu gros, comme le précédent, on peut mettre une enveloppe avec cette adresse : *à M. de Lalive d'Épinay, fermier général du roi, à l'hôtel des Fermes, à Paris.* Car, ce que je vois qu'on ne sait pas à Genève, c'est que les fermiers généraux ont bien leurs ports francs à l'hôtel des Fermes, mais non pas chez eux. Encore faut-il bien prendre garde qu'il ne paroisse pas que leurs paquets contiennent des lettres à d'autres adresses ; et il y a dans cette économie une petite manœuvre que je n'aime point.

Adieu, mon cher concitoyen ; quand viendra le temps où nous irons ensemble profiter des utiles délassements de ce médecin du corps et de l'ame, de ce Chrisippe moderne, que j'estime plus que l'ancien, que j'aime comme mon ami, et que je respecte comme mon maître?

P. S. Je vous envoie, ouverte, ma réponse à M. Roustan, pour que vous en jugiez, et que vous la supprimiez si vous la croyez capable de lui déplaire ; car assurément ce n'est pas mon intention.

LETTRE CXXXIX.

A MADAME D'ÉPINAY.

Ce 4 mai 1757.

Bonjour, ma bonne amie. On dit que vous vous portez bien ; et comme je pense que si cela n'étoit pas vous m'en auriez fait dire quelque chose, je me fie à cette bonne nouvelle : on dit aussi que j'aurai bientôt le plaisir de vous revoir; et c'est alors que les beaux jours seront tout-à-fait revenus, surtout s'il est vrai, comme j'ai lieu de l'espérer, que vous viendrez ici goûter quelques-uns de ceux de l'Ermitage. Bonjour derechef. M. Cahouet, pressé de repartir, me presse, et je finis.

Apportez de l'eau-de-vie, et une bouteille qui ait le goulot assez large pour y passer des noix.

LETTRE CXL.

A LA MÊME.

Juin 1757.

Votre fièvre m'inquiète; car, foible comme vous êtes, vous n'êtes guère en état de la supporter long-temps. J'imagine que, si elle continue, M. Tronchin vous ordonnera le quinquina; car, à quelque prix que ce soit, il faut vous débarrasser de ce mauvais hôte. Moi, j'ai fait heureusement mon voyage, mais j'ai actuellement une forte migraine.

Vous ne me dites point si notre ami est enfin décidé sur son départ[1]. J'ai la consolation de l'a-

[1] * Comme, d'après les Mémoires de madame d'Épinay, Grimm

voir laissé très en état de faire le voyage; il n'y a que des gens malintentionnés qui puissent l'en détourner. Donnez-moi, je vous prie, exactement de ses nouvelles et des vôtres. Voici le billet pour M. Tronchin; je vous prie de le joindre à la consultation, et de la lui envoyer. Je vous demande excuse de vous l'avoir remise ouverte, mais je ne savois pas ce qu'elle contenoit. Bonjour, madame.

LETTRE CXLI.

A LA MÊME.

Ce vendredi au soir, l'Ermitage, été de 1757.

J'envoie, madame, savoir de vos nouvelles et de celles de madame d'Esclavelles, par Damour le fils, qui va à Paris. Pour moi, j'ai été incommodé ces deux jours-ci; j'y ai beaucoup gagné; car j'ai toujours remarqué que les maux du corps calment les agitations de l'ame. J'aurois besoin du *Voyage de l'amiral Anson* [1]; si vous saviez où trouver ce

---

fut, en 1757, nommé secrétaire du maréchal d'Estrées, qui se rendit à l'armée d'Allemagne, il est probable que c'est de lui qu'il est question.

[1]* C'étoit pour la *Nouvelle Héloïse*, dans laquelle il fait embarquer Saint-Preux avec cet amiral, dont la relation avoit été traduite en françois par l'abbé Gua de Malver, et publiée en 1750, in-4°.

livre, vous me feriez plaisir de l'emprunter pour une quinzaine de jours, et de me l'envoyer. Je crois que M. d'Holbach l'a, et il se fera sûrement un plaisir de le prêter. Si vous pouviez me l'envoyer par le retour de Damour, j'en serois fort aise; cependant cela ne presse pas absolument. Bonjour, ma bonne amie; je suis touché de vos soins pour me rendre le repos; le malheur est que personne n'en dira à Diderot autant que vous m'en avez dit, et qu'en vérité il est bien dur de porter en toute occasion les torts de nos amis et les nôtres.

Si vous ne trouvez pas aisément le livre, ne vous en tourmentez pas; je le ferai demander à la Bibliothèque du roi.

LETTRE CXLII.

A SOPHIE (MADAME D'HOUDETOT).

L'Ermitage, juin 1757.

Viens, Sophie, que j'afflige ton cœur injuste; que je sois, à mon tour, sans pitié comme toi. Pourquoi t'épargnerois-je tandis que tu m'ôtes la raison, l'honneur et la vie? Pourquoi te laisserois-je couler de paisibles jours, à toi qui me rends les miens insupportables? Ah! combien tu m'aurois été moins cruelle, si tu m'avois plongé dans le cœur un poignard au lieu du trait fatal qui me tue! Vois ce que j'étois et ce que je suis devenu: vois à quel point tu m'avois élevé et jusqu'où tu m'as avili. Quand tu daignois m'écouter, j'étois plus qu'un homme; depuis que tu me rebutes, je suis le dernier des mortels : j'ai perdu le sens, l'esprit et le courage ; d'un mot tu m'as tout ôté. Comment peux-tu te résoudre à détruire ainsi ton propre ouvrage? Comment oses-tu rendre indigne de ton estime celui qui fut honoré de tes bontés? Ah! Sophie, je t'en conjure, ne te fais point rougir de l'ami que tu as cherché. C'est pour ta propre gloire que je te demande compte de moi. Ne suis-je pas ton bien? N'en as-tu pas pris possession? tu ne peux plus t'en dédire, et, puisque je t'appartiens, malgré moi-même et malgré toi, laisse-moi du moins mériter de t'appartenir. Rappelle-toi ces temps de félicité qui, pour mon tourment, ne sortiront jamais de ma mémoire. Cette flamme invisible, dont je reçus une seconde vie plus précieuse que la première, rendoit à mon ame, ainsi qu'à mes sens, toute la vigueur de la jeunesse. L'ardeur de mes sentiments m'élevoit jusqu'à toi. Combien de fois ton cœur, plein d'un autre amour, fut-il ému des transports du mien? Combien de fois m'as-tu dit dans le bosquet de la cascade : *Vous êtes l'amant le plus tendre dont j'eusse l'idée : non, jamais homme n'aima comme vous* [1]. Quel triomphe pour moi que cet aveu dans ta bouche! assurément il n'étoit pas suspect; il étoit digne des feux dont je brûlois, de t'y rendre sensible en dépit des tiens, et de t'arracher une pitié que tu te reprochois si vivement. Eh! pourquoi te la reprocher? En quoi donc étois-tu coupable? En quoi la fidélité étoit-elle offensée par des bontés qui laissoient ton cœur et tes sens tranquilles? Si j'eusse été plus aimable et plus jeune, l'épreuve eût été plus dangereuse : mais, puisque tu l'as soutenue, pourquoi t'en repentir? Pourquoi changer de conduite avec tant de raisons d'être contente de toi? Ah! que ton amant même seroit fier de ta constance s'il savoit ce qu'elle a surmonté? Si ton cœur et moi sommes seuls témoins de ta force, c'est à moi seul à m'en humilier. Étois-je digne de t'inspirer des désirs? Mais quelquefois ils s'éveillent malgré qu'on en ait, et tu sus toujours triompher des tiens. Où est le crime d'écouter un autre amour, si ce n'est le danger de le partager? Loin d'éteindre tes premiers feux, les miens sembloient les irriter encore. Ah! si jamais tu fus tendre et fidèle, n'est-ce pas dans ces moments

---

[1] Rousseau, dans ses *Confessions*, rapporte ces paroles ; mais il leur a donné plus d'élégance et plus d'énergie. Son imagination embellissoit alors ses souvenirs. On en peut juger en confrontant les deux versions. Voici celle des *Confessions*: « Non, jamais homme « ne fut si aimable et jamais amant n'aima comme vous! mais « votre ami Saint-Lambert nous écoute, et mon cœur ne sauroit « aimer deux fois. »

délicieux où mes pleurs t'en arrachoient quelquefois; où les épanchements de nos cœurs s'excitoient mutuellement; où, sans se répondre, ils savoient s'entendre; où ton amour s'animoit aux expressions du mien, et où l'amant qui t'est cher recueilloit au fond de ton ame tous les transports exprimés par celui qui t'adore? L'amour a tout perdu par ce changement bizarre que tu couvres de si vains prétextes. Il a perdu ce divin enthousiasme qui t'élevoit à mes yeux au-dessus de toi-même; qui te montroit à la fois charmante par tes faveurs, sublime par ta résistance, et redoubloit par tes bontés mon respect et mes adorations. Il a perdu, chez toi, cette confiance aimable qui te faisoit verser dans ce cœur qui t'aime tous les sentiments du tien. Nos conversations étoient touchantes : un attendrissement continuel les remplissoit de son charme. Mes transports, que tu ne pouvois partager, ne laissoient pas de te plaire ; et j'aimois à t'entendre exprimer les tiens pour un autre objet qui leur étoit cher, tant l'épanchement et la sensibilité ont de prix, même sans celui du retour? Non, quand j'aurois été aimé, à peine aurois-je pu vivre dans un état plus doux, et je te défie de jamais dire à ton amant même rien de plus touchant que ce que tu me disois de lui mille fois le jour. Qu'est devenu ce temps, cet heureux temps? La sécheresse et la gêne, la tristesse ou le silence remplissent désormais nos entretiens. Deux ennemis, deux indifférents, vivroient entre eux avec moins de réserve que ne font deux cœurs faits pour s'aimer. Le mien, resserré par la crainte, n'ose plus donner l'essor aux feux dont il est dévoré. Mon ame intimidée se concentre et s'affaisse sur elle-même; tous mes sentiments sont comprimés par la douleur. Cette lettre, que j'arrose de froides larmes, n'a plus rien de ce feu sacré qui couloit de ma plume en de plus doux instants. Si nous sommes un moment sans témoins, à peine ma bouche ose-t-elle exprimer un sentiment qui m'oppresse, qu'un air triste et mécontent le resserre au fond de mon cœur. Le vôtre, à son tour, n'a plus rien à me dire. Hélas! n'est-ce pas me dire assez combien vous vous déplaisez avec moi, que ne me plus parler de ce que vous aimez. Ah! parlez-moi de lui sans cesse, afin que ma présence ne soit pas pour vous sans plaisir.

Il vous est plus aisé de changer, ô Sophie! que de cacher ce changement à mes yeux. N'alléguez plus de fausses excuses qui ne peuvent m'en imposer. Les évènements ont pu vous forcer à une circonspection dont je ne me suis jamais plaint: mais tant que le cœur ne change pas, les circonstances ont beau changer, son langage est toujours le même; et si la prudence vous force à me voir plus rarement, qui vous force de perdre avec moi le langage du sentiment pour prendre celui de l'indifférence? Ah! Sophie, Sophie! ose me dire que ton amant t'est plus cher aujourd'hui que quand tu daignois m'écouter et me plaindre, et que tu m'attendrissois à mon tour, aux expressions de ta passion pour lui! Tu l'adorois et te laissois adorer; tu soupirois pour un autre, mais ma bouche et mon cœur recueilloient tes soupirs. Tu ne te faisois point un vain scrupule de lui cacher des entretiens qui tournoient au profit de ton amour. Le charme de cet amour croissoit sous celui de l'amitié; ta fidélité s'honoroit du sacrifice des plaisirs non partagés. Tes refus, tes scrupules étoient moins pour lui que pour moi. Quand les transports de la plus violente passion qui fut jamais t'excitoient à la pitié, tes yeux inquiets cherchoient dans les miens si cette pitié ne t'ôteroit point mon estime, et la seule condition que tu mettois aux preuves de ton amitié étoit que je ne cesserois point d'être ton ami.

Cesser d'être ton ami! chère et charmante Sophie, vivre et ne plus t'aimer est-il pour mon ame un état possible? Eh! comment mon cœur se fût-il détaché de toi, quand aux chaînes de l'amour tu joignois les doux nœuds de la reconnoissance? J'en appelle à ta sincérité. Toi qui vis, qui causas ce délire, ces pleurs, ces ravissements, ces extases, ces transports qui n'étoient pas faits pour un mortel, dis, ai-je goûté tes faveurs de manière à mériter de les perdre? Ah! non, tu t'es barbarement prévalue, pour me les ôter, des tendres craintes qu'elles m'ont inspirées. J'en suis devenu plus épris mille fois, il est vrai, mais plus respectueux, plus soumis, plus attentif à ne jamais t'offenser. Comment ton bon cœur a-t-il pu se résoudre, en me voyant tremblant devant toi, à s'armer de ma passion contre moi-même, et à me rendre misérable pour avoir mérité d'être heureux?

Le premier prix de tes bontés fut de m'apprendre à vaincre mon amour par lui-même, de sacrifier mes plus ardents désirs à celle qui les faisoit naître, et mon bonheur à ton repos. Je ne rappellerai point ce qui s'est passé ni dans ton parc, ni dans ta chambre; mais pour sentir jusqu'où l'impression de tes charmes inspire à mes sens l'ardeur de te posséder, ressouviens-toi du Mont-Olympe, ressouviens-toi de ces mots écrits au crayon sur un chêne. J'aurois pu les tracer du plus pur de mon sang, et je ne saurois te voir ni penser à toi qu'il ne s'épuise et ne renaisse sans cesse. Depuis ces moments délicieux où tu m'as fait éprouver tout ce qu'un amour plaint, et non partagé, peut donner de plaisir au monde, tu m'es devenue si chère que je n'ai plus osé désirer d'être heureux à tes dépens, et qu'un seul refus de ta part eût fait taire un délire insensé. Je m'en serois livré plus innocemment aux douceurs de l'état où tu m'avois mis; l'épreuve de ta force m'eût rendu plus circonspect à t'exposer à des combats que j'avois trop peu su te rendre pénibles. J'avois tant de titres pour mériter que tes faveurs et ta pitié même ne me fussent point ôtées; hélas! que faut-il que je me dise pour me consoler de les avoir perdues, si ce n'est que j'aimai trop pour les savoir conserver! J'ai tout fait pour remplir les dures conditions que tu m'avois imposées, je leur ai conformé toutes mes actions, et, si je n'ai pu contenir de même mes discours, mes regards, mes ardents désirs, de quoi peux-tu m'accuser, si ce n'est de m'être engagé, pour te plaire, à plus que la force humaine ne peut tenir? Sophie! j'aimai trente ans la vertu! ah! crois-tu que j'aie déjà le cœur endurci au crime? Non; mes remords égalent mes transports; c'est tout dire : mais pourquoi ce cœur se livroit-il aux légères faveurs que tu daignois m'accorder, tandis que son murmure effrayant me détournoit si fortément d'un attentat plus téméraire? Tu le sais, toi qui vis mes égarements, si, même alors, ta personne me fut sacrée! Jamais mes ardents désirs, jamais mes tendres supplications n'osèrent un instant solliciter le bonheur suprême que je ne me sentisse arrêté par les cris intérieurs d'une ame épouvantée. Cette voix terrible, qui ne trompe point, me faisoit frémir à la seule idée de souiller de parjure et d'infidélité celle que j'aime, celle que je voudrois voir aussi parfaite que l'image que j'en porte au fond de mon cœur; celle qui doit m'être inviolable à tant de titres. J'aurois donné l'univers pour un moment de félicité; mais t'avilir, Sophie! ah! non, il n'est pas possible, et quand j'en serois le maître, je t'aime trop pour te posséder jamais.

Rends donc à celui qui n'est pas moins jaloux que toi de ta propre gloire des bontés qui ne sauroient la blesser. Je ne prétends m'excuser ni envers toi, ni envers moi-même : je me reproche tout ce que tu me fais désirer. S'il n'eût fallu triompher que de moi, peut-être l'honneur de vaincre m'en eût-il donné le pouvoir; mais devoir au dégoût de ce qu'on aime des privations qu'on eût dû s'imposer, ah! c'est ce qu'un cœur sensible ne peut supporter sans désespoir. Tout le prix de la victoire est perdu dès qu'elle n'est pas volontaire. Si ton cœur ne m'ôtoit rien, qu'il seroit digne du mien de tout refuser! Si jamais je puis me guérir, ce sera quand je n'aurai que ma passion seule à combattre. Je suis coupable, je le sens trop, mais je m'en console en songeant que tu ne l'es pas. Une complaisance insipide à ton cœur, qu'est-elle pour toi, qu'un acte de pitié dangereux à la première épreuve, indifférent pour qui l'a pu supporter une fois. O Sophie! après des moments si doux, l'idée d'une éternelle privation est trop affreuse à celui qui gémit de ne pouvoir s'identifier avec toi. Quoi! tes yeux attendris ne se baisseroient plus avec cette douce pudeur qui m'enivre de volupté? Quoi! mes lèvres brûlantes ne déposeroient plus sur ton cœur mon ame avec mes baisers? Quoi!

je n'éprouverois plus ce frémissement céleste, ce feu rapide et dévorant qui, plus prompt que l'éclair......... Moment! moment inexprimable! quel cœur, quel homme, quel dieu peut t'avoir ressenti et renoncer à toi?

Souvenirs amers et délicieux! laisserez-vous jamais mes sens et mon cœur en paix? et toutefois les plaisirs que vous me rappelez ne sont point ceux qu'il regrette le plus. Ah! non, Sophie, il en fut pour moi de plus doux encore et dont ceux-là tirent leur plus grand prix, parce qu'ils en étoient le gage. Il fut, il fut un temps où mon amitié t'étoit chère, et où tu savois me le témoigner. Ne m'eusses-tu rien dit, ne m'eusses-tu fait aucune caresse, un sentiment plus touchant et plus sûr m'avertissoit que j'étois bien avec toi. Mon cœur te cherchoit, et le tien ne me repoussoit pas. L'expression du plus tendre amour qui fut jamais n'avoit rien de rebutant pour toi. On eût dit à ton empressement à me voir que je te manquois quand tu ne m'avois pas vu : tes yeux ne fuyoient pas les miens, et leurs regards n'étoient pas ceux de la froideur : tu cherchois mon bras à la promenade ; tu n'étois pas si soigneuse à me dérober l'aspect de tes charmes, et quand ma bouche osoit presser la tienne ; quelquefois, au moins, je la sentois résister. Tu ne m'aimois pas, Sophie, mais tu te laissois aimer, et j'étois heureux. Tout est fini : je ne suis plus rien, et me sentant étranger, à charge, importun près de toi, je ne suis pas moins misérable de mon bonheur passé que de mes peines présentes. Ah! si je t'avois jamais vue attendrie je me consolerois de ton indifférence et me contenterois de t'adorer en secret; mais me voir déchirer le cœur par la main qui me rendit heureux, et être oublié de celle qui m'appeloit son doux ami! ô toi, qui peux tout sur mon être, apprends-moi à supporter cet état affreux, ou le change, ou me fais mourir. Je voyois les douleurs que m'apprêtoit la fortune, et je m'en consolois en y voyant tes plaisirs; j'ai appris à braver les outrages du sort, mais les tiens! qui me les fera supporter? La vallée que tu fuis pour me fuir, le prochain retour de ton amant, les intrigues de ton indigne sœur, l'hiver qui nous sépare, mes maux qui s'accroissent, ma jeunesse qui fuit de plus en plus, tandis que la tienne est dans sa fleur, tout se réunit pour m'ôter tout espoir; mais rien n'est au-dessus de mon courage que tes mépris. Avec la consolation du cœur, je dédaignerois les plaisirs des sens, je m'en passerois au moins : si tu me plaignois, je ne serois plus à plaindre. Aide-moi, de grâce, à m'abuser moi-même : mon cœur affligé ne demande pas mieux; je cherche moi-même sans cesse à te supposer pour moi le plus tendre intérêt que tu n'as plus. Je force tout ce que tu me dis pour l'interpréter en ma faveur : je m'applaudis de mes propres douleurs quand elles semblent t'avoir touchée : dans l'impossibilité de tirer de toi de vrais signes d'attachement, un rien suffit pour m'en créer de chimériques. A notre dernière entrevue, où tu déployois de nouveaux charmes pour m'enflammer de nouveaux feux, deux fois tu me regardas en dansant. Tous tes mouvements s'imprimoient au fond de mon ame ; mes avides regards traçoient tous tes pas : pas un de tes gestes n'échappoit à mon cœur, et dans l'éclat de ton triomphe, ce foible cœur avoit la simplicité de croire que tu daignois t'occuper de moi. Cruelle, rends-moi l'amitié qui m'est si chère, tu me l'as offerte ; je l'ai reçue ; tu n'as plus droit de me l'ôter. Ah ! si jamais je te voyois un vrai signe de pitié ; que ma douleur ne te fût point importune ; qu'un regard attendri se tournât sur moi ; que ton bras se jetât autour de mon cou ; qu'il me pressât contre ton sein ; que ta douce voix me dît avec un soupir, *Infortuné ! que je te plains !* oui, tu m'aurois consolé de tout : mon ame reprendroit sa vigueur, et je reviendrois digne encore d'avoir été bien voulu de toi...

LETTRE CXLIII.

A MADAME D'ÉPINAY.

Ce dimanche, l'Ermitage, juin 1757.

Je reçus votre lettre, madame, qui me fit un sensible plaisir ; je n'y répondis pas, parce qu'elle étoit elle-même une réponse, que je ne voulois pas vous donner occasion de vous fatiguer par trop écrire, et que j'étois paresseux moi-même. Comme j'espère vous aller voir dans la semaine, j'aurai bientôt la consolation d'achever avec vous cet entretien. Au reste, vous savez que le philosophe m'est venu voir ; autant en a fait hier soir M. d'Épinay. Voici deux copies du *Salve*[1], dont une est pour lui et l'autre pour vous. Je vous les envoie avant qu'elles soient davantage enfumées ; ne m'en envoyez pas l'argent, attendu que vous avez oublié de faire la déduction du café sur les manchettes, et que ceci fera, je pense, à peu près l'équivalent. Vous prenez continuellement les eaux ; il me semble qu'il seroit bientôt temps de changer de régime pour reprendre un peu de forces, mais

Je ne suis qu'un soldat, et je n'ai que du zèle ;

[1] Au nombre des œuvres de musique composées par Jean-Jacques est un *Salve, regina*, qu'il avoit fait en 1752.

et je sens bien que mes ordonnances de médecine ne doivent pas avoir plus d'autorité que mes livres de morale. Adieu, madame; aimez un peu votre pauvre ours, qui sait mieux ce qu'il sent que ce qu'il dit.

LETTRE CXLIV.

A LA MÊME.

A l'Ermitage, ce vendredi, août 1757.

Je suis, ma chère amie, toujours malade et chagrin : on dit que la philosophie guérit ce dernier; pour moi je sens que c'est elle qui le donne, et je n'avois pas besoin de cette découverte pour la mépriser. Quant aux maux, on les supporte avec de la patience, mais je n'en ai qu'en me promenant, et malheureusement voilà le temps tout-à-fait à la pluie. Sans le souvenir des amis, je ne connoîtrois plus de remède à rien : c'est votre billet qui m'a rappelé celui-ci : de sorte que les biens qui me viennent de vous sont à peu près les seuls qui me restent.

Je voudrois bien que madame d'Holbach fût promptement et heureusement accouchée, afin qu'elle, son mari, vous, et tous ses amis, fussions tirés d'inquiétude, et qu'on vous revît bientôt à la Chevrette.

Je serai bien aise de voir le théologien La Tour; mais il n'y a que vous, qui m'avez tant fait accepter de choses, qui puissiez me faire accepter mon portrait, pour l'échanger avec le vôtre, comme étant de la main d'un meilleur peintre, par forme de compnesation.

Prenez bien vite le livre de M. de Buchelai, pourvu cependant que, vu ma lenteur, il me laisse un temps raisonnable pour le copier; mais il faut le prier d'envoyer aussi du papier, car je n'en ai pas ici. Je serai trop heureux d'avoir à copier dans un temps où je ne saurois faire autre chose.

Bonjour, madame, revenez vite à la Chevrette, sitôt que vous aurez fait ce petit garçon; c'est une chose terrible que, depuis que les femmes se mêlent de faire des enfants, elles ne savent pas encore accoucher toutes seules.

LETTRE CXLV.

A LA MÊME.

Ce mardi 16 août 1757. A l'Ermitage.

Voilà, madame, de la musique de malade; c'est tout dire. Je vous prie de donner, le plus tôt qu'il se pourra, cette partition à M. d'Épinay, afin que je me sois acquitté au moins de ce qui a dépendu de moi.

Vous m'aviez dit que vous reviendriez le lendemain de la Notre-Dame, c'est-à-dire aujourd'hui. Mais je me suis bien douté que vous seriez forcée à différer votre retour. Donnez-moi des nouvelles de madame d'Holbach et des vôtres, et dites-moi quand vous comptez être à la Chevrette. Au pis aller, vous ne sauriez tarder plus long-temps que de demain en huit, dussiez-vous ensuite retourner à Paris. Je voudrois vous parler de moi; mais je suis aussi ennuyé de vous en dire toujours la même chose que vous devez l'être de l'entendre. Je ne suis pas aussi heureux que la pauvre Waldstoerchel, et même, en faisant de la musique, je brûle encore de l'huile de navette. J'étois pourtant mieux depuis quelques jours; mais je me suis échauffé hier pour éviter l'orage, et mes douleurs m'ont repris aujourd'hui. Bonjour, la mère aux ours; vous avez grand tort de n'être pas ici, car j'ai le museau tout frais tondu.

LETTRE CXLVI.

A LA MÊME.

Ce jeudi matin, l'Ermitage, août 1757.

Je suis en si mauvais état, que je ne me sentois pas le courage de vous aller voir aujourd'hui ; et la pluie de cette nuit m'en avoit tout-à-fait ôté l'idée. Cependant, puisque votre ami est avec vous, et que je ne sais combien de temps il y demeurera, si le temps se ressuie dans la journée, et laisse un peu sécher les chemins ; je vous irai voir ce soir ; car je suis trop foible ce matin, et les chemins sont trop mauvais pour tenter l'aventure, après une aussi mauvaise nuit. A ce soir donc, ma chère amie ; vous connoissez trop mon cœur pour me soupçonner d'être en reste envers ceux qui m'aiment, et qu'il m'est si naturel d'aimer.

LETTRE CXLVII.

A LA MÊME.

Ce jeudi, l'Ermitage, août 1757.

Que signifient ces chagrins pour un enfant de six ans, dont il est impossible de connoître le caractère ? Tout ce que font les enfants, tant qu'ils sont au pouvoir d'autrui, ne prouve rien ; car on ne peut jamais savoir à qui en est la faute : c'est quand ils n'ont plus ni nourrices, ni gouvernantes, ni précepteurs, qu'on voit ce que les a faits la nature, et c'est alors que leur véritable éducation commence. Au reste, je ne sais si vous faites bien d'éloigner de vos yeux votre fille [1], mais je sais qu'il importe, en pareil cas, qu'elle ne soit pas aussi agréablement qu'auprès de vous, et je ne vois pas comment vous pourrez jamais vous assurer de cela. Songez-y; cette précaution est importante pour l'avenir, encore plus que pour le présent.

Je vous plains d'être à Paris, et j'envisage avec plaisir le moment qui doit vous ramener à mon voisinage; non que je ne vive fort bien ici tout seul, mais si après Diderot j'ai envie de voir quelqu'un au monde, c'est vous. J'ai eu ces jours-ci de grands maux d'estomac, pour avoir eu la présomption de vivre en paysan, et manger des choux au lard plus qu'à moi n'appartenoit.

Mademoiselle Le Vasseur est au désespoir de vous servir si lentement; mais le soin de sa pauvre nièce lui prend presque tout son temps, et je vous assure que le peu qui lui en reste n'est employé que pour vous.

Bonjour, ma chère et aimable amie; je vou-

[1] Depuis madame de Belsunce.

drois bien que vous fussiez ici au coin de mon feu ; nous causerions doucement ensemble, et il me semble que le cœur seroit de la partie. En me donnant de vos nouvelles, n'oubliez pas de m'en donner du papa Gauffecourt.

LETTRE CXLVIII.

A LA MÊME.

L'Ermitage, été de 1757.

Quoique je ne craigne pas la chaleur, elle est si terrible aujourd'hui, que je n'ai pas eu le courage d'entreprendre le voyage au fort du soleil. Je n'ai fait que me promener à l'ombre autour de la maison, et je suis tout en nage. Ainsi, je vous prie de témoigner mon regret à mes prétendus confrères [1], et, comme depuis qu'ils sont ours je me suis fait galant, trouvez bon que je vous baise très-respectueusement la main.

Puisqu'on ne peut vous voir demain, ce sera pour vendredi, s'il fait beau, et je partirai de bonne heure [2].

[1] * Ceux que madame d'Épinay appeloit *mes ours*.

[2] * Après cette lettre viennent les trois billets que Jean-Jacques écrivit le même jour à madame d'Épinay, et qu'il a textuellement insérés dans ses *Confessions*, livre IX.

LETTRE CXLIX.

A LA MÊME.

L'Ermitage, été de 1757.

Je vous remercie de votre souvenir. Je ne souffris jamais tant de mes maux que je fais depuis quelques jours : tout le monde, à commencer par moi-même, m'est insupportable. Je porte dans le corps toutes les douleurs qu'on peut sentir, et dans l'ame les angoisses de la mort. J'allai hier à Eaubonne, espérant quelque soulagement de la marche et quelque plaisir de la gaieté de madame d'Houdetot. Je l'ai trouvée malade, et j'en suis revenu encore plus malade moi-même que je n'étois allé. Il faut absolument que je me séquestre de la société et vive seul jusqu'à ce que ceci finisse de manière ou d'autre. Soyez sûre qu'au premier jour de trêve je ne manquerai pas de vous aller voir. Mille respects, s'il vous plaît, à madame d'Esclavelles, et amitiés à ces messieurs. Je vous conjure tous de me pardonner mes maussaderies ; croyez qu'à ma place chacun de vous seroit dans son lit, et penseroit n'en point relever.

LETTRE CL.

A LA MÊME.

L'Ermitage, automne de 1757.

Soyez sûre que, sans le temps qu'il a fait, vous m'auriez vu dès hier. Je suis sur votre état dans des inquiétudes mortelles. Au reste, je juge que vous prenez le bon parti [1]. Adieu, ma chère amie; quoique je me porte fort mal moi-même, vous me verrez demain matin au plus tard.

LETTRE CLI.

A LA MÊME.

Ce vendredi, septembre 1757.

J'apprends que vous continuez de souffrir, et j'ai à ressentir vos maux et les miens. Si je sors aujourd'hui, je crains de ne le pouvoir pas demain; faites-moi donc dire si cela est nécessaire, car Barré ne s'est pas bien expliqué. Je comptois toujours aller dîner avec vous demain, comme vous me l'avez ordonné, et mon projet est d'y aller

---

[1]* Celui d'aller à Genève consulter Tronchin.

avant tout le monde. Que si vous avez quelque chose de pressé à me dire, j'irai vous voir aujourd'hui sur les quatre heures; ou bien, si cela peut se communiquer, vous pouvez me le faire dire par mademoiselle Le Vasseur.

Faites-moi donner en même temps des nouvelles de mademoiselle d'Épinay. Bonjour, madame. Nous souffrons tous deux, et je suis triste; avec tout cela, je sens, en pensant à vous, combien c'est une douce consolation d'avoir un véritable ami; il n'y a plus que cela qui m'attache à la vie.

LETTRE CLII.

A M. DE SAINT-LAMBERT.

A l'Ermitage, le 4 septembre 1757.

En commençant de vous connoître, je désirai de vous aimer. Je n'ai rien vu de vous qui n'augmentât ce désir. Au moment où j'étois abandonné de tout ce qui me fut cher, je vous dus une amie qui me consoloit de tout, et à laquelle je m'attachois à mesure qu'elle me parloit de vous. Voyez, mon cher Saint-Lambert, si j'ai de quoi vous aimer tous deux, et croyez que mon cœur n'est pas de ceux qui demeurent en reste. Pourquoi faut-il donc que vous m'ayez affligé l'un et l'autre? Laissez-moi promptement délivrer mon ame du poids de vos torts. Comme je me suis plaint de vous à elle, je viens me plaindre d'elle à vous. Elle m'a bien entendu : j'espère que vous m'entendrez de même; et peut-être une explication dictée par l'estime et la confiance produira-t-elle entre de nouveaux amis l'effet de l'habitude et des ans.

Je songeois à vous, sans songer guère à elle, quand elle est venue me voir et qu'elle a commencé de me rechercher. Connoissant mon penchant à m'attacher, et les chagrins qu'il me donne, j'ai toujours fui les liaisons nouvelles; et il y avoit quatre ans qu'elle m'offoit l'entrée de sa maison, sans que jamais j'y eusse mis le pied. Je n'ai pu la fuir; je l'ai vue; j'ai pris la douce habitude de la voir. J'étois solitaire et triste ; mon cœur affligé ne cherchoit que des consolations ; je les trouvois auprès d'elle ; elle en avoit besoin à son tour ; elle trouvoit un ami sensible à ses peines. Nous parlions de vous, du bon et trop facile Diderot, de l'ingrat Grimm, et d'autres encore. Les jours se passoient dans cet épanchement mutuel. Je m'attachois en solitaire, en homme affligé : elle conçut aussi de l'amitié pour moi; elle m'en promit du moins. Nous faisions des projets pour le temps où nous pourrions lier entre nous trois une société charmante, dans laquelle j'osois attendre de vous, il est vrai, du respect pour elle et des égards pour moi.

Tout est changé, hormis mon cœur. Depuis votre départ elle me reçoit froidement; elle me parle à peine, même de vous : elle trouve cent prétextes pour m'éviter ; un homme dont on veut se défaire n'est pas autrement traité que je le suis d'elle; du moins autant que j'en puis juger, car je n'ai encore été congédié de personne. Je ne sais ce que signifie ce changement. Si je l'ai mérité, qu'on me le dise, et je me tiens pour chassé ; si c'est légèreté, qu'on me le dise encore ; je me retire aujourd'hui, et serai consolé demain. Mais après avoir répondu aux avances qui m'ont été faites, après avoir goûté le charme d'une société qui m'est devenue nécessaire, je crois, par l'amitié qu'on m'a demandée, avoir acquis quelque droit à celle qui m'étoit offerte ; je crois, par l'état de langueur où je suis réduit dans ma retraite, mériter au moins quelques égards; et, quand je vous demande compte de l'amie que vous m'avez donnée, je crois vous inviter à remplir un devoir de l'humanité.

Oui, c'est à vous que je demande compte d'elle. N'est-ce pas de vous que lui viennent tous ses sentiments? Qui le sait mieux que moi? Je le sais mieux que vous, peut-être, et je puis bien lui reprocher ce que je reprochois avec moins de justice à feu madame d'Holbach [1], qu'elle ne m'aime

---

[1] Quand j'écrivois cette lettre, M. d'Holbach avoit déjà sa seconde femme, sœur de la première.

que par l'impulsion de celui qu'elle aime. Dites-moi donc d'où vient son refroidissement. Auriez-vous pu craindre que je ne cherchasse à vous nuire auprès d'elle, et qu'une vertu mal entendue ne me rendît perfide et trompeur? L'article d'une de vos lettres, qui me regarde, m'a fait entrevoir ce soupçon. Non, non, Saint-Lambert, la poitrine de J. J. Rousseau n'enferma jamais le cœur d'un traître, et je me mépriscrois bien plus que vous ne pensez, si jamais j'avois essayé de vous ôter le sien.

Ne croyez pas m'avoir séduit par vos raisons : j'y vois l'honnêteté de votre ame, et non votre justification. Je blâme vos liens : vous ne sauriez les approuver vous-même ; et tant que vous me serez chers l'un et l'autre, je ne vous laisserai jamais la sécurité de l'innocence dans votre état. Mais un amour tel que le vôtre mérite aussi des égards, et le bien qu'il produit le rend moins coupable. Après avoir connu tout ce qu'elle sent pour vous, pourrois-je vouloir vous rendre malheureux l'un par l'autre? Non ; je me sens du respect pour une union si tendre, et ne la puis mener à la vertu par le chemin du désespoir. Un mot surtout qu'elle me dit il y a deux mois, et que je vous rapporterai quelque jour, m'a touché au point que, de confident de sa passion, j'en suis presque devenu le complice ; et il est certain que si vous pouviez jamais abandonner une pareille amante, je ne saurois m'empêcher de vous mépriser. Je me suis abstenu d'attaquer vos raisons, que je pouvois mettre en poudre ; j'ai laissé goûter à son tendre cœur le charme de s'y complaire ; et sans lui cacher mon sentiment, j'ai laissé le voile sur cette égide redoutable, dont ses yeux et les vôtres se seroient détournés. Je le répète, je ne veux point vous ôter l'un à l'autre. Bien loin de là, si jamais, entre vous deux, j'ai le bonheur de faire parler la vérité sans vous déplaire, et d'adoucir sa voix dans la bouche d'un ami, je ne veux que prévenir l'infaillible terme de l'amour, en vous unissant d'un lien plus durable, à l'épreuve du ravage des ans, dont vous puissiez tous deux vous honorer à la face des hommes, et qui vous soit doux encore au dernier moment de la vie. Mais soyez sûrs que je ne tiendrai jamais ces discours à aucun des deux séparément.

Un excès de délicatesse vous auroit-il fait croire aussi que l'amitié fait tort à l'amour, et que les sentiments que j'obtiendrois nuiroient à ceux qui vous sont dus ? Mais, dites-moi, qui est-ce qui sait aimer, si ce n'est un cœur sensible ? Les cœurs sensibles ne le sont-ils pas à toutes les sortes d'affections, et peut-il y naître un seul sentiment qui ne tourne au profit de celui qui les domine ? Où est l'amant qui n'en devient pas plus tendre en parlant de celle qu'il aime à son ami ? Où est le cœur, plein d'un sentiment qui déborde, qui n'a

pas besoin, dans l'absence, d'un autre cœur pour
s'épancher? Je fus jeune une fois, et je connus
l'ame la plus aimante qui ait existé. Tous les attachements imaginables étoient réunis dans cette
ame tendre; chacun n'en étoit que plus délicieux
par le concours de tous les autres, et celui qui
l'emportoit tiroit de tous un nouveau prix. Quoi!
ne vous est-il point doux, dans l'éloignement, qu'il
se trouve un être sensible à qui votre amie aime
à parler de vous, et qui se plaise à l'entendre? Je
suis persuadé que vous goûteriez ce plaisir aujourd'hui, si vous m'eussiez donné la journée que
vous m'aviez promise, et que vous fussiez venu
recevoir à l'Ermitage l'effusion d'un cœur dont
sûrement le vôtre eût été content.

Il est fait, j'en suis sûr, pour m'entendre et répondre au mien. Consultez-le; il vous redeman-
dera pour moi l'amie que je tiens de vous, qui
m'est devenue nécessaire, et que je n'ai point
mérité de perdre. Si son changement vient d'elle,
dites-lui ce qu'il convient : s'il vient de vous,
dites-le à vous-même. Sachez au moins que, de
quelque manière que vous en usiez, vous serez,
elle et vous, mes derniers attachements. Mes maux
me gagnent, et m'éloignent chaque jour davantage de la société. La vôtre étoit la seule de mon
goût qui restât à ma portée. Si vous cherchez tous
deux à vous éloigner de moi, je retirerai mon
ame au dedans d'elle-même; je mourrai seul et

abandonné dans ma solitude, et vous ne penserez jamais à moi sans regret. Si vous vous rapprochez, vous trouverez un cœur qui ne laisse jamais faire la moitié du chemin à ceux qui lui conviennent.

LETTRE CLIII.

A M. GRIMM [1].

Le lundi 19 octobre 1757.

Dites-moi, Grimm, pourquoi tous mes amis prétendent que je dois suivre madame d'Épinay. Ai-je tort, ou seroient-ils tous séduits? auroient-ils tous cette basse partialité toujours prête à pro-

---

[1]. Notez, sur la lettre suivante, que le secret de ce voyage de madame d'Épinay, qu'elle me croyoit bien caché, m'étoit bien connu, de même qu'à toute sa maison ; mais, comme il ne me convenoit pas d'en paroître instruit, j'étois forcé de motiver mon refus sur d'autres causes : et ce fut par-là que je donnai si beau jeu à leur vengeance, d'autant plus cruelle qu'elle étoit plus injuste. Je savois les secrets de madame d'Épinay, sans qu'elle me les eût dits, et sans avoir pris le moindre soin pour les apprendre. Jamais je n'en ai révélé aucun, même après ma rupture avec elle. Elle et d'autres savoient les miens par ma pleine et libre confiance, parce que la réserve avec les amis me paroît un crime, et qu'on ne doit pas vouloir passer à leurs yeux pour meilleur qu'on est. C'est de ces aveux, faits d'une manière qui devoit les leur rendre si sacrés, qu'ils ont tiré contre moi le parti que chacun sait. Quel honnête homme n'aimeroit pas cent fois mieux être coupable de mes fautes que de leur trahison?

noncer en faveur du riche, et à surcharger la misère de cent devoirs inutiles qui la rendent plus inévitable et plus dure? Je ne veux m'en rapporter là-dessus qu'à vous seul. Quoique sans doute prévenu comme les autres, je vous crois assez équitable pour vous mettre à ma place, et pour juger de mes vrais devoirs. Écoutez donc mes raisons, mon ami, et décidez du parti que je dois prendre; car, quel que soit votre avis, je vous déclare qu'il sera suivi sur-le-champ.

Qu'est-ce qui peut m'obliger à suivre madame d'Épinay? L'amitié, la reconnoissance, l'utilité qu'elle peut retirer de moi. Examinons tous ces points.

Si madame d'Épinay m'a témoigné de l'amitié, je lui en ai témoigné davantage. Les soins ont été mutuels, et du moins aussi grands de ma part que de la sienne. Tous deux malades, je ne lui dois plus qu'elle ne me doit qu'au cas que le plus souffrant soit obligé de garder l'autre. Parce que mes maux sont sans remède, est-ce une raison de les compter pour rien? Je n'ajouterai qu'un mot: elle a des amis moins malades, moins pauvres, moins jaloux de leur liberté, moins pressés de leur temps, et qui lui sont du moins aussi chers que moi. Je ne vois pas qu'aucun d'eux se fasse un devoir de la suivre. Par quelle bizarrerie en sera-ce un pour moi seul, qui suis le moins en état de le remplir? Si madame d'Épinay m'étoit chère au point de renoncer à moi pour l'amuser; comment lui serois-je assez peu cher moi-même pour qu'elle achetât aux dépens de ma santé, de ma vie, de ma peine, de mon repos et de toutes mes ressources, les soins d'un complaisant aussi maladroit? Je ne sais si je devois offrir de la suivre; mais je sais bien qu'à moins d'avoir cette dureté d'ame que donne l'opulence, et dont elle m'a toujours paru loin, elle ne devoit jamais l'accepter.

Quant aux bienfaits, premièrement, je ne les aime point, je n'en veux point, et je ne sais aucun gré de ceux qu'on me fait supporter par force. J'ai dit cela nettement à madame d'Épinay avant d'en recevoir aucun d'elle; ce n'est pas que je n'aime à me laisser entraîner comme un autre à des liens si chers, quand l'amitié les forme; mais dès qu'on veut trop tirer la chaîne, elle rompt, et je suis libre. Qu'a fait pour moi madame d'Épinay? Vous le savez tous mieux que personne, et j'en puis parler librement avec vous : elle a fait bâtir à mon occasion une petite maison à l'Ermitage, m'a engagé d'y loger, et j'ajoute avec plaisir qu'elle a pris soin d'en rendre l'habitation agréable et sûre.

Qu'ai-je fait de mon côté pour madame d'Épinay? Dans le temps que j'étois prêt à me retirer dans ma patrie, que je le désirois vivement, et que je l'aurois dû, elle remua ciel et terre pour me retenir. A force de sollicitations, et même d'intrigues, elle vainquit ma trop juste et longue résistance : mes vœux, mon goût, mon penchant, l'improbation de mes amis, tout céda dans mon cœur à la voix de l'amitié; je me laissai entraîner à l'Ermitage [1]. Dès ce moment j'ai toujours senti que j'étois chez autrui, et cet instant de complaisance m'a déjà donné de cuisants repentirs. Mes tendres amis, attentifs à m'y désoler sans relâche, ne m'ont pas laissé un moment de paix, et m'ont fait souvent pleurer de douleur de n'être pas à cinq cents lieues d'eux. Cependant, loin de me livrer aux charmes de la solitude, seule consolation d'un infortuné accablé de maux, et que tout le monde cherche à tourmenter, je vis que je n'étois plus à moi. Madame d'Épinay, souvent seule à la campagne, souhaitoit que je lui tinsse compagnie : c'étoit pour cela qu'elle m'avoit retenu. Après avoir fait un sacrifice à l'amitié, il en fallut faire un autre à la reconnoissance. Il faut être pauvre, sans valet, haïr la gêne, et avoir mon ame, pour savoir ce que c'est pour moi que de vivre dans la maison d'autrui. J'ai pourtant vécu deux ans dans la sienne, assujetti sans relâche avec les plus beaux discours de liberté, servi par vingt domestiques, et nettoyant tous les matins mes souliers, surchargé de tristes indigestions, et soupirant sans cesse après ma gamelle. Vous savez aussi qu'il m'est

[1] V.Ar. D'après l'édition de du Peyrou : « Elle vainquit ma longue « résistance : mes vœux, mon goût, l'improbation... etc. ; je me « laissai conduire à l'Ermitage. »

impossible de travailler à de certaines heures, qu'il me faut la solitude, les bois et le recueillement ; mais je ne parle point du temps perdu, j'en serai quitte pour mourir de faim quelques mois plus tôt. Cependant cherchez combien d'argent vaut une heure de la vie et du temps d'un homme ; comparez les bienfaits de madame d'Épinay avec mon pays sacrifié et deux ans d'esclavage, et dites-moi qui d'elle ou de moi a le plus d'obligation à l'autre.

Venons à l'article de l'utilité. Madame d'Épinay part dans une bonne chaise de poste, accompagnée de son mari, du gouverneur de son fils, et de cinq ou six domestiques. Elle va dans une ville peuplée et pleine de société, où elle n'aura que l'embarras du choix ; elle va chez M. Tronchin, son médecin, homme d'esprit, homme considéré, recherché ; elle va dans une famille de mérite, où elle trouvera des ressources de toute espèce pour sa santé, pour l'amitié, pour l'amusement. Considérez mon état, mes maux, mon humeur, mes moyens, mon goût, ma manière de vivre, plus forte désormais que les hommes et la raison même ; voyez, je vous prie, en quoi je puis servir madame d'Épinay dans ce voyage, et quelles peines il faut que je souffre sans lui être jamais bon à rien. Soutiendrai-je une chaise de poste ? Puis-je espérer d'achever si rapidement une si longue route sans accident ? Ferai-je à chaque instant arrêter pour descendre? ou accélérerai-je mes tourments et ma dernière heure pour m'être contraint? Que Diderot fasse bon marché tant qu'il voudra de ma vie et de ma santé; mon état est connu; les célèbres chirurgiens de Paris peuvent l'attester; et soyez sûr qu'avec tout ce que je souffre je ne suis guère moins ennuyé que les autres de me voir vivre si long-temps. Madame d'Épinay doit donc s'attendre à de continuels désagréments, à un spectacle assez triste, et peut-être à quelques malheurs dans la route. Elle n'ignore pas qu'en pareil cas j'irois plutôt expirer secrètement au coin d'un buisson que de causer les moindres frais et retenir un seul domestique; et moi je connois trop son bon cœur pour ignorer combien il lui seroit pénible de me laisser dans cet état. Je pourrois suivre la voiture à pied, comme le veut Diderot; mais la boue, la pluie, la neige, me retarderont beaucoup dans cette saison. Quelque fort que je coure, comment faire vingt-cinq lieues par jour? et si je laisse aller la chaise, de quelle utilité serai-je à la personne qui va dedans? Arrivé à Genève, je passerai les jours enfermé avec madame d'Épinay; mais, quelque zèle que j'aie pour tâcher de l'amuser, il est impossible qu'une vie si casanière et si contraire à mon tempérament n'achève de m'ôter la santé, et ne me plonge au moins dans une mélancolie dont je ne serai pas le maître.

Quoi qu'on fasse, un malade n'est guère propre à en garder un autre, et celui qui n'accepte aucun soin quand il souffre est dispensé d'en rendre aux dépens de sa santé. Quand nous sommes seuls et contents, madame d'Épinay ne parle point, ni moi non plus; que sera-ce quand je serai triste et gêné? je ne vois point encore là beaucoup d'amusement pour elle. Si elle tombe des nues à Genève, j'y en tomberai beaucoup plus; car avec de l'argent on est bien partout, mais le pauvre n'est chez lui nulle part. Les connoissances que j'y ai ne peuvent lui convenir; celles qu'elle y fera me conviendront encore moins. J'aurai des devoirs à remplir qui m'éloigneront d'elle, ou bien l'on me demandera quels soins si pressants me les font négliger, et me retiennent sans cesse dans sa maison; mieux mis, j'y pourrois passer pour son valet de chambre. Quoi donc! un malheureux accablé de maux, qui se voit à peine des souliers à ses pieds, sans habits, sans argent, sans ressources; qui ne demande à ses chers amis que de le laisser misérable et libre, seroit nécessaire à madame d'Épinay, environnée de toutes les commodités de la vie, et qui traîne dix personnes après elle! Fortune! vile et méprisable fortune! si dans ton sein l'on ne peut se passer du pauvre, je suis plus heureux que ceux qui te possèdent, car je puis me passer d'eux.

C'est qu'elle m'aime, dira-t-on; c'est son ami

dont elle a besoin[1]...Oh! que je connois bien tous les sens de ce mot d'amitié! C'est un beau nom qui sert souvent de salaire à la servitude; mais où commence l'esclavage, l'amitié finit à l'instant. J'aimerai toujours à servir mon ami, pourvu qu'il soit aussi pauvre que moi : s'il est plus riche, soyons libres tous deux, ou qu'il me serve lui-même ; car son pain est tout gagné, et il a plus de temps à donner à ses plaisirs.

Il me reste à vous dire deux mots de moi. S'il est des devoirs qui m'appellent à la suite de madame d'Épinay, n'en est-il point de plus indispensables qui me retiennent, et ne dois-je rien qu'à la seule madame d'Épinay sur la terre? Assurez-vous qu'à peine serai-je en route que Diderot, qui trouve si mauvais que je reste, trouvera bien plus mauvais que je sois parti, et y sera beaucoup mieux fondé. Il suit, dira-t-il, une femme riche, bien accompagnée, qui n'a pas le moindre besoin de lui, et à laquelle, après tout, il doit peu de chose, pour laisser ici dans la misère et l'abandon des personnes qui ont passé leur vie à son service, et que son départ met au désespoir. Si je me laisse défrayer par madame d'Épinay, Diderot m'en fera aussitôt une nouvelle obligation qui m'enchaînera

---

[1] *Var. « Ah! me direz-vous, c'est qu'elle vous aime; elle ne « peut se passer de son ami. Mais, mon cher Grimm, elle se « passera bien de vous, à qui je ne serai sûrement pas préféré. Oh! « que je connois bien.... etc. »

pour le reste de mes jours. Si jamais j'ose un moment disposer de moi : Voyez cet ingrat, dira-t-on; elle a eu la bonté de le conduire dans son pays, et puis il l'a quittée. Tout ce que je ferai pour m'acquitter avec elle augmentera la reconnoissance que je lui devrai, tant c'est une belle chose d'être riche pour dominer et changer en bienfaits les fers qu'on nous donne. Si, comme je le dois, je paie une part des frais, d'où rassembler si promptement tant d'argent? à qui vendre le peu d'effets et le peu de livres qui me restent? Il ne s'agit plus de m'envelopper tout l'hiver dans une vieille robe de chambre. Toutes mes hardes sont usées; il faut le temps de les raccommoder ou d'en racheter d'autres : mais quand on a dix habits de rechange, on ne songe guère à cela. Pendant ce voyage, dont je ne sais pas la durée, je laisserai ici un ménage qu'il faut entretenir. Si je laisse ces femmes à l'Ermitage, il faut, outre les gages du jardinier, payer un homme qui les garde, car il n'y a pas d'humanité à les laisser seules au milieu des bois. Si je les emmène à Paris, il me faut un logement, et que deviendront les meubles et papiers que je laisse ici? Il me faut, à moi, de l'argent dans ma poche; car qu'est-ce que c'est que d'être défrayé dans la maison d'autrui, où tout va toujours bien pourvu que les maîtres soient servis? C'est dépenser beaucoup plus que chez soi pour être contrarié toute la journée, pour manquer de tout ce qu'on désire, pour ne rien faire de ce qu'on veut, et se trouver ensuite fort obligé à ceux chez qui l'on a mangé son argent. Ajoutez à cela l'indolence d'un malade paresseux, accoutumé à tout laisser traîner [1] et à ne rien perdre, à trouver autour de lui ses besoins, ses commodités sans les demander, et dont l'équipage, la fortune et le silence invitent également à le négliger. Si le voyage est long et que mon argent s'épuise, mes souliers s'usent, mes bas se percent; s'il faut blanchir son linge, se faire la barbe, accommoder sa perruque, etc., etc., il est triste d'être sans un sou; et s'il faut que j'en demande à madame d'Épinay à mesure que j'en aurai besoin, mon parti est pris; qu'elle garde bien ses meubles, car, pour moi, je vous déclare que j'aime mieux être voleur que mendiant.

Je crois voir d'où viennent tous les bizarres devoirs qu'on m'impose; c'est que tous les gens [2] avec qui je vis me jugent toujours sur leur sort, jamais sur le mien, et veulent qu'un homme qui n'a rien vive comme s'il avoit six mille livres de rente et du loisir de reste.

[1] VAR. « Dans l'usage de tout laisser.... etc. » Il paroît que Rousseau évitoit autant que possible les hiatus que produit souvent la préposition *à* à la suite de certains verbes, ce qui le portoit à substituer, même contre l'usage, la préposition *de*. *Je l'exhortai de partir; ils m'engagent d'y faire*, et beaucoup d'autres exemples semblables.

[2] VAR. « C'est parce que j'ai des sociétés hors de mon état; c'est « parce que tous les gens.... »

Personne ne sait se mettre à ma place; et ne veut voir que je suis un être à part, qui n'a point le caractère, les maximes, les ressources des autres; et qu'il ne faut point juger sur leurs règles. Si l'on fait attention à ma pauvreté, ce n'est pas pour respecter son dédommagement, qui est la liberté, mais pour m'en rendre le poids plus insupportable. C'est ainsi que le philosophe Diderot, dans son cabinet, au coin d'un bon feu, dans une bonne robe de chambre bien fourrée, veut que je fasse vingt-cinq lieues par jour, en hiver, à pied, dans les boues, pour courir après une chaise de poste, parce qu'après tout courir et se crotter est le métier d'un pauvre. Mais, en vérité, madame d'Épinay, quoique riche, mérite bien que J. J. Rousseau ne lui fasse pas un pareil affront. Ne pensez pas que le philosophe Diderot, quoi qu'il en dise, s'il ne pouvoit supporter la chaise, courût de sa vie après celle de personne; cependant il y auroit du moins cette différence qu'il auroit de bons bas drapés, de bons souliers, une bonne camisole; qu'il auroit bien soupé la veille, et se seroit bien chauffé en partant, au moyen de quoi l'on est plus fort pour courir que celui qui n'a pas de quoi payer ni le souper, ni la fourrure, ni les fagots. Ma foi, si la philosophie ne sert pas à faire ces distinctions, je ne vois pas trop à quoi elle est bonne.

Pesez mes raisons, mon cher ami, et dites-moi

ce que je dois faire. Je veux remplir mon devoir ;
mais, dans l'état où je suis, qu'ose-t-on exiger de
plus? Si vous jugez que je doive partir, prévenez-
en madame d'Épinay [1], puis envoyez-moi un
exprès, et soyez sûr que, sans balancer, je pars
à l'instant pour Paris en recevant votre réponse.

Quant au séjour de l'Ermitage, je sens fort
bien que je n'y dois plus demeurer, même en
continuant de payer le jardinier, car ce n'est pas
un loyer suffisant; mais je crois devoir à madame
d'Épinay de ne pas quitter l'Ermitage d'un air de
mécontentement, qui supposeroit de la brouillerie
entre nous. J'avoue qu'il me seroit dur de déloger
aussi dans cette saison, qui me fait déjà sentir aussi
cruellement ses approches; il vaut mieux attendre
au printemps, où mon départ sera plus naturel,
et où je suis résolu d'aller chercher une retraite
inconnue à tous ces barbares tyrans qu'on appelle
amis.

[1] Van. « Prévenez-en madame d'Épinay, prenez quelques me-
« sures pour ne pas laisser ces pauvres femmes seules cet hiver au
« milieu des bois, puis envoyez-moi.... etc. »

LETTRE CLIV.

A MADAME D'ÉPINAY.

L'Ermitage, octobre 1757.

J'apprends, madame, que votre départ est différé et votre fils malade. Je vous prie de me donner de ses nouvelles et des vôtres. Je voudrois bien que votre voyage fût rompu, mais par le rétablissement de votre santé, et non par le dérangement de la sienne.

Madame d'Houdetot me parla mardi beaucoup de ce voyage, et m'exhorta à vous accompagner presque aussi vivement qu'avoit fait Diderot. Cet empressement à me faire partir, sans considération pour mon état[1], me fit soupçonner une espèce de ligue dont vous étiez le mobile. Je n'ai ni l'art ni la patience de vérifier les choses, et ne suis pas sur les lieux; mais j'ai le tact assez sûr, et je suis très-certain que le billet de Diderot ne vient pas de lui. Je ne disconviens pas que ce désir de m'avoir avec vous ne soit obligeant et ne m'honore; mais, outre que vous m'aviez témoigné ce désir avec si peu de chaleur, que vos arrange-

---

[1] Var. D'après l'édition de du Peyrou : « .... A me faire partir, « qui devroit être si peu naturel à ceux qui ont de l'humanité et « qui connoissent mon état, me fit.... etc. »

ments de voiture étoient déjà pris, je ne puis souffrir qu'une amie emploie l'autorité d'autrui pour obtenir ce que personne n'eût mieux obtenu qu'elle. Je trouve à tout cela un air de tyrannie et d'intrigue qui m'a donné de l'humeur[1], et je ne l'ai peut-être que trop exhalée, mais seulement avec votre ami et le mien. Je n'ai pas oublié ma promesse, mais on n'est pas le maître de ses pensées, et tout ce que je puis faire est de vous dire la mienne en cette occasion, pour être désabusé si j'ai tort. Soyez sûre qu'au lieu de tous ces détours[2], si vous eussiez insisté avec amitié, que vous m'eussiez dit que vous le désiriez fort et que je vous serois utile, j'aurois passé par-dessus toute autre considération, et je serois parti.

J'ignore comment tout ceci finira; mais, quoi qu'il arrive, soyez sûre que je n'oublierai jamais vos bontés pour moi, et que, quand vous ne voudrez plus m'avoir pour esclave[3], vous m'aurez toujours pour ami.

Toutes mes inégalités viennent de ce que j'étois fait pour vous aimer du fond de mon cœur; qu'ensuite ayant eu pour suspect votre caractère, et jugeant qu'insensiblement vous cherchiez à

---

[1] Var. « Qui m'a donné une indignation contre vous que je n'ai « peut-être que trop.... etc. »

[2] Var. « Au lieu de tous ces mensonges détournés. »

[3] Var. « Que quand vous ne voudrez pas m'avoir pour valet, « vous.... etc. »

me réduire en servitude, ou à m'employer selon vos secrètes vues, je flotte depuis long-temps entre mon penchant pour vous et les soupçons qui le contrarient. Les indiscrétions de Diderot, son ton impérieux et pédagogue avec un homme plus âgé que lui, tout cela a changé le trouble de mon ame en une indignation qu'heureusement je n'ai laissé exhâler qu'avec votre meilleur ami. Avant de savoir quels en seront les effets et les suites, je me hâte de vous déclarer que le plus ardent de mes vœux est de pouvoir vous honorer toute ma vie, et continuer à nourrir pour vous autant d'amitié que je vous dois de reconnaissance.

LETTRE CLV.

A MADAME D'HOUDETOT.

Octobre 1757.

Madame d'Épinay ne part que demain dans la matinée : cela m'empêchera, chère comtesse, de pouvoir me rendre de bonne heure à Eaubonne, à moins que vous n'ayez la bonté d'envoyer votre carrrosse entre onze heures et midi, m'attendre à la croix de Deuil. Quoi qu'il en soit, j'irai dîner avec vous ; je vous porterai un cœur tout nouveau, dont vous serez contente; j'ai dans ma poche une égide invincible qui me garantira de vous¹. Il n'en falloit pas moins pour me rendre à moi-même; mais j'y suis rendu, cela est sûr, ou plutôt je suis tout à l'amitié que vous me devez, que vous m'avez jurée, et dont je suis digne dès ce moment-ci.

LETTRE CLVI.

A M. DE SAINT-LAMBERT.

A l'Ermitage, le 28 octobre 1757.

Que de joie et de tristesse me viennent de vous, mon cher ami! A peine l'amitié est-elle commencée entre nous que vous m'en faites sentir en même temps tous les tourments et tous les plaisirs. Je ne vous parlerai point de l'impression que m'a faite la nouvelle de votre accident. Madame d'Épinay en a été témoin. Je ne vous peindrai point non plus les agitations de notre amie; votre cœur est fait pour les imaginer : et moi, la voyant hors d'elle-même, j'avois à la fois le sentiment de votre état et le spectacle du sien : jugez de celui

¹ « J'avois la lettre de Saint-Lambert dans ma poche : je la relus plusieurs fois en marchant. Cette lettre me servit d'égide contre ma foiblesse. » (*Confessions*, livre IX.)

de votre ami. On voit bien à vos lettres que vous êtes de nous tous le moins sensible à vos maux. Mais, pour exciter le zèle et les soins que vous devez à votre guérison, songez, je vous en conjure, que vous avez en dépôt l'espoir de tout ce qui vous est cher. Au reste, quel que soit l'effet des eaux, dont j'attends tout, le bonheur ne réside point dans le sentiment d'une jambe et d'un bras. Tant que votre cœur sera sensible, soyez sûr, mon cher et digne ami, qu'il pourra faire des heureux et l'être.

Notre amie vint mardi faire ses adieux à la vallée, j'y passai une demi-journée triste et délicieuse. Nos cœurs vous plaçoient entre eux, et nos yeux n'étoient point secs en parlant de vous. Je lui dis que son attachement pour vous étoit désormais une vertu; elle en fut si touchée, qu'elle voulut que je vous l'écrivisse, et je lui obéis volontiers. Oui, mes enfants, soyez à jamais unis; il n'est plus d'ames comme les vôtres, et vous méritez de vous aimer jusqu'au tombeau. Il m'est doux d'être en tiers dans une amitié si tendre. Je vous remercie du cœur que vous m'avez rendu, et dont le mien n'est pas indigne. L'estime que vous lui devez, et celle dont elle m'honore, vous feront sentir toute votre vie l'injustice de vos soupçons.

Vous savez mon raccommodement avec Grimm: j'ai cette obligation de plus à madame d'Épinay, et l'honneur d'avoir fait toutes les avances. J'en fis autant avec Diderot, et j'eus cette obligation à notre amie. Qu'on ait tort ou qu'on ait raison, je trouve qu'il est toujours doux de revenir à son ami ; et le plaisir d'aimer me semble plus cher à un cœur sensible que les petites vanités de l'amour-propre.

Vous savez aussi le prochain départ de madame d'Épinay pour Genève. Elle m'a proposé de l'accompagner, sans me montrer là-dessus beaucoup d'empressement. Moi, la voyant escortée de son mari, du gouverneur de son fils, de cinq ou six domestiques, aller chez son médecin et son ami, et par conséquent mon cortège lui étant fort inutile, sentant d'ailleurs qu'il me seroit impossible de supporter, avec mon mal, et dans la saison où nous entrons, une chaise de poste jusqu'à Genève, et, joignant aux obstacles tirés de ma situation présente la gêne insurmontable que j'éprouve toujours à vivre chez autrui, je n'ai pas accepté le voyage, et elle s'est contentée de mes raisons. Là-dessus Diderot m'écrit un billet extravagant dans lequel, me disant *surchargé du poids des obligations que j'ai à madame d'Épinay*, il me représente ce voyage comme indispensable, en quelque état que soit ma santé, jusqu'à vouloir que je suive plutôt à pied la chaise de poste. Mais ce qui m'a surtout percé le cœur, c'est de voir que votre amie est du même avis, et m'ose donner les conseils de la servitude. On diroit qu'il y a une ligue entre tous mes amis, pour abuser de mon état précaire, et me livrer à la merci de madame d'Épinay. Laissant ici des gens qu'il faut entretenir, partant sans argent, sans habits, sans linge, je serai forcé de tout recevoir d'elle, et peut-être de lui tout demander. L'amitié peut confondre les biens ainsi que les cœurs; mais dès qu'il sera question de devoirs et d'obligations, étant encore à ses gages, je ne serai plus chez elle comme son ami, mais comme son valet; et, quoi qu'il arrive, je ne veux pas l'être, ni m'aller étaler, dans mon pays, à la suite d'une fermière générale. Cependant j'ai écrit à Grimm une longue lettre, dans laquelle je lui dis mes raisons, et le laisse le maître de décider si je dois partir ou non, résolu de suivre à l'instant son avis; mais j'espère qu'il ne m'avilira pas. Jusqu'ici je n'ai point de réponse positive, et j'apprends que madame d'Épinay part demain. Je me sens, en écrivant cet article, dans une agitation qui me le feroit indiscrètement prolonger; il faut finir. Mon ami, que n'êtes-vous ici! Je verserois mes peines dans votre ame, elle entendroit la mienne, et ne donneroit point à ma juste fierté le vil nom d'ingratitude. Quoi qu'il en soit, on ne m'enchaînera jamais par certains bienfaits, je m'en suis toujours défendu; je méprise l'argent; je ne sais point mettre à prix ma liberté; et si le sort me réduit à choisir entre les deux vices que j'abhorre le plus, mon parti est pris, et j'aime encore mieux être un ingrat qu'un lâche.

Je ne dois point finir cette lettre sans vous donner un avis qui nous importe à tous. La santé de notre amie se délabre sensiblement. Elle est maigrie : son estomac va mal ; elle ne digère point ; elle n'a plus d'appétit ; et ce qu'il y a de pis est que le peu qu'elle mange ne sont que des choses malsaines. Elle étoit déjà changée avant votre accident : jugez de ce qu'elle est, et de ce qu'elle va devenir. Elle confie à des quidams la direction de sa santé : on lui a conseillé les eaux de Passy, mais ce qui importe beaucoup plus à lui conseiller est le choix d'un médecin qui sache l'examiner et la conduire, et d'un régime qui n'augmente pas le désordre de son estomac. J'ai dit là-dessus tout ce que j'ai pu, mais inutilement. C'est à vous d'obtenir d'elle ce qu'elle refuse à mon amitié. C'est surtout par le soin que vous prendrez de vous que vous l'engagerez à en prendre d'elle. Adieu, mon ami.

LETTRE CLVII.

A M. GRIMM.

L'Ermitage, novembre 1757.

Je me refusois à ma juste défiance : j'achève trop tard de vous connoître. Voilà donc la lettre que vous vous êtes donné le loisir de méditer; je vous la renvoie, elle n'est pas pour moi. Vous pouvez montrer la mienne à toute la terre, et me haïr ouvertement; ce sera de votre part une fausseté de moins.

LETTRE CLVIII.

A MADAME D'HOUDETOT.

L'Ermitage, 8 novembre 1757.

Je viens de recevoir de Grimm une lettre qui m'a fait frémir, et que je lui ai renvoyée à l'instant, de peur de la lire une seconde fois. Madame, tous ceux que j'aimois me haïssent, et vous connoissez mon cœur; c'est vous en dire assez. Tout ce que j'avois appris de madame d'Épinay n'est que trop vrai, et j'en sais davantage encore. Je ne trouve de toutes parts que sujets de désespoir. Il me reste une seule espérance : elle peut me consoler de tout, et me rendre le courage. Hâtez-vous de la confirmer ou de la détruire. Ai-je encore une amie et un ami ? Un mot, un seul mot, et je puis vivre.

Je vais déloger de l'Ermitage. Mon dessein est de chercher un asile éloigné et inconnu ; mais il faut passer l'hiver, et vos défenses m'empêchent de l'aller passer à Paris. Je vais donc m'établir à Montmorency comme je pourrai, en attendant le printemps. Ma respectable amie, je ne vous reverrai jamais ; je le sens à la tristesse qui me serre le cœur, mais je m'occuperai de vous dans ma retraite. Je songerai que j'ai deux amis au monde, et j'oublierai que j'y suis seul.

LETTRE CLIX.

A LA MÊME.

L'Ermitage, novembre 1757.

Voici la quatrième lettre que je vous écris sans réponse : ah ! si vous continuez de vous taire, je vous aurai trop entendue. Songez à l'état où je suis, et consultez votre bon cœur. Je puis supporter d'être abandonné de tout le monde : mais vous!...... vous qui me connoissez si bien! Grand Dieu! suis-je un scélérat? un scélérat, moi! je l'apprends bien tard. C'est M. Grimm, c'est mon ancien ami, c'est celui qui me doit tous les amis qu'il m'ôte, qui a fait cette belle découverte et qui la publie. Hélas! il est l'honnête homme, et moi l'ingrat. Il jouit des honneurs de la vertu, pour avoir perdu son ami, et moi je suis dans l'opprobre, pour n'avoir pu flatter une femme perfide, ni m'asservir à celle que j'étois forcé de haïr. Ah! si je suis un méchant, que toute la race humaine est vile! Cruelle, falloit-il céder aux séductions de la fausseté, et faire mourir de douleur celui qui ne vivoit que pour aimer?

Adieu. Je ne vous parlerai plus de moi : mais si je ne puis vous oublier je vous défie d'oublier à votre tour ce cœur que vous méprisez, ni d'en trouver jamais un semblable.

LETTRE CLX.

A MADAME D'ÉPINAY.

L'Ermitage, 23 novembre 1757.

Si l'on mouroit de douleur, je ne serois pas en vie ; mais enfin j'ai pris mon parti. L'amitié est éteinte entre nous, madame; mais celle qui n'est

plus garde encore des droits que je sais respecter.
Je n'ai point oublié vos bontés pour moi, et vous
devez compter de ma part sur toute la reconnoissance qu'on peut avoir pour quelqu'un qu'on ne
doit plus aimer. J'ai pour juge ma conscience, et
vous renvoie à la vôtre.

J'ai voulu quitter l'Ermitage, et je le devois;
mais on prétend qu'il faut que j'y reste jusqu'au
printemps, et puisque mes amis le veulent, j'y
resterai si vous y consentez.

LETTRE CLXI.

A LA MÊME.

A Montmorency, le 17 décembre 1757.

Rien n'est si simple et si nécessaire, madame,
que de déloger de votre maison quand vous n'approuvez pas que j'y reste. Sur votre refus de consentir que je passasse à l'Ermitage le reste de
l'hiver, je l'ai donc quitté le 15 décembre; ma destinée étoit d'y entrer malgré moi et d'en sortir de
même. Je vous remercie du séjour que vous m'avez engagé d'y faire, et je vous en remercierois
davantage si je l'avois payé moins cher. Au reste,
vous avez raison de me trouver malheureux : personne au monde ne sait mieux que vous combien

je dois l'être. Si c'est un malheur de se tromper sur le choix de ses amis, c'en est un autre non moins cruel de revenir d'une erreur si douce.

FIN DU TOME PREMIER DE LA CORRESPONDANCE.

TABLE ANALYTIQUE

DES LETTRES CONTENUES DANS CE VOLUME.

Avant-propos. . . . . Page   1

Lettre I, à son père. — Tableau de sa situation. Compte de sa conduite. Demande de secours. 29

Lettre II, à mademoiselle de Graffenried. — Expression de sa reconnoissance pour madame de Warens. Mauvais état de ses affaires. 34

Lettre III, à madame la baronne de Warens. — Accueil qu'il a reçu d'un religieux qu'il ne fait pas connoître. 37

Lettre IV, à son père. — Il le prie de répondre à madame de Warens. 39

Lettre V, au même. — Résolution d'être sage. 42

Lettre VI, à sa tante (madame Gonceru). — Il la prie de venir au secours de mademoiselle F... 44

Lettre VII, à madame la baronne de Warens. — Il rend compte de son voyage à Besançon. 47

Lettre VIII, à son père. — Projet d'établissement. Ferme résolution de tenir une conduite plus régulière. 50

Lettre IX, à mademoiselle Serre. — Déclaration d'amour. 58

Lettre X, à M***. — Conseils sur la musique. 63

Lettre XI, à madame la baronne de Warens. — Il rend compte de son voyage à Genève. 66

Lettre XII, à la même. — Détails sur son séjour à Grenoble. 69

Lettre XIII, à la même. — Se plaint de son silence. Critique de Montpellier. 72

Lettre XIV, à M. Micoud. — Se plaint du silence de ses amis. 81

Lettre XV, à M***. — Il lui reproche son inexactitude. Satire des mœurs et de la société de Montpellier. . . . 82

TABLE ANALYTIQUE.

Lettre xvi, à madame la baronne de Warens. — Demande d'argent. — Étudie les mathématiques...... 88

Lettre xvii, à M. de Conzié. — Il lui envoie des vers qu'il juge médiocres avec raison............. 91

Lettre xviii, à madame la baronne de Warens. — Envoi d'un Mémoire dont il laisse ignorer l'objet....... 93

Lettre xix, à madame la baronne de Warens. — Il souffre la préférence qu'elle a pour l'aventurier Courtilles.................................. 96

Lettre xx, à M. d'Eybens. — Il explique ses intentions en se chargeant d'élever les jeunes de Mably...... 98

Lettre xxi, à madame la baronne de Warens. — Il rend compte de la manière dont il est chez M. de Mably... 102

Lettre xxii, à madame de Sourgel. — Reproches mérités par cette aventurière..................... 104

Lettre xxiii, à M***. — Réponse à une critique de l'abbé Desfontaines.................................. 109

Lettre xxiv, à M. Dupont. — Renseignements sur les rapports des ambassadeurs avec le gouvernement de Venise................................... 114

Lettre xxv, à M. le comte des Charmettes. — Inquiétudes sur l'oubli de madame de Warens......... 117

Lettre xxvi, à M... — Remerciement pour un service rendu.................................... 119

Lettre xxvii, à madame la baronne de Warens. — Se plaint de son silence, lui indique les moyens de correspondre................................ 121

Lettre xxviii, à madame de Montaigu. — Détails sur la maison de l'ambassadeur................... 123

Lettre xxix, à M. du Theil. — Plaintes amères contre M. de Montaigu............................ 125

Lettre xxx, à M. du Theil. — Nouveaux outrages de M. de Montaigu............................ 131

Lettre xxxi, au même. — Sur le même sujet...... 133

Lettre xxxii, au même. — Sur le même sujet ; demande justice.................................. 135

TABLE ANALYTIQUE. 445

Lettre xxxiii, à madame la baronne de Warens. — Expressions de reconnoissance. 139

Lettre xxxiv, à M. Daniel Roguin. — Détails sur sa situation précaire. 142

Lettre xxxv, à M. de Voltaire. — Hommages. Motifs des changements qu'il a faits à *la Princesse de Navarre*, d'après l'ordre de M. de Richelieu. 146

Lettre xxxvi, à madame la baronne de Warens. — Au sujet d'une succession qu'elle réclamoit à Constantinople. 147

Lettre xxxvii, à la même. — Détails sur les réjouissances à l'occasion du mariage du dauphin. 150

Lettre xxxviii, à la même. — Demandes pour obtenir une pension pour elle. 152

Lettre xxxix, à la même. — Explication sur leur correspondance. 156

Lettre xl, à M. Altuna. — Sur la différence de leur religion. 158

Lettre xli, à madame la baronne de Warens. — Il rend compte de deux maladies qu'il a eues. 160

Lettre xlii, à la même. — Détails sur les travaux qui l'occupent. 163

Lettre xliii, à M***. — Conseils à un homme qui vouloit se retirer du monde. 165

Lettre xliv, à M. de Voltaire. — Tribut d'admiration. 168

Lettre xlv, à MM. de l'académie de Dijon. — Remerciement pour la couronne qu'elle lui a décernée. 170

Lettre xlvi, à M. l'abbé Raynal. — Il consent à écrire dans le Mercure. 171

Lettre xlvii, à M. Petit. — Au sujet des exemplaires du discours couronné à Dijon. 173

Lettre xlviii, à madame de Francueil. — Exposé des motifs qui l'ont forcé à mettre ses enfants à l'hôpital. 174

Lettre xlix, à M. l'abbé Raynal. — Au sujet d'un nouveau mode de musique inventé par M. Blainville. . 178

Lettre l, à madame de Créqui. — Il accepte un rendez-vous qu'elle lui donne. 183

LETTRES ET BILLETS LI à LXIII, à madame de Créqui, de 184 à 195

LETTRE LXIV, à M. de Francueil. — Sur la douleur fastueuse de M. de Juilly. 196

LETTRE LXV, à madame la baronne de Warens. — Il lui envoie de l'argent. Succès du *Devin du village*. 198

LETTRE LXVI, à madame la marquise de Pompadour. — Remerciement pour un cadeau fait à l'occasion du *Devin du village*. 200

LETTRE LXVII, à M. Fréron. — Plaisanteries sur la lettre d'un ermite, faites contre Jean-Jacques, et sur la défense qu'en faisoit Fréron. . . . . Ibid.

LETTRE LXVIII, à M. Raynal. — Sur l'usage dangereux des ustensiles de cuivre. 209

LETTRE LXIX, à M. le comte d'Argenson. — Réclamations au sujet du *Devin du village*. 215

LETTRE LXX, à M. le comte de Turpin. — Remerciements pour un ouvrage qu'il lui avoit envoyé. Louange équivoque. 216

LETTRE LXXI, à M. d'Alembert. — Observations sur quelques articles de l'Encyclopédie. Éloge de la préface. 219

LETTRE LXXII, au père Le Sage. — Sur la musique et les arts d'imitation. Éloge de Voltaire. 221

LETTRE LXXIII, à madame Gonceru. Expression de reconnoissance pour les soins qu'elle prit de son enfance. 225

LETTRE LXXIV, à M. Vernes. — Son retour de Genève à Paris. Éloge de l'Encyclopédie. 226

LETTRE LXXV, à M. Perdriau. — Motifs pour lesquels il a dédié à la république de Genève son discours sur l'*Inégalité des conditions*. 229

LETTRE LXXVI, à madame la marquise de Ménars. — Ironie sanglante sur la conduite de son gendre. . . . 238

LETTRE LXXVII, à M. le comte de Lastic. — Sur le même sujet. 239

LETTRE LXXVIII, à madame d'Épinay. — Sur le même sujet. 241

LETTRE LXXIX, à M. Vernes. — A l'occasion d'un ouvrage périodique qu'il vouloit publier. 242

TABLE ANALYTIQUE. 447

Lettre LXXX, à madame d'Épinay. — Il la prie de ne plus lui envoyer de médecin. 244

Lettre LXXXI, à la même. — Au sujet de l'éducation de son fils. 246

Lettre LXXXII, à M. Vernes. — Joie qu'éprouve Rousseau de l'acceptation faite par la république de Genève de la dédicace de son discours. 249

Lettre LXXXIII, à madame la marquise de Créqui. — Principes qu'il suit dans la publication de ses ouvrages. 251

Lettre LXXXIV, à M. de Voltaire. — Tribut d'éloge. Il explique son opinion qu'on a travestie. 256

Lettre LXXXV, au même. — Il se justifie de la publicité donnée, à son insu, à leurs lettres. 261

Lettre LXXXVI, à madame d'épinay. — Réponse à l'offre qu'elle lui fait d'aller habiter l'Ermitage. Il veut conserver toute son indépendance. 262

Lettre LXXXVII, à la même. — Il n'engagera jamais sa liberté. 264

Lettre LXXXVIII, à M. de Boissi. — Plainte sur une insertion faite de ses lettres dans le Mercure, sans avoir été consulté. 266

Lettre LXXXIX. — Excuse son inexactitude à répondre. Éloge de diderot. 268

Lettre XC, à un anonyme. — Prière de ne pas défendre ses écrits; il ne veut d'autre défense que la raison et la vérité. 270

Lettre XCI, à M. le comte de Tressan. — Il demande grâce pour Palissot. 272

Lettre XCII, à M. d'Alembert. — Il le prie de laisser en paix Palissot 274

Lettre XCIII, à M. le comte de Tressan. — Sollicite la grâce tout entière. 275

Lettre XCIV, à M. Perdriau. — Conseils sur l'emploi qu'il doit faire de ses talents. Observations sur Horace, sur la musique d'église. 277

Lettre XCV, à M. le comte de Tressan. — Remerciements à l'occasion de Palissot. 282

Lettre XCVI, à M. de Boissi. — Il lui renvoie une critique contre lui que M. de Boissi ne vouloit pas insérer dans le Mercure sans son consentement. 283

Lettre xcvii, à madame d'Épinay.— Il accepte l'Ermitage, et s'y rend à Pâques. 284

Lettre xcviii, à madame d'Épinay. — Il lui envoie le quatrième volume de Plutarque. 285

Lettre xcix, à M. Vernes.— Explication sur l'affaire Palissot. *La Reine fantasque*. . . . . Ibid.

Lettre c, à madame d'Épinay. — Préparatifs pour aller habiter l'Ermitage. 288

Lettres ci, cii, ciii, à la même.— Sur le même sujet. . Ibid.

Lettre civ, à la même. —Emménagement à l'Ermitage; jouissances qu'il y goûte. 291

Lettre cv à cix, à la même. —Mélange de sentiments de reconnoissance et d'amitié ; inquiétudes sur la santé de sa bienfaitrice, sur des erreurs de compte qu'elle faisoit à son propre désavantage. 294

Lettre cx, à M. de Scheyb. — Il le persifle sur son projet de lui faire louer des souverains. Résume son opinion sur les sciences et les arts. 301

Lettre cxi, à madame d'Épinay.—Précautions contre le jardinier qui vole les fruits. 306

Lettre cxii, à M. de Voltaire. — Réfutation de sa doctrine, admiration pour ses talents. Reproches touchants. 307

Lettre cxiii, à M. Monier. — Il le prévient qu'il ne répond ni aux injures, ni aux louanges. 334

Lettre cxiv, à madame d'Épinay. — Il annonce l'immuable résolution qu'il a prise de passer l'hiver à l'Ermitage. 335

Lettre cxv, à la même. — Sur les chagrins de madame d'Épinay. Renvoi de son jardinier. 338

Lettres ou billets cxvi à cxx, à la même. — Sur des choses indifférentes. 339

Lettre cxxi, à la même. — Plaintes amères et fondées contre Diderot. 344

Lettre cxxii, à la même. — Sur le même sujet. Il lui envoie les lettres de Diderot. 345

TABLE ANALYTIQUE. 449

Lettre CXXIII, à la même. — Nouvelles explications sur Diderot. 348

Lettre CXXIV, à la même. — Il force madame Le Vasseur à prendre un parti. 350

Lettre CXXV, à madame d'Épinay. — Plaisanterie sur les lettres de madame d'Épinay. 352

Lettre CXXVI, à la même. — Remerciements sur les soins délicats qu'elle prend de lui. Un mot de Diderot. 353

Lettre CXXVII, à la même. — Demande d'un emploi sur lequel on doit faire une pension à madame Le Vasseur. 357

Lettre CXXVIII, à la même. — Il annonce qu'il ira voir Gauffecourt, malade, à Paris. 358

Lettre CXXIX, à Diderot. — Discussion entre les deux amis. 359

Lettre CXXX, à Diderot. — Suite de la discussion. Explication. 363

Lettre CXXXI, à madame d'Épinay. — Sur les tracasseries de Diderot. 368

Lettre CXXXII, à la même. — Détails de santé, de ménage, etc. 379

Lettre CXXXIII, à la même. — Diderot et Jean-Jacques sont réconciliés. 381

Lettre CXXXIV, à la même. — Marques d'intérêt sur la santé de Gauffecourt. 382

Lettre CXXXV, à la même. — Plaisanteries gaies sur divers sujets. 383

Lettres CXXXVI et CXXXVII, à la même. — Peu intéressantes. 384

Lettre CXXXVIII, à M. Vernes. — Sur des vers de Roustan. Éloge de Voltaire. Moyen de correspondre. ... 385

Lettres CXXXIX à CXLI, à madame d'Épinay. — Expressions d'intérêt. Compliments. 388

Lettre CXLII, à Sophie (madame d'Houdetot). — Passion violente qu'il éprouve pour elle. 391

Lettre CXLIII, à madame d'Épinay. — Visite de Diderot, de M. d'Épinay. 403

Lettres CXLIV à CLI. Sur divers sujets peu intéressants pour le lecteur. 404

Lettre CLII, à M. de Saint-Lambert. — Explications au sujet de madame d'Houdetot. Il désire que l'amitié remplace l'amour........................ 412

Lettre CLIII, à M. Grimm. — Il examine s'il doit accompagner madame d'Épinay à Genève. Il met en balance les services réciproques. Il prend Grimm pour juge. . 418

Note de Rousseau sur cette lettre.................... Ib.

Lettre CLIV, à madame d'Épinay. — Il est malade et ne peut la suivre. Juste surprise de ce qu'elle lui fait demander par d'autres ce qu'elle désire, et ce qu'elle a plus droit d'obtenir. Plaintes contre Diderot. 430

Lettre CLV, à madame d'Houdetot. — Il lui annonce sa visite.................................... 432

Lettre CLVI, à M. de Saint-Lambert. — Il lui rend compte des persécutions qu'on lui fait éprouver pour accompagner madame d'Épinay................. 433

Lettre CLVII, à M. Grimm. — Il lui renvoie sa lettre et rompt avec lui. 438

Lettres CLVIII et CLIX, à madame d'Houdetot. — Plaintes sur son silence........................ Ib.

Lettre CLX, à madame d'Épinay. — Il lui fait part de l'intention de quitter l'Ermitage................. 440

Lettre CLXI, à la même. — Il lui annonce sa sortie de l'Ermitage................................. 441

FIN DE LA TABLE.